W0201952

COMPRENDRE
le monde

GÉOGRAPHIE
CM1

JACQUES ARNAUD
Inspecteur de l'Éducation nationale en Rhône-Alpes

ALEXANDRA BAUDINAULT
Professeure à l'ESPE de Paris

NICOLE DARCY
Enseignante honoraire

DANIEL LE GAL
Inspecteur de l'Éducation nationale en Ile-de-France

VALÉRIE LEGROS
Professeure d'histoire-géographie, au Havre

RETZ
editions-retz.com

CRÉDITS PHOTOGRAPHIQUES

11 : © Alexandra baudinault ; 13 : image Google : © Google Earth ; 15 h : andia.fr / Godard ; 15 b : REA / François Perri ; 16 h : andia.fr / D. Delaporte ; 16 b : hemis.fr / Franck Guiziou ; 18 h : image Google : © Google Earth ; 18 b : image Google : © Google Earth ; 20 : REA / Ludovic ; 22 : image Google : © Google Earth ; 23 : image Google : © Google Earth ; 25 h : Patrick Cointepoix ; 25 b : Gamma-Rapho / Hoa Qui / Michel Troncy ; 26 h : hemis.fr / René Mattes ; 26 b : Biosphoto / Michel Gunther ; 28 h : image Google : © Google Earth ; 28 b : image Google : © Google Earth ; 33 : hemis.fr / Jean-Paul Azam ; 34 h : hemis.fr / Jean-Paul Azam ; 34 b : hemis.fr / Jean-Paul Azam ; 35 h : hemis.fr / Jean-Christophe Boisvieux ; 35 b : hemis.fr / Patrick Frilet ; 36 h : AGE Fotostock / Brian Jannsen ; 36 b : AGE Fotostock / Thomas Stankiewicz ; 42 : hemis.fr / René Mattes ; 44 h : Photononstop / Nicolas Thibaut ; 44 b : hemis.fr / Franck Guiziou ; 45 h : hemis.fr / Grégory Gérault ; 45 b : hemis.fr / Bertrand Rieger ; 46 h : hemis.fr / Bertrand Rieger ; 46 b : hemis.fr / René Mattes ; 48 : image Google : © Google Earth ; 53 : Photononstop / SIME Photo / Bruno Morandi ; 54 h : Only France / Wilfried Louvet ; 54 b : Photononstop / SIME Photo / Bruno Morandi ; 55 h : Only France / Milhet – Naturimages ; 55 b : Photononstop / Loop Images / Eric Nathan ; 56 h : Gamma-Rapho / Hoa Qui / Christian Vaisse ; 56 b : hemis.fr / Camille Moirenc ; 58 : image Google : © Google Earth ; 82 : © Daniel Le Gal ; 83 : Paris, BnF ; 95 hg : Signatures / Philippe Schuller; 95 : © Istock ; 105 : Cit'images / Pierre Rousseau / Le Corbusier © F.L.C. / Adagp, Paris 2016 ; 106 h : Cit'images / Eric Notarianni ; 106 b : Gamma-Rapho / Jean-Marc Charles ; 107 et 111 : © Istock ; 112 h : Photo12 / Alamy / Richard Sowersby ; 112 b : Shutterstock / Pierre Jean Durieu ; 113 h : andia.fr / Alpaca / Eric Soudan ; 113 b : andia.fr / Alpaca / Eric Soudan ; 114 : image Google : © Google Maps ; 116 : Signatures / Philippe Schuller ; 117 : image Google : © Google Earth ; 122 h : Signatures / Philippe Schuller ; 122b : Signatures / Philippe Schuller ; 123 h : Cit'images / Eric Cerino ; 123 b : Signatures / Philippe Schuller ; 124 : Ile de Loisirs – Cergy –Pontoise ; 130 : image Google : © Google Maps ; 130 (1) : hemis.fr / Bertrand Rieger ; 130 (2) : Shutterstock / Pierre Jean Durieu ; 130 (4) : Shutterstock / Davizro Photography ; 130 (6) : Signatures / Philippe Schuller ; 130 (10) : andia.fr / Alpaca / Eric Soudan ; 130 (12) : Signatures / Philippe Schuller ; 130 (13) : Signatures / Philippe Schuller ; 131 : image Google : © Google Maps ; 133 : © Istock ; 140 : © Photothèque Sylvamar ; 144 h : © Istock ; 144 b : © Istock ; 145 h : © Istock ; 145 b : © Istock ; 146 : © Istock ; 148 : hemis.fr / Olivier Leclercq ; 152 : © www.letouquet.com ; 153 : PVS Company / Les Contamines Tourisme ; 154 : Les Contamines Tourisme / Photos Gilles Lansard ; 155 : touraineloirevalley.com / Photos David Darrault ; 162 h : © Istock ; 162 b : © Istock ; 164 h : © France TV ; 164 b : © France TV ; 186 : REA / Laurent Grandguillot ; 188 : Maxppp / Eric Houri ; 195 : © Istock ; 196 hg : Look at Sciences / Yves Soulabaille ; 196 hd : hemis.fr / Bertrand Rieger ; 196 hmg : EDF / Jean-Louis Burnod ; 196 hmd : andia.fr / euroluftbild.de / Hans Blossey ; 196 bmg : REA / Fred Marvaux ; 196 bmd : Shutterstock / F. Enot ; 196 bg : iStock / El Peyote ; 202 : © Istock ; 204 : © Istock ; 216 g : andia.fr / Belpress / Julien Warnand ; 216 gm : Photo12 / Alamy / Tom Grundy ; 216 dm : REA / Frédéric Maigrot ; 216 d : Fotolia / Hansenn ; 223 : © Istock ; 226 : Photopqr / La Voix du Nord / Ariane Delepierre ; 230 hg : Photopqr / Le Télégramme / Patrick Chevalier ; 230 hd : Photo12 / Alamy / Keith Erskine ; 230 bg : Photopqr / Le Télégramme / Patrick Chevalier ; 230 bd : Alexandre Lamoureux ; 231 : image Google : © Google Maps ; 232 h : Photopqr / Le Télégramme / Patrick Chevalier ; 232 b : image Google : © Google Maps ; 246 : © Istock ; 246 bd : © REA / François Perri ; 254 g et m : © Istock ; 254 d : © Andia.fr / D. Delaporte ; 259 hg : © REA / Laurent Grandguillot ; 259 hd : © Istock ; 259 bd : © Maxppp / Eric Houri ; 263 : © Istock.

Cet ouvrage est conforme à la nouvelle orthographe – www.orthographe-recommandee.info

Cet ouvrage suit l'orthographe recommandée par les rectifications de 1990 et les programmes scolaires.
Voir le site http://www.orthographe-recommandee.info et son miniguide d'information

ISBN : 978-2-7256-3601-6

Direction éditoriale : Céline Lorcher
Édition : Adeline Guérin
Correction : Florence Richard
Création maquette : Marylène Lhenri
Mise en page : STDI
Cartographie : Fabrice Le Goff
Schémas : STDI
Recherche iconographique : Anne Mensior

N° de projet : 10273824 – Dépôt légal : novembre 2017
Achevé d'imprimer en France en avril 2021, sur les presses de l'Imprimerie de Champagne

FSC www.fsc.org MIXTE Papier issu de sources responsables FSC® C022030

Sommaire

Introduction

Au cycle 2 (CP, CE1, CE2), les élèves ont appris à questionner le monde dans lequel ils vivent et à se repérer dans l'espace. Ils savent identifier et lire les principaux documents géographiques (cartes, plans, planisphères, globes, photographies) et ont mémorisé les grands repères terrestres.

Le **programme de cycle 3** (CM1, CM2, 6e) doit permettre d'entrer de plain-pied en géographie au travers d'un concept qui sert de fil conducteur au programme : habiter. Pour les géographes, ce verbe, parfois utilisé comme un substantif, ne désigne pas le lieu où l'on réside, mais la manière dont les Hommes, sur notre planète, lient leur existence aux lieux. Ceux dans lesquels ils résident, évidemment, mais aussi ceux dans lesquels ils passent leur temps de vacances, ceux dans lesquels ils travaillent (parfois bien éloignés de ceux où ils résident), ceux qui sont dans nos mémoires (individuelles et collectives, réelles ou virtuelles) et que nous nous représentons par le biais de photographies, de médias, d'œuvres d'art... Ce concept, déjà au cœur des programmes de 6e depuis 2008, ouvre une nouvelle page de la géographie à l'école élémentaire en tournant le regard des élèves vers les acteurs du territoire et vers les pratiques spatiales des habitants.

Enseigner la géographie, en CM1, dans le cadre de ce programme, c'est donc relier des expériences individuelles de l'espace à des expériences collectives : celles de leurs pairs, celles des habitants qui partagent les mêmes territoires qu'eux (quartiers, communes, régions, États). Pour cela, et contrairement aux programmes précédents, le découpage des thèmes selon les années ne se fait pas par échelle (France en CE2, Europe en CM1 et monde en CM2), mais toutes les échelles sont abordées pour tous les thèmes.

Le thème 1 « **Découvrir le lieu où j'habite** » doit permettre de localiser et de situer le lieu de vie des élèves à toutes les échelles (du local au mondial), ce qui permet de reprendre et de remobiliser les repères acquis au cycle 2.

Le thème 2 « **Se loger, travailler, se cultiver, avoir des loisirs en France** » et le thème 3 « **Consommer en France** » partent de questionnements issus de la vie quotidienne des élèves : où sont les lieux du travail ? Comment l'électricité arrive chez moi ? D'où vient la viande que je mange à la cantine ?

Pour répondre à ces questions, il est souvent nécessaire de mobiliser plusieurs échelles du local au mondial, mais aussi toutes les dimensions de la géographie (physique, humaine, aménagement du territoire).

Pour parvenir à mettre en œuvre ce programme, chaque thème est divisé en séances. Chacune démarre par une mise au point synthétique permettant de mettre à jour ses connaissances et ainsi de maitriser les savoirs essentiels pour mettre en œuvre la séance avec les élèves. Ensuite, chaque séance comprend 3 ou 4 étapes détaillées pas à pas. Chacun peut adapter, en fonction de son contexte de classe, la longueur et la densité des séances. Enfin, sont prévues les fiches pour les élèves et leurs corrigés, ainsi que l'ensemble des documents qui peuvent être photocopiés ou projetés (depuis le CD-Rom).

ORGANISATION DE L'OUVRAGE

Les séances

• Pour chaque séance, dans une première partie informative, l'enseignant bénéficie d'un **éclairage sur la notion étudiée** afin d'être en mesure de transmettre aux élèves des repères sur les contenus abordés.
• **Les séances, thématiques, s'appuient sur une problématique précise**.
• Elles ont pour support initial **des documents pouvant être affichés*** (vidéoprojetés à partir du CD-Rom ou photocopiés en A3) et/ou photocopiés pour une lecture individuelle. Ces documents servent de point de départ à une **réflexion collective**. Relancés par des questions posées par l'enseignant-e, les élèves sont amenés à exprimer leur point de vue, à argumenter, à échanger sur chaque question soulevée.
• Une ou plusieurs **fiches activité** sont proposées aux élèves afin d'approfondir la notion.
• Une **synthèse** de la séance est élaborée avec la classe. Une proposition de résumé ou de trace écrite est donnée à chaque fin de séance.
• Le **lexique** est indiqué afin que les élèves enrichissent leur vocabulaire géographique.

Les dossiers interdisciplinaires

En supplément des 20 séances thématiques, cet ouvrage propose également 3 dossiers interdisciplinaires. L'interaction entre les enseignements étant largement prônée par les programmes, ces dossiers exposent des projets de Géographie qui sollicitent des savoirs et des savoir-faire issus d'autres domaines disciplinaires : Histoire, Mathématiques, Sciences, Enseignement moral et civique.

* Des documents de référence à étudier en collectif sont également vendus à part, dans une pochette de posters.

Présentation du CD-Rom

Organisé par thème et par séance, ou par type de documents, le CD-Rom contient tous les éléments nécessaires pour mener les séances en classe.

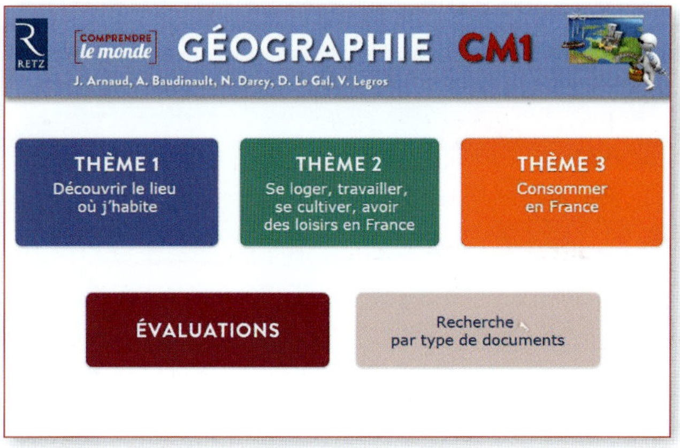

• ORGANISATION PAR THÈME :

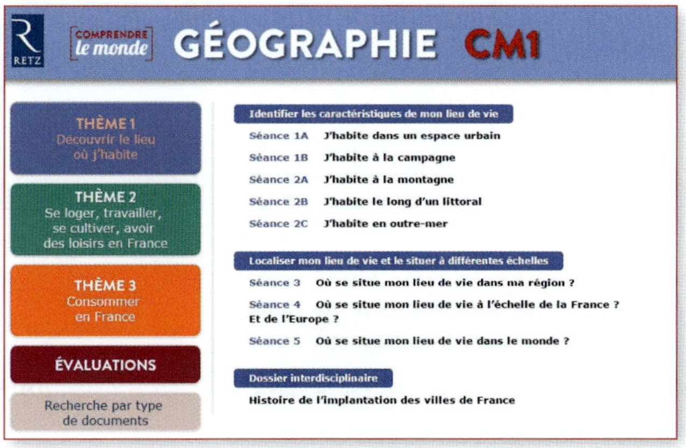

• ORGANISATION PAR TYPE DE DOCUMENTS :

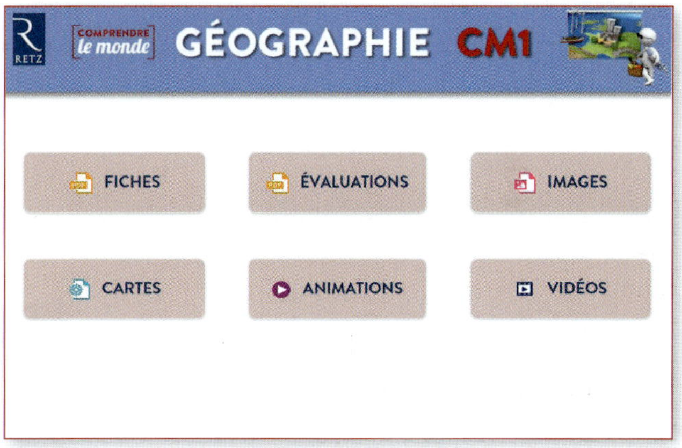

• CLIQUER SUR LE NOM DU DOCUMENT POUR L'OUVRIR, LE PROJETER OU L'IMPRIMER

Le logiciel automatiquement utilisé pour cet affichage (Adobe Reader, Aperçu, Lecteur…) permet d'agir sur le document : zoom, rotation, impression…

Ouvrir un document textuel, une fiche activité :

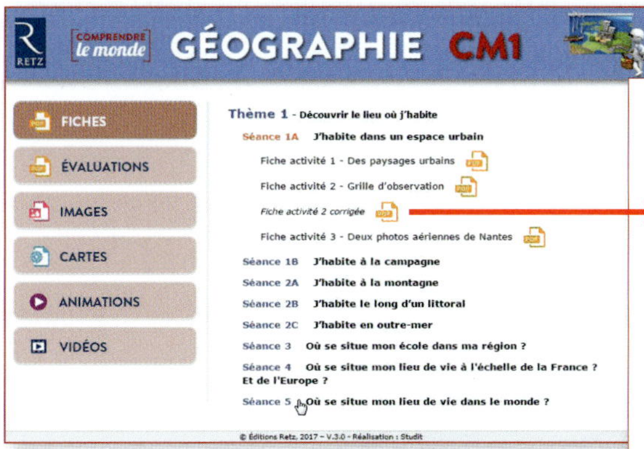

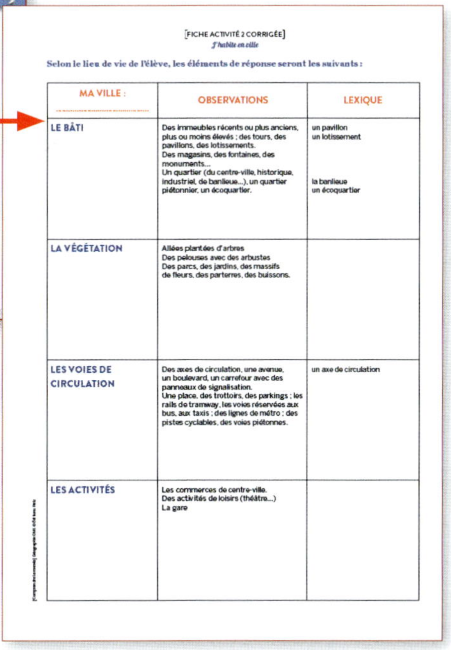

[FICHE ACTIVITÉ 2 CORRIGÉE]
J'habite en ville

Selon le lieu de vie de l'élève, les éléments de réponse seront les suivants :

MA VILLE : …………	OBSERVATIONS	LEXIQUE
LE BÂTI	Des immeubles récents ou plus anciens, plus ou moins élevés ; des tours, des pavillons, des lotissements. Des magasins, des fontaines, des monuments… Un quartier (du centre-ville, historique, industriel, de banlieue…), un quartier piétonnier, un écoquartier.	un pavillon un lotissement la banlieue un écoquartier
LA VÉGÉTATION	Allées plantées d'arbres Des pelouses avec des arbustes Des parcs, des jardins, des massifs de fleurs, des parterres, des buissons.	
LES VOIES DE CIRCULATION	Des axes de circulation, une avenue, un boulevard, un carrefour avec des panneaux de signalisation. Une place, des trottoirs, des parkings ; les rails de tramway, les voies réservées aux bus, aux taxis ; des lignes de métro ; des pistes cyclables, des voies piétonnes.	un axe de circulation
LES ACTIVITÉS	Les commerces de centre-ville. Des activités de loisirs (théâtre…) La gare	

Afficher une image, une carte :

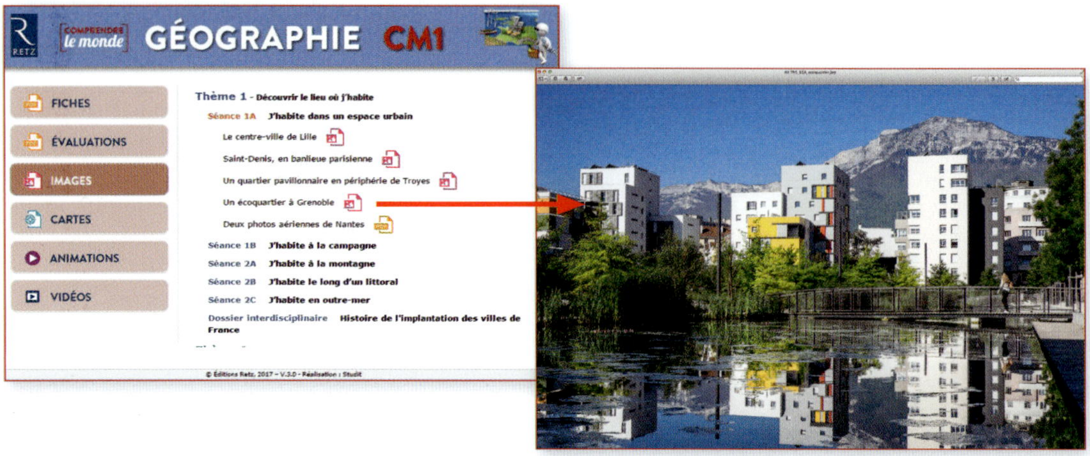

Lancer une vidéo :

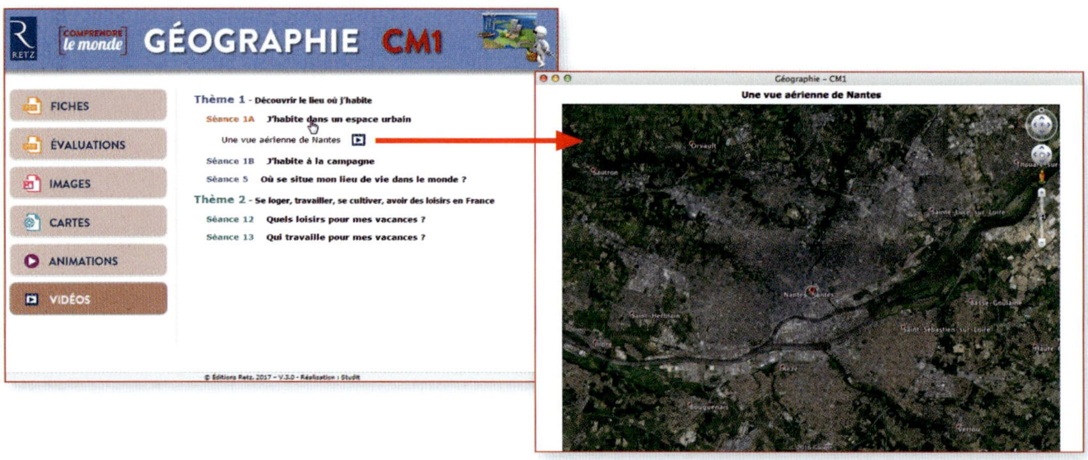

Lancer une animation :

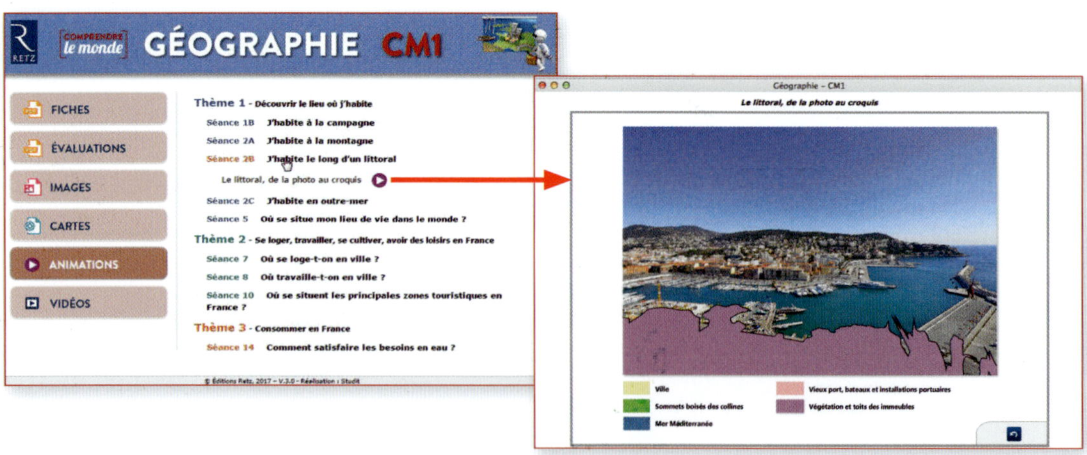

Téléchargez un mode d'emploi détaillé sur www.editions-retz.com

Du paysage au croquis

COMMENT LE GÉOGRAPHE PERÇOIT-IL LE PAYSAGE ?

De nombreux géographes se sont essayés à la définition du paysage. Ainsi, Veyret et Lemaître le définissent comme « un lieu soumis au regard ». Tricart et Deffontaines l'associent à « la portion de territoire vue par un observateur où s'inscrit une combinaison de faits et des interactions dont on ne perçoit à un moment donné que le résultat global ». Pour Nembrini, il s'agit de « la vision subjective de la réalité d'un espace géographique ». Tous s'accordent à dire que **le paysage est ce que l'on voit** et que **le paysage n'existe que par le regard de celui qui l'observe**.

En géographie, le paysage est **un espace offert à la vue** de l'observateur. Ce n'est pas une donnée objective, mais une représentation qui dépend de la culture, de la qualité de perception de l'observateur et des moyens techniques qu'il peut utiliser.

L'analyse des paysages en géographie permet de comprendre l'espace où habitent les hommes car ils révèlent leurs activités et leurs modes de fonctionnement. C'est un moyen d'étudier les différents modes d'habiter et de faire percevoir aux élèves les relations dynamiques que les habitants et les sociétés entretiennent à différentes échelles, avec les territoires. Par cette analyse, l'élève se construit peu à peu un regard géographique.

MÉTHODOLOGIE DU CROQUIS

En partant d'une photographie, la lecture et l'analyse du paysage passe par le croquis d'interprétation ; c'est la démarche suivie dans cet ouvrage.

Étape 1 : observation d'une photographie

Les élèves identifient sur une photographie les éléments du paysage : ils relèvent librement tous les éléments constitutifs du paysage étudié. Lors de cette étape orale et collective, l'enseignant note les éléments cités, au tableau ou sur une affiche.

Le lexique est souvent limité et l'enseignant a pour tâche de l'enrichir, au cours de la séance.

Étape 2 : réalisation d'un dessin faisant apparaitre les éléments relevés en étape 1

L'enseignant insiste sur le fait qu'il ne souhaite pas un dessin du paysage, mais seulement voir les principaux éléments : les détails doivent être abandonnés au profit d'un zonage. C'est au cours de cette étape que les « objets géographiques » vus pendant l'étape 1 sont rappelés afin que chacun puisse s'y référer pour réaliser le dessin.

Étape 3 : mise en commun

La comparaison des différents travaux permet de valoriser les croquis où ne figurent plus les détails mais où apparaissent clairement les différentes zones observées et relevées en étape 1. Les différents éléments caractéristiques du paysage (routes, voies ferrées, cours d'eau, plage, forêt...) apparaissent clairement et permettent d'identifier le paysage étudié malgré l'extrême simplification.

Étape 4 : finalisation du croquis avec la légende

Pour que les élèves légendent leur croquis, l'enseignant introduit le lexique géographique et les règles d'usage (couleurs, traits...) relatives à la construction de la légende.

Le croquis doit permettre de comprendre, d'analyser et d'interpréter le paysage décrit.

LE CROQUIS ANIMÉ

Il est important que les élèves réalisent eux-mêmes leur croquis et qu'ils réitèrent cette activité plusieurs fois dans l'année. La réalisation de croquis est proposée dans les séances 1B, 2A, 2B, 2C. Pour la mise en commun, il est intéressant de vidéoprojeter le croquis animé, disponible dans le CD-Rom, car il permet de visualiser parfaitement les zonages à partir des photographies.

À l'ouverture de l'animation, la photographie s'affiche, quand on clique sur un élément de légende, on voit le croquis se dessiner sur la photo ; si on clique de nouveau sur cet élément de légende, le croquis disparaît et la photo réapparaît ; si on survole une zone du croquis avec la souris ou le stylet, on voit la photo en transparence. Lorsqu'on a cliqué sur tous les éléments, on obtient un croquis schématique de la photo étudiée.

Exemple de l'animation « La montagne, de la photo au croquis » :

1. La photo de Combloux, village dans les Alpes s'affiche à l'ouverture de l'animation.

2. En cliquant sur le bloc légende « Massif du Mont Blanc », la zone se schématise sur l'image.

3. En survolant la zone « Village de Combloux », avec la souris ou le stylet, on voit la photo en transparence.

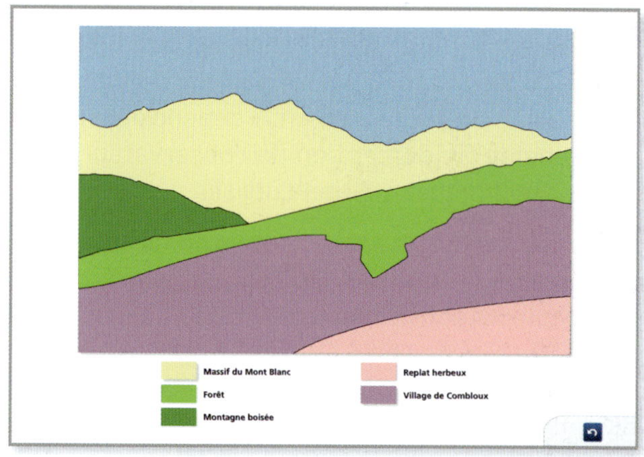

4. Lorsqu'on a cliqué sur tous les éléments de légende, on obtient un croquis schématique de la photo étudiée.

THÈME 1
DÉCOUVRIR LE LIEU OÙ J'HABITE

Ce premier thème est composé de 5 séances qui sont à adapter en fonction des contextes d'enseignement. La première séance caractérise le mode d'habiter ; on choisira donc entre un mode urbain ou un mode rural même si l'un et l'autre peuvent se rejoindre et s'influencer. La deuxième séance doit permettre de caractériser le milieu de vie de l'élève : littoral, montagnard, ultramarin. Enfin, les trois dernières séances permettent de relier les lieux entre eux et de comprendre les différentes échelles dans lesquels ils sont imbriqués.

Chaque séance de ce thème prend son sens grâce aux expériences individuelles de chaque élève qui sont interrogées et exploitées. Ces expériences peuvent être collectées grâce à des dessins, des récits, des photographies… qui sont à prendre comme de véritables expériences enfantines de l'espace ; il ne s'agit pas d'un travail sur les représentations des élèves.

SÉANCE 1A
J'habite dans un espace urbain

L'ESSENTIEL À SAVOIR POUR L'ENSEIGNANT

LA VILLE ET L'URBAIN : DES DÉFINITIONS QUI NE SE CONFONDENT PAS

La ville est un lieu où se concentrent les hommes et les activités dans un même espace. Le terme renvoie à la densité, à l'idée d'agglomération (les immeubles et les maisons se jouxtent, les moyens de transport sont denses et variés, le végétal est peu présent), mais aussi à une forme d'organisation spatiale héritée de la cité médiévale et du XIXe siècle (un centre-ville, des faubourgs et des banlieues). Le seuil statistique, traditionnellement 2 000 habitants en France, ne permet plus cependant de définir l'urbanité. Il s'agit désormais, avec les élèves, de caractériser leur manière d'habiter la ville et donc d'être des urbains et d'apporter des nuances importantes en fonction des contextes. Ainsi, dans les vastes espaces périurbains qui composent nos villes contemporaines, on peut vivre dans un village, mais pourtant avoir un mode d'habiter urbain (les courses se font dans des centres commerciaux ou en ligne ; les parents prennent les transports tous les jours pour travailler en centre-ville...). Inversement, on peut vivre dans une petite ville et pourtant ne pas être sous l'influence de l'urbain.

L'URBAIN GÉNÉRALISÉ

En 1874, le dictionnaire Littré donnait du terme « urbain » la définition suivante : « qui concerne la ville par opposition au rural ». En ce dernier quart du XIXe siècle, les hommes étaient pour la plupart des ruraux. Pour Françoise Choay, historienne des théories de l'urbain et des formes urbaines, en 1994, le terme « urbain » désigne « la civilisation qui se met en place à l'échelle planétaire, supprimant l'ancestrale différence entre rural et urbain »[1]. Pour Michel Lussault[2], géographe, la ville, héritière de la cité, n'existe plus et a été remplacée par le règne de « l'urbain généralisé ». L'urbain a deux caractéristiques qui le distingue du non urbain : la densité et la diversité. Ce sont ces deux notions qui sont donc au cœur de la séance.

Le modèle radioconcentrique de la ville organisé autour d'un centre-ville, d'une banlieue et d'un espace périurbain ne permet donc plus de rendre compte des organisations urbaines contemporaines. Le mode de vie « urbain » est un mode de vie généralisé. Pour l'INSEE, en France, **61 millions de personnes** (soit 95 % de la population) vivent sous l'influence de la ville[3]. Les 5 % « hors influence des villes » représentent 7 400 communes qui peuvent parfois être de petites villes. Ce découpage est fondé sur la délimitation de pôles identifiés, non pas par leur nombre d'habitants, mais par le nombre d'emplois (un pôle doit comprendre au moins 1 500 emplois) et par les trajets domicile-travail de la population des communes voisines.

LES USAGES ET LES PRATIQUES URBAINES : LES GÉOGRAPHIES ENFANTINES DES ÉLÈVES

Le dessin ci-contre a été réalisé par un élève de 9 ans, en fin d'année de CE2[4]. Aucune indication de lieu (nous ne savons pas dans quelle ville nous sommes), aucune indication de temps, mais nous savons pourtant qu'il s'agit d'un espace urbain. Pourquoi ? Quels sont ici les marqueurs de l'urbanité qui définissent la manière dont cet enfant habite les espaces de son quotidien ? Les mentions « Ici c'est chez

---

1. CHOAY F., « La mort de la ville et le règne de l'urbain », *La ville : art et architecture en Europe, 1870-1993*, Paris, Centre Georges Pompidou, 1990, pp. 26-39.

2. LUSSAULT M., « Urbain », *Dictionnaire de la géographie et de l'espace des sociétés*, Paris, Belin, 2013.
3. BRUTEL Ch., LEVY D., « Le nouveau zonage en aires urbaines de 2010 », *INSEE Première*, n° 1374, 2011.
4. Ce dessin est extrait d'un mémoire de M2 MEEF : RAKOTOPARE A., *Construire la notion de paysage en s'appuyant sur l'espace vécu en classe de CE2*, ESPE de l'académie de Paris, 2015. La consigne était : « Dessine le plan de ton quartier ».

moi ! » et « mon immeuble » montrent que le plan est centré d'abord sur l'espace domestique. Autour s'ordonnent les principales fonctions urbaines : hôtels, restaurants, commerces. Les deux expressions « pour mettre des voitures » et « pour faire du sport » indiquent également deux fonctions urbaines. C'est ainsi que l'élève démontre la diversité de l'urbain. Par ailleurs, l'élève rend compte de la densité grâce aux mots « immeubles » et « maisons ». L'expression « plein d'immeubles » montre la difficulté de l'élève à représenter cette densité plus facile à mettre en mots grâce à l'idée de « plein ». Enfin, cette ébauche de plan privilégie la rue et les déambulations piétonnes pour orienter l'espace. Les enfants habitent la ville d'abord comme des piétons. Ainsi ils expriment, par le biais du dessin et des mots qui l'accompagnent, leur propre réalité spatiale et disent **leur manière d'habiter la ville**. L'enjeu est donc de croiser toutes ces représentations – individuelles dans un premier temps – pour mettre en valeur des référents communs (les fonctions urbaines, l'hyperdomination des voies de circulation et des cheminements urbains, la densité et la variété du bâti).

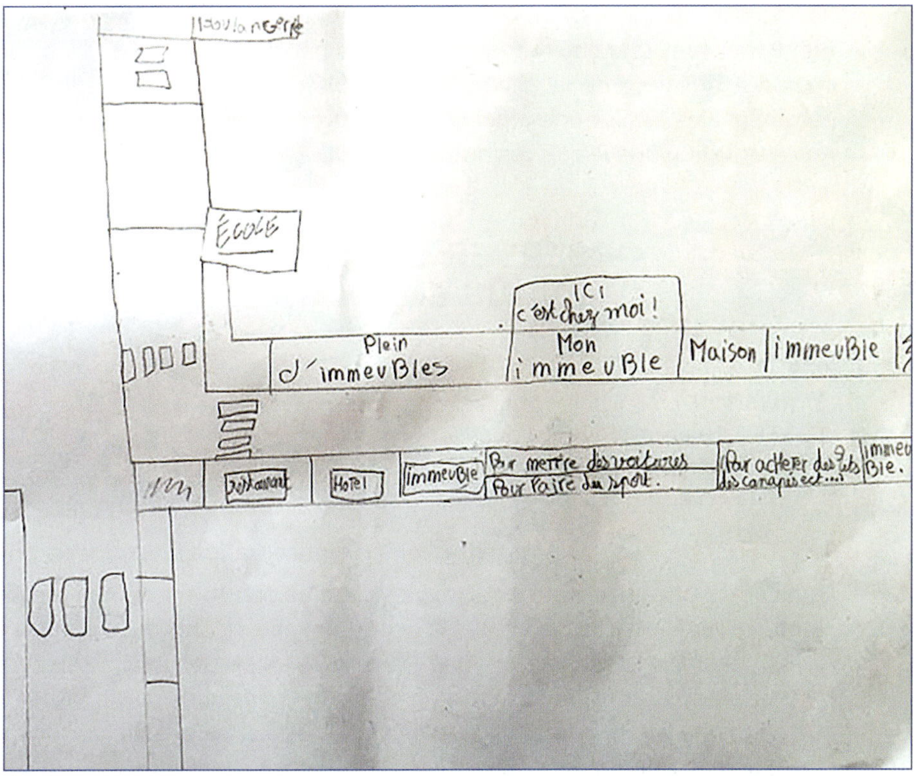

"Dessine le plan de ton quartier"

DÉROULEMENT DE LA SÉANCE

Compétences, capacités, attendus

- *Localiser et situer l'espace urbain dans lequel on vit.*
- *Identifier les caractéristiques de son quartier.*
- *Comprendre la notion de densité urbaine.*
- *Écrire pour communiquer et échanger.*
- *Travailler en équipe pour produire.*
- *S'approprier un lexique géographique spécifique.*
- *Mobiliser et réinvestir le vocabulaire.*
- *Interpréter les données d'une vidéo ou de photos aériennes.*

DURÉE : 60 minutes environ.

ÉTAPE 1 DESSINER L'ESPACE URBAIN DANS LEQUEL JE VIS

DURÉE 10 minutes
ORGANISATION en individuel puis en collectif
MATÉRIEL une affiche

1) **INTERROGER LES ÉLÈVES** sur leur représentation de l'espace urbain dans lequel ils vivent :

> **Vous habitez dans une ville. Quel est son nom ?**

> **Comment vous la représentez-vous ? Dessinez-la sur une feuille de papier.**

2) **AFFICHER ET COMMENTER LES PRODUCTIONS.** Les dessins sont affichés et regroupés au tableau, en fonction de leurs points communs. Ils sont comparés pour analyser les composantes de la ville connues des élèves et qui varient en fonction de la pratique qu'ils en ont. Ils identifient des immeubles, des maisons individuelles, des rues, des reliefs, un cours d'eau… Ces éléments peuvent être ceux du quartier qu'ils habitent, proches de leur domicile et de l'école, ou ceux d'autres lieux de la ville qu'ils fréquentent lors de leurs déplacements (parc, gare, zones commerciales…). Sur une affiche vierge, noter le nom de la ville et les mots-clés émanant de la représentation que les élèves ont de leur ville et des commentaires sur leurs productions.

ÉTAPE 2 OBSERVER ET ANALYSER LE PAYSAGE URBAIN QUI NOUS ENTOURE

DURÉE 15 minutes
ORGANISATION en collectif, en individuel, puis de nouveau en collectif
MATÉRIEL
- fiche activité 1 : une photo du paysage urbain où vit l'élève[5]
- l'affiche élaborée en étape 1
- fiche activité 2 : grille d'observation collective (et son corrigé)

1) **AFFICHER LA PHOTO.** Laisser un temps d'observation individuelle, puis questionnez :

> **Dans cette photographie, retrouvez-vous des éléments de vos dessins ?**

Nommer les éléments communs aux dessins et à la photo (la plupart sont notés sur l'affiche – les ajouter à la liste s'ils n'ont pas été relevés en étape 1).
Relever aussi les différences entre la photo et les dessins : il s'agit de faire prendre conscience aux élèves de la différence entre la perception personnelle de leur environnement et sa réalité, pour compléter leurs connaissances.

2) **OBSERVER ET DÉCRIRE LA PHOTO** collectivement pour caractériser l'espace urbain habité : l'importance du bâti, le type d'habitat, la rareté des espaces verts, les voies de circulation… Les élèves notent leurs observations dans la grille : compléter les cases de la 2e colonne.

3) **INDIQUER LE LEXIQUE SPÉCIFIQUE.** L'enseignant synthétise les observations des élèves et leur donne le vocabulaire spécifique au paysage urbain. Compléter collectivement les cases de la 3e colonne, dans la grille. Définir le quartier : une partie de la ville qui a ses caractéristiques propres (quartier historique, commercial, pavillonnaire…).

CE QUE NOUS AVONS APPRIS

En fonction du lieu de vie de l'élève et du lexique noté dans la grille d'observation :

Mon école est située dans un quartier historique de la ville/ au milieu d'immeubles/ au milieu des pavillons de mon quartier…
L'habitat y est serré (immeubles, pavillons). Il existe peu d'espaces verts.

---

5. Il est conseillé de travailler avec une photo personnelle du paysage environnant l'école. Toutefois, dans le DVD, sont disponibles des photos qui traduisent la diversité de l'espace urbain. L'enseignant peut en choisir une en fonction de sa similitude avec l'environnement de l'école.

ÉTAPE 3 PRENDRE CONSCIENCE DE LA DENSITÉ DE L'ESPACE URBAIN

DURÉE 15 minutes
ORGANISATION en collectif
MATÉRIEL • une vidéo : vue aérienne de Nantes[6]
ou fiche activité 3 : deux photos aériennes de Nantes

1) ABORDER LA NOTION DE DENSITÉ. L'enseignant introduit la notion de densité de population, en donnant un exemple concret aux élèves.

> **Quand vous êtes dans la cour de récréation, où allez-vous s'il pleut ?** *Dans le préau.*
Leur faire constater qu'ils sont alors nombreux dans un espace restreint. Il s'agit d'une forte densité.

> **Quand vous êtes en récréation, où allez-vous jouer ?** *Dans la cour.*
Leur faire remarquer alors que l'espace est plus important pour le même nombre d'élèves ; ils ont plus d'espace chacun. On parle alors de faible densité.

2) MONTRER LA VIDÉO. L'enseignant questionne les élèves :

> **Que montre cette vidéo ?** *Une vue aérienne de la ville de Nantes sur laquelle on zoome pour voir des détails du centre-ville.*

> **Que voit-on au début de la vidéo ?** *On distingue une masse grise traversée par un fleuve, au milieu de zones vertes étendues.*
Préciser qu'il s'agit de l'agglomération de Nantes (la ville et les communes qui l'entourent) traversée par la Loire.

> **Que voit-on à la fin de la vidéo ?** *Une partie de la ville. On observe des rues qui délimitent des ensembles d'habitations serrées les unes contre les autres (ilots) ; des places ; des arbres le long de deux avenues. Les voies de circulation nombreuses indiquent une circulation intense.*
Préciser que l'habitat est resserré, que c'est une **zone densément peuplée**.

S'il n'est matériellement pas possible de projeter la vidéo dans la classe, suivre la même démarche avec les photos de la fiche activité 3 :

2 BIS) AFFICHER LES PHOTOS. L'enseignant questionne les élèves :

> **Quels types de documents sont proposés ?** *Deux photos aériennes de la ville de Nantes.*

> **Que représente la première vue ?** *On distingue une masse grise traversée par un fleuve, au milieu de zones vertes étendues.1*
Préciser qu'il s'agit de l'agglomération de Nantes (la ville et les communes qui l'entourent), traversée par la Loire.

> **Que représente la deuxième vue ?** *Une partie de la ville. On observe des rues qui délimitent des ensembles d'habitations serrées les unes contre les autres (ilots) ; des places ; des arbres le long de deux avenues. Les voies de circulation nombreuses indiquent une circulation intense.*
Préciser que l'habitat est resserré, que c'est une **zone densément peuplée**.

CE QUE NOUS AVONS APPRIS

Dans un espace urbain, les habitants sont nombreux : la densité de population est élevée. L'habitat est concentré. Le réseau des voies de circulation est dense.

6. L'enseignant peut facilement transposer la démarche proposée dans cette étape afin de travailler sur la ville de l'école : avec Google Earth®, il montre aux élèves une vue aérienne de leur ville et fait un zoom pour mieux en étudier la densité.

ÉTAPE 4 QUELS SERVICES TROUVE-T-ON DANS UN ESPACE URBAIN ?

DURÉE 15 minutes
ORGANISATION en groupes
MATÉRIEL • un plan de la ville de l'école (un par groupe) ou de l'arrondissement (pour les grandes villes)
• l'affiche élaborée en étape 1
• fiche activité 2 : grille d'observation collective (et son corrigé)

1) **AFFICHER LE PLAN DE LA VILLE** au tableau. Indiquer son mode d'emploi en étudiant la légende et en relevant les éléments essentiels.

2) **REPÉRER L'ÉCOLE** (la matérialiser avec une gommette) et des lieux évoqués en étape 1 : bibliothèque, gare, parc, lieu historique connu, piscine, théâtre... En trouver d'autres sur le plan : hôtel de ville, hôpital... Par un questionnement oral, l'enseignant fait constater aux élèves qu'il est aisé de se rendre dans ces lieux à pied, en voiture ou en transports en commun.

3) **COMPLÉTER LA GRILLE D'OBSERVATION**, en ajoutant les éléments nouveaux dans les cases concernant les activités.

CE QUE NOUS AVONS APPRIS

Dans ma ville, je peux pratiquer des activités variées et accéder à des services nombreux. Je peux me déplacer facilement en voiture ou avec les transports en commun.

ÉTAPE 5 SYNTHÈSE

DURÉE 10 minutes
ORGANISATION en classe entière

Exemple de trace écrite :

J'habite dans un espace urbain. L'habitat y est resserré et la densité de population élevée. La ville offre des activités et des services variés et nombreux. Les déplacements sont facilités par un réseau de voies de circulation développé.

Lexique :

Axe de circulation : voie de communication plus ou moins importante qui permet les déplacements et qui relie des quartiers, des villes, des régions...
Banlieue : ensemble de communes entourant une grande ville et qui y sont reliées par de nombreux moyens de transport.
Écoquartier : quartier urbain construit en intégrant de la qualité de l'environnement, les ressources naturelles (eau, air, sol, biodiversité), les constructions, et la gestion des déchets, des espaces de vie, des énergies renouvelables pour un développement durable de la ville.
Lotissement : ensemble de pavillons souvent identiques construits par un promoteur immobilier sur un grand terrain.
Pavillon : petite maison particulière.

PROLONGEMENT POSSIBLE

À partir des photos proposées dans le CD-Rom, montrer aux élèves des paysages urbains différents du leur.

Observe la photographie qui correspond à ton lieu de vie.

Document 1 • Le centre d'une grande ville : Lille.

Document 2 • Saint-Denis en banlieue parisienne.

Document 3 • **Un quartier pavillonnaire en périphérie de Troyes.**

Document 4 • **Un écoquartier à Grenoble.**

J'habite en ville

Complète ce tableau avec l'aide de tes camarades et de ton enseignant.

MA VILLE :	OBSERVATIONS	LEXIQUE
LE BÂTI		
LA VÉGÉTATION		
LES VOIES DE CIRCULATION		
LES ACTIVITÉS		

Observe ces deux photographies aériennes et réponds aux questions de ton enseignant.

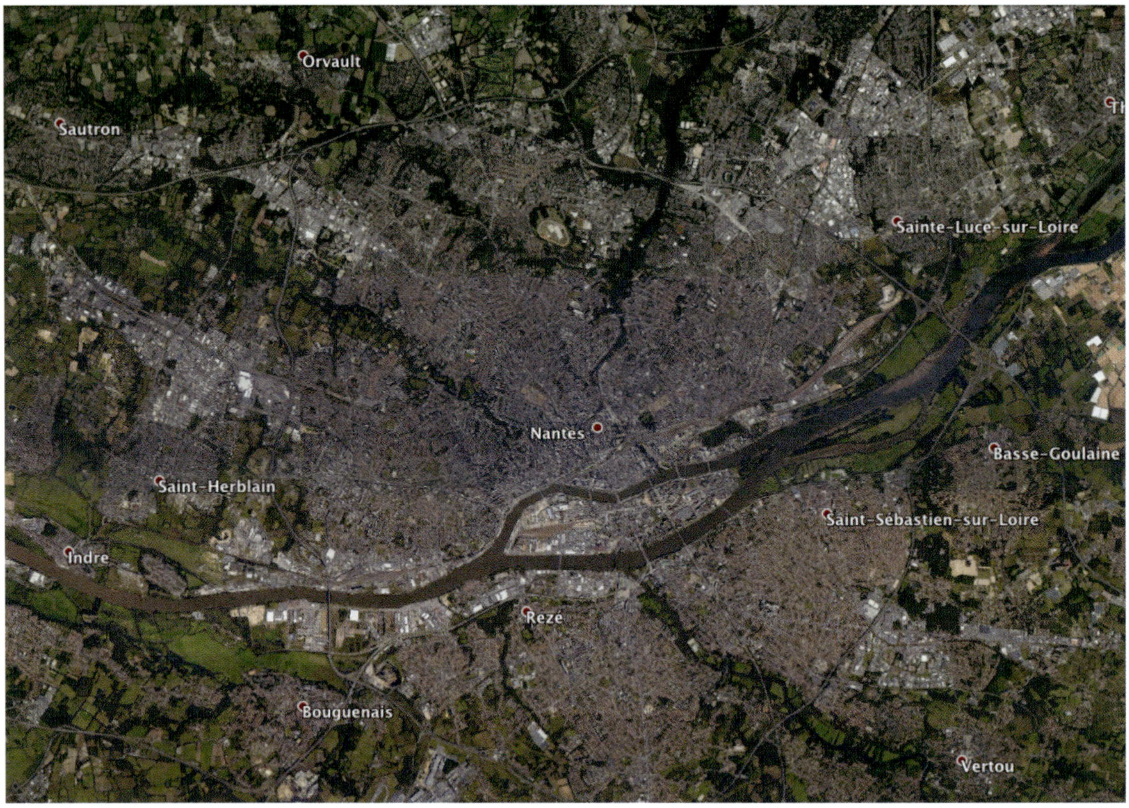

Document 1 • L'agglomération urbaine de Nantes, traversée par la Loire.

Document 2 • Le centre-ville de Nantes.

SÉANCE 1B

J'habite à la campagne

L'ESSENTIEL À SAVOIR POUR L'ENSEIGNANT

Le rural est souvent présenté comme le négatif de l'urbain. R. Chapuis s'appuie sur trois critères pour le définir qualitativement : la **densité**, faible en habitants, en infrastructures, en emplois ; le **paysage** où les formations végétales naturelles prédominent ; la place prépondérante des activités agricoles[1].

L'INSEE utilise le critère du bâti : « Sont considérées comme rurales les communes qui ne rentrent pas dans la constitution d'une unité urbaine : les communes de 2 000 habitants sans zone de bâti continu, et celles dont moins de la moitié de la population municipale est dans une zone de bâti continu. » Plutôt que « rural », elle choisit le terme de « campagne » qui « inclut les espaces ruraux situés dans les zones périurbaines des villes ».

QUELLE TYPOLOGIE DES CAMPAGNES ? [2]

Comme les espaces ruraux sont nombreux et divers, la Datar a établi un classement prenant en compte différents critères : le paysage (occupation du sol, relief), la population et ses conditions de vie, les relations villes-campagnes, la mobilité, les dynamiques économiques.

Trois types de campagnes sont distingués :

– Les campagnes des villes, du littoral et des vallées urbanisées aux paysages fortement artificialisés : elles ont une fonction résidentielle croissante. Économie et mode de vie sont liés à la proximité des zones urbaines. L'habitat y est fragmenté et étendu. Elles se situent dans les espaces urbanisés (Ile-de-France, Alsace, etc.), autour des grandes villes françaises (Toulouse, Nantes, etc.), dans les vallées fluviales (Rhône, Moselle, etc.) ou elles peuvent être isolées.

– Les campagnes agricoles et industrielles, à l'économie diversifiée. L'habitat est fragmenté, peu dense. L'influence urbaine est souvent lointaine. C'est le cas des zones de grande culture comme la Brie.

– Les campagnes vieillies à faible densité, surtout agricoles, dont l'habitat est fragmenté ; les campagnes avec accroissement résidentiel et économie touristique (paysage de prairies, forêts, avec peu de bâti) ; les espaces difficiles d'accès, éloignés des villes, avec secteur touristique développé, comme les zones montagneuses.

QUELLE ÉVOLUTION POUR LES CAMPAGNES ?

Elles sont en pleine transformation, de plus en plus attractives avec l'essor des fonctions résidentielles et de loisirs. Ce sont des espaces res-

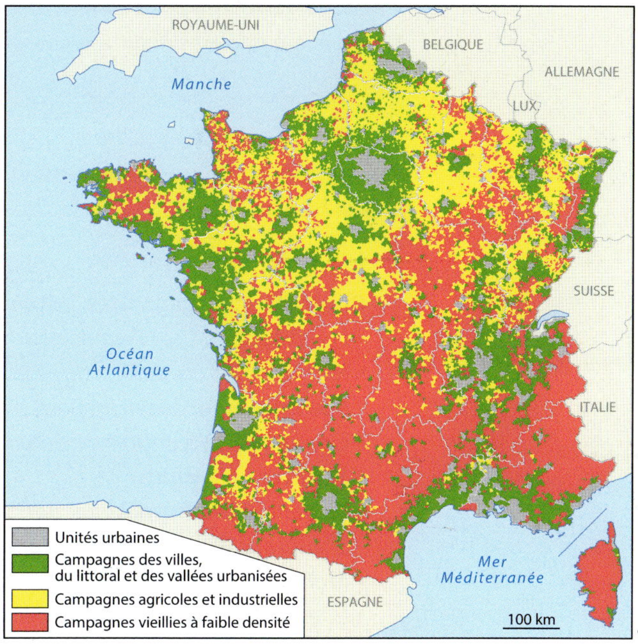

Les campagnes françaises : des dynamiques contrastées sous plus ou moins grande influence urbaine.

1. CHAPUIS R., *Espace rural*, Hypergéo.
2. DATAR, *La nouvelle typologie des campagnes françaises et des espaces à enjeux spécifiques*, Territoires en Mouvement n° 7, 2012. Commissariat Général à l'Égalité des Territoires, *Aménager les nouvelles ruralités*, juillet 2015 (http://www.cget.gouv.fr).

sources avec l'agriculture et l'industrialisation, des zones dont l'environnement est souvent protégé. Les espaces agricoles et d'élevage constituent un patrimoine paysager qu'il faut préserver.

Toutefois, certaines campagnes connaissent un vieillissement important de leur population et l'on constate de fortes inégalités entre les territoires pour l'accès aux services.

Ainsi, la campagne devient « un espace aux multiples usages où les individus travaillent, habitent et se détendent tout en tissant continuellement des liens avec une diversité de territoires »[3].

---

3. FRÉMONT A., *Rapport du colloque sur les nouvelles ruralités en France à l'horizon 2030*, INRA, juil. 2008.
MORA O., RIBA G., HUBERT B., *Vers de nouvelles ruralités ? Territoires 2040*, www.datar.gouv.fr.

Un espace rural péri-urbain, aux abords de La Défense, en région parisienne.

DÉROULEMENT DE LA SÉANCE

Compétences, capacités, attendus
- *Localiser et situer l'espace rural dans lequel on vit.*
- *Identifier les caractéristiques de son quartier.*
- *Nommer et localiser un lieu.*
- *Comprendre la notion de densité dans un espace rural.*
- *Réaliser un croquis.*
- *Extraire des informations pertinentes d'un document pour répondre à une question.*
- *S'approprier un lexique géographique spécifique.*
- *Mobiliser et réinvestir le vocabulaire.*
- *Interpréter les données d'une vidéo ou de photos aériennes.*

DURÉE : 60 minutes environ.

ÉTAPE 1 DESSINER L'ESPACE RURAL DANS LEQUEL JE VIS

DURÉE 10 minutes
ORGANISATION en individuel puis en collectif

1) **INTERROGER LES ÉLÈVES** sur leur représentation de l'espace rural dans lequel ils vivent.

> **Vous habitez dans un village. Quel est son nom ?**

> **Comment vous le représentez-vous ? Dessinez-le sur une feuille de papier.**

2) **AFFICHER ET COMMENTER LES PRODUCTIONS** pour une première approche des composantes d'un paysage non urbain. Les dessins sont affichés et regroupés au tableau, en fonction de leurs points communs. Certains représentent le village, d'autres une ou plusieurs maisons entourées de bétail dans les prairies, parfois des éléments de relief (cours d'eau, collines...). Les modes d'habitat ainsi que l'utilisation des espaces ruraux sont abordés ici et verbalisés par les élèves. Sur une affiche vierge, noter le nom du village et les mots-clés émanant de la représentation que les élèves en ont.

ÉTAPE 2 OBSERVER ET ANALYSER LE PAYSAGE QUI NOUS ENTOURE

DURÉE 15 minutes
ORGANISATION en collectif
MATÉRIEL • fiche activité 1 : une photo du paysage rural où vit l'élève[4]
• l'affiche élaborée en étape 1
• fiche activité 2 : grille d'observation collective (et son corrigé)

1) **AFFICHER LA PHOTO.** Laisser un temps d'observation individuelle, puis questionnez :

> **Dans cette photographie, retrouvez-vous des éléments de vos dessins ?**
Nommer les éléments communs aux dessins et à la photo (la plupart sont notés sur l'affiche – les ajouter à la liste s'ils n'ont pas été relevés en étape 1).
Relever aussi les différences entre la photo et les dessins : il s'agit de faire prendre conscience aux élèves de la différence entre la perception personnelle de leur environnement et sa réalité, pour compléter leurs connaissances.

2) **OBSERVER ET DÉCRIRE LA PHOTO** collectivement pour caractériser l'espace rural habité. L'enseignant rappelle ce qu'il faut décrire ici : le relief (zone plate, vallée, collines...), la présence de cours d'eau, d'étang..., la végétation (forêts, prairies, champs...), les éléments qui marquent la présence humaine. Les élèves notent leurs observations dans la grille : compléter les cases de la 2e colonne.

3) **INDIQUER LE LEXIQUE SPÉCIFIQUE.** L'enseignant synthétise les observations des élèves et leur donne le vocabulaire spécifique au paysage rural. Compléter collectivement les cases de la 3e colonne, dans la grille.

CE QUE NOUS AVONS APPRIS

Mon école est située dans un village. Il est entouré de prairies, de champs et de forêts. C'est un espace rural.

4. Il est conseillé de travailler avec une photo personnelle du paysage environnant l'école. Toutefois, dans le DVD, sont disponibles des photos qui traduisent la diversité de l'espace rural. L'enseignant peut en choisir une en fonction de sa similitude avec l'environnement de l'école.

ÉTAPE 3 PRENDRE CONSCIENCE DE LA FAIBLE DENSITÉ DE L'ESPACE NON URBAIN

DURÉE 15 minutes
ORGANISATION en collectif
MATÉRIEL • une vidéo : vue aérienne de Courson[5]
ou fiche activité 3 : deux photos aériennes de Courson

1) ABORDER LA NOTION DE DENSITÉ. L'enseignant introduit la notion de densité de population, en donnant un exemple concret aux élèves.

> **Quand vous êtes dans la cour de récréation, où allez-vous s'il pleut ?** *Dans le préau.*
Leur faire constater qu'ils sont alors nombreux dans un espace restreint. On dit que la densité des élèves est forte.

> **Quand vous êtes en récréation, où allez-vous jouer ?** *Dans la cour.*
Leur faire remarquer que le nombre d'élèves reste le même que dans la situation précédente, mais chaque élève dispose d'un espace plus important. On dit alors que la densité des élèves est faible.

2) MONTRER LA VIDÉO. L'enseignant questionne les élèves :

> **Que montre cette vidéo ?** *Une vue aérienne du village de Courson sur lequel on zoome pour voir des détails du centre-ville.*
Préciser que ce village se situe en Normandie, le situer sur la carte de France.

> **Que voit-on au début de la vidéo ?** *On distingue une petite zone grise, au milieu de grandes zones vertes étendues. On voit un découpage de l'espace selon des formes plus ou moins géométriques et de couleur différente. Certaines sont entourées par des arbres.*
L'enseignant précise qu'il s'agit d'un village peu étendu en superficie ; il explique que les espaces verts sont des parcelles utilisées par les agriculteurs. Ce sont les hommes qui ont aménagé ce paysage.

> **Que voit-on à la fin de la vidéo ?** *Le village de Courson traversé par une route principale.*
Constater que quelques maisons sont regroupées au cœur du village, mais qu'il y a aussi des maisons isolées, à l'extérieur du village (habitat dispersé).
Conclure que la population est peu nombreuse, que cette **zone est faiblement peuplée**.

S'il n'est matériellement pas possible de projeter la vidéo dans la classe, suivre la même démarche avec les photos de la fiche activité 3 :

2 BIS) AFFICHER LES PHOTOS. L'enseignant questionne les élèves :

> **Quels types de documents sont proposés ?** *Deux photos aériennes de la ville de Courson.*
Préciser que ce village se situe en Normandie, au besoin le situer sur la carte de France.

> **Que représente la première vue ?** *On distingue une petite zone grise, au milieu de grandes zones vertes étendues. On voit un découpage de l'espace selon des formes plus ou moins géométriques et de couleur différente. Certaines sont entourées par des arbres. L'enseignant précise qu'il s'agit d'un village peu étendu en superficie ; il explique que les espaces verts sont des parcelles utilisées par les agriculteurs. Ce sont les hommes qui ont aménagé ce paysage.*

---

5. L'enseignant peut facilement transposer la démarche proposée dans cette étape afin de travailler sur le village de l'école : avec Google Earth®, il montre aux élèves une vue aérienne de leur village et fait un zoom pour mieux en étudier la densité.

> **Que représente la deuxième vue ?** *Le village de Courson traversé par une route principale.*
Constater que quelques maisons sont regroupées au cœur du village, mais qu'il y a aussi des maisons isolées, à l'extérieur du village (habitat dispersé).
Conclure que la population est peu nombreuse, que cette **zone est faiblement peuplée**.

CE QUE NOUS AVONS APPRIS

Dans un espace rural, les habitants sont peu nombreux : la densité de population est faible. Les habitants vivent dans des villages (habitat groupé) ou dans des maisons isolées (habitat dispersé). Il y a peu de voies de circulation au sein du village.

ÉTAPE 4 CONSTRUIRE UN CROQUIS D'UN ESPACE RURAL

DURÉE 20 minutes
ORGANISATION en individuel et en collectif
MATÉRIEL • fiche activité 3 : la photo aérienne de Courson[6]
• une animation : Courson, de la photo au croquis
• des feuilles de calque

1) **RAPPELER LES PRINCIPAUX ÉLÉMENTS DU PAYSAGE** environnant l'école et les noter au tableau, par exemple : le village, les routes, les champs, les collines…
Pour Courson, on relèvera le village, une multitude de fermes dispersées dans la campagne, reliées par des routes, des champs cultivés et des prairies délimitées par des haies, des chemins, la forêt.

2) Demander aux élèves de **RÉALISER LE CROQUIS DU VILLAGE** individuellement. Pour cela, distribuer à chacun une feuille de calque et rappeler que faire un croquis, c'est repérer les éléments importants du paysage et tracer les limites de ces différentes zones. Les éléments sont ceux notés au tableau. Préciser aux élèves qu'ils n'ont que cinq minutes pour réaliser ce croquis afin de les obliger à ne garder que les éléments essentiels et non les détails.

3) **METTRE EN COMMUN.** L'enseignant vidéoprojette l'animation « Courson, de la photo au croquis » : il affiche le croquis zone par zone, en cliquant sur les éléments de légende. En plaçant le curseur sur une zone du croquis, on peut voir la photo en transparence.
L'enseignant peut aussi afficher au tableau un croquis préparé en amont sur une feuille calque posée sur la photo imprimée du village de l'école au format A3. Au besoin, les élèves rectifient leur croquis à l'issue de cette observation.

4) **COMPLÉTER LE CROQUIS PAR UNE LÉGENDE.**
Chaque élève complète son croquis par une légende indiquant la nature des différentes zones et en ajoutant un symbole pour les voies de communication.

Voir fiche méthodologique sur la construction de croquis, p. 9

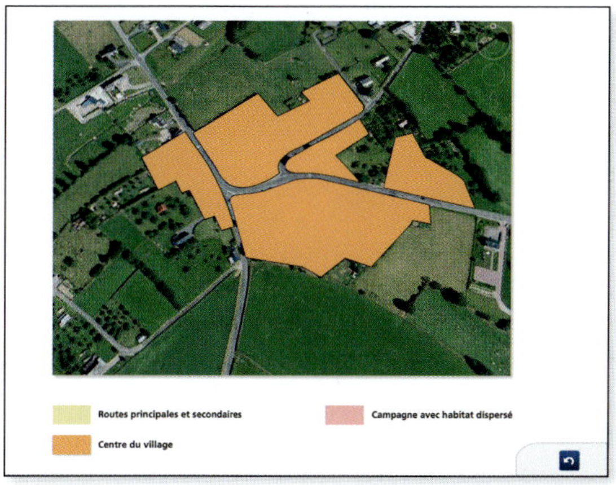

Animation : Courson, de la photo au croquis.

6. L'enseignant peut facilement transposer la démarche proposée dans cette étape afin de travailler sur le village de l'école : les élèves construisent le croquis à partir d'une vue aérienne de leur village.

ÉTAPE 5 SYNTHÈSE

DURÉE 10 minutes
ORGANISATION en classe entière

Exemple de trace écrite :

J'habite à la campagne, un espace non urbain. La densité de population est faible. Les habitants vivent dans des villages (habitat groupé) ou dans des maisons isolées (habitat dispersé). Un réseau routier relie les villages entre eux. Forêts, champs cultivés, prairies pour l'élevage, bâtiments agricoles caractérisent le paysage rural.

Lexique :

Canal : voie d'eau creusée par les hommes pour relier les fleuves, les rivières entre eux et faciliter les communications par voies navigables entre les régions.
Habitat groupé/ dispersé : lorsque les habitations sont regroupées dans un village, on parle d'habitat groupé ; lorsque la population vit dans des hameaux ou des habitations isolées dans la campagne, l'habitat est dispersé.
Haie : bordure qui sert à délimiter un champ, une prairie, un jardin... Elle est composée d'arbres, d'arbustes, de branchages, souvent taillés.
Hameau : groupe de maisons situées à l'écart d'un village.
Plateau : relief peu élevé, plat, avec des vallées encaissées.

PROLONGEMENT POSSIBLE

À partir des photos proposées dans le CD-Rom, montrer aux élèves des paysages ruraux différents du leur.

Observe la photographie qui correspond à ton lieu de vie.

Document 1 • **Une grande culture de céréales aux abords d'un village groupé, dans la Beauce.**

Document 2 • **Un habitat dispersé dans un bocage avec élevage, en Saône-et-Loire.**

Document 3 • **Une culture de vignes aux abords d'un village groupé, dans l'Hérault.**

Document 4 • **Un lotissement dans un village de Provence.**

J'habite à la campagne

Complète ce tableau avec l'aide de tes camarades et de ton enseignant.

MON VILLAGE :	OBSERVATIONS	LEXIQUE
LE RELIEF		
LES COURS D'EAU ET LES PLANS D'EAU		
LA VÉGÉTATION		
LE BÂTI		
LES VOIES DE CIRCULATION		
LES ACTIVITÉS		

Observe ces deux photographies aériennes et réponds aux questions de ton enseignant.

Document 1 • Le village de Courson, en Normandie.

Document 2 • Le centre du village de Courson.

SÉANCE 2A
J'habite à la montagne

L'ESSENTIEL À SAVOIR POUR L'ENSEIGNANT

À l'issue de la première séance (j'habite en ville ou à la campagne) qui a permis de définir le mode de vie principal des élèves, il s'agit dans un second temps de caractériser un milieu de vie : ici, l'espace montagnard.

COMMENT DÉFINIR LA MONTAGNE ?

La définition de la montagne est à priori évidente. Très petits, les enfants utilisent l'image de la montagne pour désigner, par exemple, un tas de sable ou de feuilles et disent fièrement « avoir fait une montagne ». Il faut bien distinguer l'imaginaire spatial de cette forme de relief de sa définition qui peut varier selon les contextes culturels et sociaux, car on peut utiliser le mot « montagne » indépendamment de son altitude ou de son volume (exemple : La montagne Sainte-Geneviève à Paris, 60 mètres d'altitude).

Une montagne est une forme de relief saillante, dominant les plaines et les piémonts environnants, caractérisée par des altitudes (élévation par rapport au niveau de la mer) et des dénivellations (différence entre les points hauts à l'amont et les points bas à l'aval).

LES DIFFÉRENTS TYPES DE MONTAGNE

Pour caractériser le type de montagne dans lequel vivent les élèves, on pourra distinguer les montagnes jeunes de formation récente[1] (Alpes, Pyrénées et Jura) aux crêtes acérées et aux altitudes élevées (sauf pour le Jura), des montagnes anciennes (Massif central et Vosges) moins élevées et aux formes plus arrondies, résultat de l'érosion qui s'exerce sur ces massifs depuis 600 millions d'années.

Le relief français.

Au sein de ces massifs, on distingue :

– Le domaine de la haute montagne (plus de 2 000 mètres), contraignant, marqué par le froid (les températures diminuent de 0,6 °C tous les 100 mètres), la glace et les pentes fortes. Les paysages sont reconnaissables par leur caractère minéral et par l'absence de végétation. C'est aussi le paradis des skieurs : les flancs des montagnes sont convertis en d'immenses champs de neige parcourus de part en part par des remontées mécaniques et les anciennes fermes d'altitude sont reconverties en restaurants voire en bars ou boites de nuit branchés qui ne respectent pas toujours l'environnement dans lequel ils se sont installés.

– Le domaine de la moyenne montagne, moins contraignant, était traditionnellement un

1. Les montagnes sont dites « jeunes » car elles se sont formées à une époque plus récente que les montagnes dites anciennes, durant l'ère tertiaire, soit il y a environ 80 millions d'années lors de la surrection pyrénéo-alpine. Le massif du Jura qui appartient au massif alpin est une montagne jeune et une moyenne montagne.

espace dédié à l'agriculture (élevage). Le déclin des activités agricoles a entrainé une reconversion vers le tourisme vert. Les agriculteurs, qui ne peuvent vivre que de l'élevage, réaménagent une partie de leur exploitation en gite pour y accueillir des vacanciers.

QUE SIGNIFIE « HABITER À LA MONTAGNE » ?

Dans l'imaginaire collectif contemporain, la montagne est associée à des images positives qui conditionnent notre manière de la percevoir. Soit la montagne est présentée comme un espace sportif et récréatif : c'est un immense terrain de jeu où on peut pratiquer le ski, le snowboard, le vélo, la randonnée... Soit elle est présentée comme un espace de ressourcement et de bien-être où « air pur » et « paysages préservés » se côtoient. Ces images, véhiculées par les médias et par les stations de montagne, visent à attirer les touristes, mais omettent les contraintes, les risques et les problèmes environnementaux que connaissent ces territoires. Habiter en montagne, c'est aussi vivre dans un environnement sous contraintes (le froid, l'altitude, la pente), subir un air parfois plus pollué que dans les grandes villes, et des conditions économiques (emplois saisonniers et précaires) qui ne sont pas toujours favorables. Pour les élèves qui habitent dans une commune de montagne, il y a une situation de cohabitation temporaire et récurrente lors des deux saisons touristiques (qui contraste avec le relatif isolement du temps hors saison) avec des vacanciers qui n'y vivent pas et n'appréhendent pas la montagne comme eux (la perception du risque par exemple).

DÉROULEMENT DE LA SÉANCE

Compétences, capacités, attendus
- *Localiser et situer l'espace montagnard dans lequel on vit.*
- *Identifier les caractéristiques de mon paysage quotidien : la montagne.*
- *Nommer et localiser un lieu sur une carte.*
- *Écrire pour communiquer et échanger.*
- *Travailler en équipe pour produire.*
- *S'approprier un lexique géographique spécifique.*
- *Extraire des informations pertinentes d'une photo, d'une carte.*

DURÉE : 60 minutes environ.

ÉTAPE 1 — DÉCRIRE L'ESPACE MONTAGNARD QUI NOUS ENTOURE

DURÉE 10 minutes
ORGANISATION en collectif
MATÉRIEL • une affiche

1) **INTERROGER LES ÉLÈVES** sur leur représentation de l'espace montagnard qui les entoure.

> **Comment décririez-vous le paysage qui vous entoure ?**
Les élèves répondent en fonction de leur vécu : rochers élevés, ruisseau, monter, escalader, très froid, brouillard, neige, arbres, herbe, fleurs, bouquetins, touristes, télésièges, maisons, tranquille, haut... On constate que le lexique géographique est peu utilisé. Toutefois, les termes utilisés par les élèves sont notés sur l'affiche.

2) **ENTOURER** par couleurs différentes les éléments ayant trait au relief, au climat, à la végétation, à l'occupation humaine, aux impressions. Ces différents domaines serviront de base pour observer le paysage.

ÉTAPE 2 OBSERVER ET ANALYSER LES ÉLÉMENTS NATURELS DE NOTRE PAYSAGE

DURÉE 20 minutes
ORGANISATION en collectif
MATÉRIEL • fiche activité 1 : une photo du paysage de montagne où vit l'élève[2]
• l'affiche élaborée en étape 1
• fiche activité 2 : grille d'observation (et son corrigé)

1) **AFFICHER LA PHOTO.** Laisser un temps d'observation individuelle, puis questionner les élèves :

> **Quel type de paysage reconnaissez-vous ?** *Un paysage de montagne.*

> **Retrouvez-vous des éléments que nous avons cités ?**
Pointer les éléments communs entre la liste élaborée en étape 1 et la photo.

2) **DÉCRIRE LE RELIEF ET LA VÉGÉTATION** collectivement. L'enseignant rappelle ce qu'il faut décrire ici : le relief, la présence de cours d'eau, le type de végétation ; par exemple : des sommets d'altitude plus ou moins élevée, de formes arrondies ou déchiquetées dont les versants peuvent être abrupts ou en pente douce avec des replats, des vallées étroites et encaissées ou plus larges, parcourues parfois par un cours d'eau, des plateaux ; en altitude, on peut observer des neiges permanentes, des glaciers, des torrents ; la végétation est étagée : champs cultivés, prairies, forêts de feuillus, de conifères, alpages… et elle recouvre parfois les sommets.
À partir de la description de la photo, compléter collectivement les 3 premières cases de la colonne « observations » dans la grille.

3) **INDIQUER LE LEXIQUE SPÉCIFIQUE** pour définir la notion d'espace montagnard habité. L'enseignant synthétise les observations des élèves et indique le lexique spécifique : sommet, versant, vallée, prairie, alpage, altitude, végétation étagée. Compléter collectivement les 3 premières cases de la 3e colonne. En observant la photo, l'enseignant relève aussi des indices qui renseignent sur le climat.

CE QUE NOUS AVONS APPRIS

En fonction du lieu de vie de l'élève et du lexique noté dans la grille d'observation :

– J'habite une région de haute montagne : les sommets sont élevés et dépassent souvent 1 800 m. Leurs pentes sont raides. Le climat est rude ; sur les plus hauts sommets, les neiges ne fondent pas (neiges permanentes). On observe un étagement de la végétation qui varie en fonction de l'altitude.

– J'habite une région de moyenne montagne : les sommets ont souvent des formes arrondies et sont parfois couverts de végétation. L'altitude générale n'est pas très élevée mais le climat peut être rigoureux.

ÉTAPE 3 COMMENT LES HOMMES OCCUPENT-ILS LA MONTAGNE ?

DURÉE 15 minutes
ORGANISATION en collectif
MATÉRIEL • fiche activité 1 : la photo du paysage de montagne où vit l'élève
• l'affiche élaborée en étape 1
• fiche activité 2 : grille d'observation (et son corrigé)

1) **REPRENDRE LA PHOTO** et questionner les élèves :

> **Où se situent les habitations ?** *Au pied de la montagne, dans la vallée et sur les replats.*

---

2. Il est conseillé de travailler avec une photo personnelle du paysage environnant l'école. Toutefois, dans le DVD, sont disponibles des photos qui traduisent la diversité des paysages de montagne. L'enseignant peut en choisir une en fonction de sa similitude avec l'environnement de l'école.

> **Pourquoi les hommes ont-ils choisi ces lieux ?** *Plus « plats », ils sont propices à la construction d'habitations, à l'aménagement des activités et des voies de circulation.*
L'enseignant précise que le climat rude lié au froid et à l'altitude, la pente et la mauvaise exposition au soleil de certains versants rendent l'exploitation du sol (agriculture, construction...) particulièrement difficile. Les hommes ont donc, en priorité, occupé les fonds des vallées et les versants exposés au soleil. Cependant, quelques maisons, isolées ou parfois regroupées en hameau, sont construites sur les versants.

2) **COMPLÉTER LA GRILLE D'OBSERVATION.** À partir de la description de la photo, compléter collectivement les 3 dernières lignes du tableau : les élèves notent leurs « observations » dans la colonne du milieu et l'enseignant apporte le lexique spécifique de la 3e colonne.

CE QUE NOUS AVONS APPRIS

En montagne, les hommes sont majoritairement installés dans les villes et villages, situés dans les vallées et les espaces plats. Cependant, parfois, les maisons sont isolées sur les pentes. C'est dans les vallées qu'ont été construites les routes qui relient les villes et villages.

ÉTAPE 4 CONSTRUIRE UN CROQUIS D'UN PAYSAGE DE MONTAGNE

DURÉE 20 minutes
ORGANISATION en collectif et en individuel
MATÉRIEL
- fiche activité 1 : la photo d'un paysage de montagne
- une animation : la montagne, de la photo au croquis
- des feuilles de calque

1) **RAPPELER LES PRINCIPAUX ÉLÉMENTS DU PAYSAGE** montagnard environnant l'école et les noter au tableau, par exemple : le village, la ville, les routes, les champs... en arrière-plan : la forêt, la montagne... *Pour le paysage des Alpes, on observera au premier plan, sur un replat herbeux, le village de Combloux, puis des maisons isolées reliées par une route et des chemins, au fond la forêt qui descend en pente sur le versant de la montagne ; au deuxième plan, de l'autre côté de la vallée, une montagne boisée et une route au milieu du versant ; enfin au troisième plan, des massifs enneigés (dont le Mont-Blanc), avec des aiguilles, des glaciers et une zone rocheuse à sa base*
Autre exemple : *Pour le paysage du Cantal dans le Massif central (la vallée de Mandailles), on relèvera au premier plan, un des versants, coupé par une petite route, qui descend en pente douce vers le fond de la vallée jusqu'à la route principale, avec des prairies clôturées ; au deuxième plan, le fond de la vallée avec deux hameaux distincts ; au troisième plan, l'autre versant, en pente douce couvert de prairies avec des espaces arborés, des haies délimitant des parcelles et un habitat dispersé fait de petits hameaux ou d'habitations isolées ; au quatrième plan, dépourvue de végétation, la ligne de crête de la montagne avec deux sommets pointus (anciens reliefs volcaniques, appelés puys en Auvergne) et des tables rocheuses.*

2) Demander aux élèves de **RÉALISER LE CROQUIS DU PAYSAGE DE MONTAGNE** individuellement. Pour cela, distribuer à chacun une feuille de calque et rappeler que faire un croquis, c'est repérer les éléments importants du paysage et tracer les limites de ces différentes zones. Les éléments sont ceux notés au tableau. Préciser aux élèves qu'ils n'ont que cinq minutes pour réaliser ce croquis afin de les obliger à ne garder que les éléments essentiels et non les détails.

3) **METTRE EN COMMUN.** L'enseignant vidéoprojette l'animation « la montagne, de la photo au croquis » : il affiche le croquis zone par zone, en cliquant sur les éléments de légende. En plaçant le curseur sur une zone du croquis, on peut voir la photo en transparence.

L'enseignant peut aussi afficher au tableau un croquis préparé en amont sur une feuille calque posée sur la photo imprimée du paysage proche de l'école, au format A3. Au besoin, les élèves rectifient leur croquis à l'issue de cette observation.

4) COMPLÉTER LE CROQUIS PAR UNE LÉGENDE.

Chaque élève complète son croquis par une légende indiquant la nature des différentes zones et en ajoutant un symbole pour les voies de communication.

Voir fiche méthodologique sur la construction de croquis, p. 9.

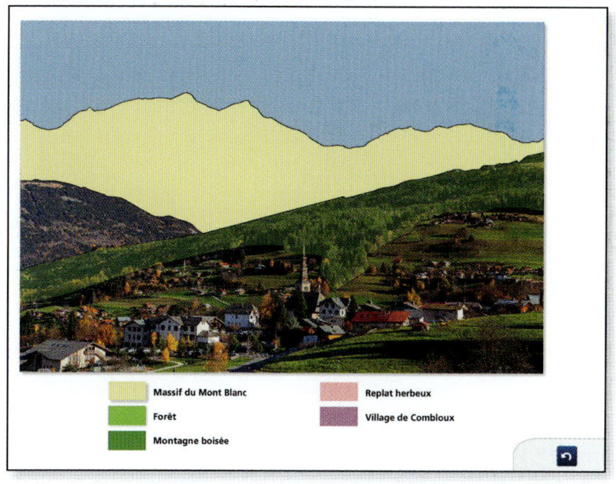

Animation : la montagne, de la photo au croquis.

ÉTAPE 5 SYNTHÈSE

DURÉE 10 minutes
ORGANISATION en classe entière

Exemple de trace écrite :

En fonction du lieu de vie de l'élève :

- Moi, j'habite dans une zone montagneuse (les Alpes, les Pyrénées ou la Corse). Il s'agit d'une région de **haute montagne** dont les sommets élevés dépassent 1 800 m. Les paysages se caractérisent par la présence de pics, de glaciers aux neiges permanentes. Les versants de la montagne sont en pente raide. Ils sont couverts par une végétation qui varie en fonction de l'altitude. Les voies de communication empruntent les vallées. Les villes et les villages y sont construits. Des villages occupent aussi les replats dans la montagne.
- Moi, j'habite dans une zone montagneuse (le Jura, les Vosges ou le Massif central). Il s'agit d'une région de **moyenne montagne** située entre 500 et 1 800 m. Les paysages se caractérisent par des sommets aux formes souvent arrondies, couverts parfois de végétation. Les voies de communication empruntent les vallées où sont installés villes et villages. Des villages occupent aussi les plateaux.

Lexique :

Étagement de la végétation : en montagne, changement de la végétation en fonction de l'altitude.
Montagne : forme de relief caractérisé par une altitude élevée et des pentes raides.
Sommet : partie la plus élevée de la montagne.
Vallée : creux allongé où coule un cours d'eau.
Versants : pentes de chaque côté de la vallée.

PROLONGEMENT POSSIBLE

À partir des photos proposées dans le CD-Rom, montrer aux élèves des paysages de montagne différents du leur.

Observe la photographie qui correspond à ton lieu de vie.

Document 1 • **Le village de Combloux, dans les Alpes.**

Document 2 • **Le village d'Aulus-les-Bains, dans les Pyrénées.**

Document 3 • **Le village de Zonza, dans le Massif corse.**

Document 4 • **La vallée de Mandailles, dans le Cantal (Massif central).**

Document 5 • **Le village de Ammerschwihr, au pied des Vosges.**

Document 6 • **Le village de Baumes-les-Messieurs, dans le Jura.**

[FICHE ACTIVITÉ 2]

J'habite à la montagne

Complète ce tableau avec l'aide de tes camarades et de ton enseignant.

LA MONTAGNE OÙ JE VIS :	OBSERVATIONS	LEXIQUE
LE RELIEF		
LES COURS D'EAU ET LES PLANS D'EAU		
LA VÉGÉTATION		
LE BÂTI		
LES VOIES DE CIRCULATION		
LES ACTIVITÉS		

SÉANCE 2B
J'habite le long d'un littoral

L'ESSENTIEL À SAVOIR POUR L'ENSEIGNANT

À l'issue de la première séance (j'habite en ville ou à la campagne) qui a permis de définir le mode de vie principal des élèves, il s'agit dans un second temps de caractériser un milieu de vie : ici le littoral.

COMMENT DÉFINIR LE LITTORAL ?

Le littoral est un espace de contact entre la terre et la mer. Cette zone peut être plus ou moins vaste et correspond à tout l'espace qui est sous l'influence de la mer (de quelques centaines de mètres à plusieurs kilomètres).

QUELS PAYSAGES LITTORAUX NATURELS ?

Les paysages côtiers sont variés : côtes rocheuses, côtes sableuses, côtes marécageuses, côtes à lagunes... Ils se répartissent de manière équilibrée sur la côte atlantique, alors que les rivages méditerranéens sont surtout rocheux et sableux.

Les types de côtes en France.

DES PAYSAGES TRANSFORMÉS PAR L'HOMME

Les littoraux sont gagnés par l'urbanisation, liée en partie au développement du tourisme. Ce sont des espaces très attractifs où la densité est forte et la population est concentrée (10 % de la population métropolitaine réside sur 4 % du territoire français métropolitain). Ils sont souvent industrialisés et les infrastructures routières trois fois plus développées que dans le reste du territoire (IFEN). Les terres agricoles comme les milieux naturels se raréfient et sont de plus en plus insérés entre ces territoires urbains. Les paysages traditionnels de bord de mer sont transformés et l'espace est morcelé par des constructions : c'est le phénomène de mitage (qui n'est pas seulement une caractéristique du littoral).

➲ *Le saviez-vous ?*

La densité de population est particulièrement élevée dans les communes littorales : avec 285 hab./km², elle est deux fois et demie supérieure à la moyenne nationale. En 2005, 80 % des résidents des cantons littoraux sont installés en ville. Le bord de mer sur la Côte d'Azur est urbanisé à 96 %.

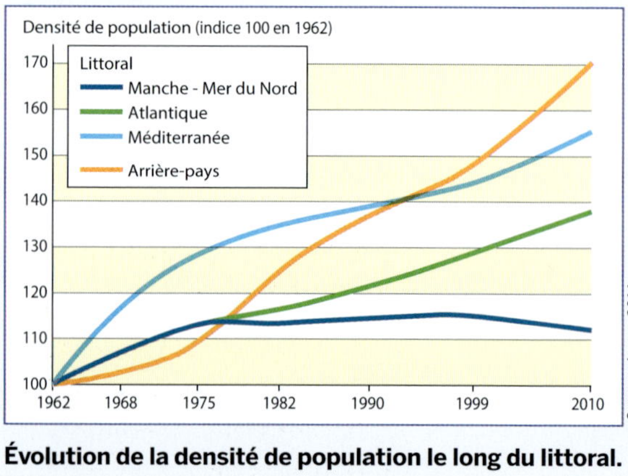

Évolution de la densité de population le long du littoral.

COMMENT CLASSER LES LITTORAUX ?

La DATAR, en 2012 a mis en place une typologie des espaces littoraux :

– Les littoraux urbains et périurbains au paysage artificialisé.
– Les littoraux de type rural méditerranéen touristiques, plus ou moins dynamiques, avec un cadre semi-naturel (Corse-Languedoc) ou ayant des cultures permanentes (vignoble).
– Les littoraux de type rural atlantique avec des oppositions sur les paysages et les densités de population.

➲ Comment protéger le littoral ?

L'urbanisation, les divers aménagements transforment et dégradent l'environnement. Aussi les littoraux sont des espaces fragiles, au premier rang des espaces vulnérables. Des organismes institutionnels sont chargés de cette protection : le Conservatoire de l'espace littoral créé en 1975 qui en assure la gestion. Les parcs naturels marins sont chargés des aires marines protégées. En 2015, sept parcs naturels marins existent et trois autres font l'objet de missions d'études. Mis en place en 2011, l'Observatoire national de la mer et du littoral (ONML) a pour objectif le développement durable de ces espaces menacés.

DÉROULEMENT DE LA SÉANCE

Compétences, capacités, attendus

- ***Localiser et situer le littoral proche de chez nous.***
- ***Identifier les caractéristiques de mon paysage quotidien : le littoral.***
- ***Identifier les caractéristiques d'un paysage littoral urbanisé.***
- ***Nommer et localiser un lieu.***
- ***Extraire des informations pertinentes d'un document pour répondre à une question.***
- ***S'approprier un lexique géographique spécifique.***
- ***Mobiliser et réinvestir le vocabulaire.***

DURÉE : 60 minutes environ.

ÉTAPE 1 DÉCRIRE LE LITTORAL OÙ JE VIS

DURÉE 10 minutes
ORGANISATION en individuel puis en collectif
MATÉRIEL • le cahier de brouillon
• une affiche

1) INTERROGER LES ÉLÈVES sur leur représentation de l'espace qui les entoure.

> **Comment décririez-vous le paysage qui vous entoure ? Faites-en une description écrite dans votre cahier de brouillon.**
Les élèves répondent en fonction de leur vécu : côte, mer, plage, port, rochers, arbres, landes, herbe, fleurs, maisons…

2) LIRE ET COMMENTER LES PRODUCTIONS. Noter sur l'affiche les termes utilisés par les élèves. On constate que le lexique géographique est peu utilisé. Toutefois, entourer par des couleurs différentes les éléments ayant trait au relief, au climat, à la végétation, à l'occupation humaine, aux impressions. Ces différents domaines serviront de base pour observer le paysage.

ÉTAPE 2 — OBSERVER ET ANALYSER LES ÉLÉMENTS NATURELS DE NOTRE PAYSAGE

DURÉE 15 minutes
ORGANISATION en collectif
MATÉRIEL • fiche activité 1 : une photo du paysage de littoral où vit l'élève[1]
• fiche activité 2 : grille d'observation (et son corrigé)

1) **AFFICHER LA PHOTO.** Laisser un temps d'observation silencieuse, puis questionner les élèves :

> **Quel type de paysage reconnaissez-vous ?** *Un paysage de bord de mer, proche de l'école.*

> **Retrouvez-vous des éléments que vous venez de citer ?** *Oui.*
Pointer les éléments communs entre l'affiche et la photo, relatif au relief et à la végétation, et trouver des indices qui renseignent sur le climat. À partir de la description de la photo, compléter collectivement les 3 premières cases de la colonne « observations » dans la grille.

2) **INDIQUER LE LEXIQUE SPÉCIFIQUE.** L'enseignant synthétise les observations des élèves et leur donne les termes de géographie. Compléter collectivement les 3 premières cases de la 3e colonne, dans la grille.

CE QUE NOUS AVONS APPRIS

En fonction du lieu de vie de l'élève et du lexique noté dans la grille d'observation :

J'habite dans une commune, située sur le littoral, en bord de mer du Nord/ de la Manche/ de l'océan Atlantique/ de la mer Méditerranée. La côte est rocheuse/ sableuse/ à lagune / à calanques...

La végétation sur la côte proche de l'école est essentiellement composée d'arbres isolés/ de forêts/ de landes...

Le climat est doux ; il ne gèle presque jamais.

ÉTAPE 3 — COMMENT LES HOMMES OCCUPENT-ILS LE LITTORAL ?

DURÉE 15 minutes
ORGANISATION en collectif
MATÉRIEL • fiche activité 1 : la photo du paysage de littoral où vit l'élève
• fiche activité 3 : une vue Google Earth du littoral où vit l'élève[2]
• fiche activité 2 : grille d'observation (et son corrigé)

1) **REPRENDRE LA PHOTO** et décrire cette fois les éléments relevant de la présence humaine : le bâti et les activités.

> **Que montre la photographie sur le bâti ?** *D'une manière générale, nous pouvons voir une forte densité d'habitation sur la côte. Toutefois les hommes occupent aussi l'arrière-pays. On appelle ce phénomène « l'étalement urbain ». Plus particulièrement, pour l'exemple de Nice, on constate que le bâti est dense autour du port (immeubles), moins serré sur les collines (petites résidences, villas) ; on observe les éléments caractéristiques des aménagements portuaires : bassins, quais, jetée, phare.*

1. Il est conseillé de travailler avec une photo personnelle du paysage environnant l'école. Toutefois, dans le DVD, sont disponibles des photos qui traduisent la diversité des paysages littoraux en France métropolitaine. L'enseignant peut en choisir une en fonction de sa similitude avec l'environnement de l'école.
2. Notre exemple s'appuie sur la ville de Nice ; toutefois nous invitons l'enseignant à mener cette étape avec des documents relatifs au littoral proche de l'école.

> **Que peut-on dire sur les activités humaines ?** *Pour l'exemple de Nice, la variété des bateaux (voiliers, yachts, ferries) abrités dans le port montre que les activités nautiques, de plaisance, de transports passagers ainsi que le tourisme sont importantes.*

2) **OBSERVER LA CARTE** et situer la commune de l'école. Demander aux élèves :

> **Quelles autres indications sur l'occupation du littoral nous apporte cette carte ?** *Pour l'exemple de Nice, on peut constater que les hommes se sont installés au bord de la mer sur une bande assez étroite en raison de la présence des montagnes dans l'arrière-pays. Les villes sont très proches les unes des autres ; l'habitat est pratiquement continu de Monaco à Antibes. Les voies de communication importantes sont parallèles à la côte.*

3) **COMPLÉTER LA GRILLE D'OBSERVATION.** À partir de la description de la photo et de l'étude de la carte, compléter collectivement les 3 dernières lignes du tableau : les élèves notent leurs « observations » dans la colonne du milieu et l'enseignant apporte le lexique spécifique.

[FICHE ACTIVITÉ 2 CORRIGÉE]

J'habite le long d'un littoral

Selon le lieu de vie de l'élève, les éléments de réponse seront les suivants :

LE LITTORAL OÙ JE VIS :	OBSERVATIONS	LEXIQUE
LE RELIEF	Côte basse, côte sableuse, côte rocheuse, collines, presqu'île, plage au fond de la baie, plateau (au-dessus de la falaise), cap rocheux s'avançant dans la mer…	une falaise une baie, un cap, une presqu'île
LA VÉGÉTATION	Pins maritimes, espaces boisés, arbres des régions tempérées, des régions méditerranéennes, végétation arbustive, maquis, prairies…	
LE CLIMAT	De type méditerranéen De type océanique	
LE BÂTI	Villages en bord de mer, ville à l'embouchure du fleuve côtier, port, constructions portuaires (bassin, jetée, quai, phare). Front de mer avec villas, résidences. Pont enjambant le fleuve. Maisons, immeubles.	une jetée
LES VOIES DE CIRCULATION	Routes, avenues, chemins, quais.	un quai
LES ACTIVITÉS	Activités nautiques, navigation de plaisance, transports maritimes de passagers Port de commerce ; activités portuaires industrielles ; pêche. Agriculture, élevage.	un ferry

CE QUE NOUS AVONS APPRIS

Les hommes se sont installés sur le littoral, sur la bande côtière où la population est très importante. En raison de cette densité de population, les hommes se sont aussi éloignés du littoral et occupent de plus en plus les territoires de l'arrière-pays.

ÉTAPE 4 CONSTRUIRE UN CROQUIS D'UN PAYSAGE MARITIME

DURÉE 20 minutes
ORGANISATION en collectif et en individuel
MATÉRIEL • fiche activité 1 : la photo du paysage de littoral où vit l'élève
• une animation : le littoral, de la photo au croquis
• des feuilles de calque

1) **RAPPELER LES PRINCIPAUX ÉLÉMENTS DU PAYSAGE** maritime environnant l'école et les noter au tableau, par exemple : la plage, le port, la ville... et en arrière-plan : la forêt, les champs, la montagne... Pour l'exemple de Nice, on relèvera, au premier plan, les toits des immeubles et quelques éléments de végétation (arbustes, cactus) sur la colline du Château d'où est prise la vue ; au deuxième plan, le bassin du vieux port et les installations portuaires (les quais, les bassins, la jetée avec son phare), en troisième plan, la ville avec ses immeubles et, en arrière-plan, les collines boisées qui descendent vers la mer.

2) Demander aux élèves de **RÉALISER LE CROQUIS DU LITTORAL** individuellement. Pour cela, distribuer à chacun une feuille de calque et rappeler que faire un croquis, c'est repérer les éléments importants du paysage et tracer les limites de ces différentes zones. Les éléments sont ceux notés au tableau. Préciser aux élèves qu'ils n'ont que cinq minutes pour réaliser ce croquis afin de les obliger à ne garder que les éléments essentiels et non les détails.

3) **METTRE EN COMMUN.** L'enseignant vidéoprojette l'animation « le littoral, de la photo au croquis » : il affiche le croquis zone par zone, en cliquant sur les éléments de légende. En plaçant le curseur sur une zone du croquis, on peut voir la photo en transparence.
L'enseignant peut aussi afficher au tableau un croquis préparé en amont sur une feuille calque posée sur la photo imprimée du paysage proche de l'école, au format A3. Au besoin, les élèves rectifient leur croquis à l'issue de cette observation.

4) **COMPLÉTER LE CROQUIS PAR UNE LÉGENDE.** Chaque élève complète son croquis par une légende indiquant la nature des différentes zones et en ajoutant un symbole pour les voies de communication.

Voir fiche méthodologique sur la construction de croquis, p. 9.

Animation : le littoral, de la photo au croquis.

ÉTAPE 5 SYNTHÈSE

DURÉE 10 minutes
ORGANISATION en classe entière

Exemple de trace écrite :

Moi, j'habite dans une ville située au bord de la mer (à nommer fonction du lieu de vie de l'élève). La côte à proximité est sableuse/rocheuse/à lagune/à calanques... La majeure partie des habitations est située près du littoral. Cependant, l'arrière-pays est de plus en plus habité. Les voies de communication importantes sont parallèles à la côte.
Les activités sur le littoral sont liées au tourisme (plaisance), à la pêche, aux activités portuaires et de transport...

Lexique :

Baie : découpure de la côte, de forme souvent arrondie, par laquelle la mer avance dans les terres.
Cap : pointe de terre ou avancée rocheuse dans la mer.
Falaise : muraille rocheuse qui domine la mer.
Jetée : construction en pierre, en béton, en bois, formant une chaussée qui s'avance dans l'eau. Elle protège le port des vagues et du vent, sert de lieu de promenade aux visiteurs, permet aux bateaux d'accoster dans des eaux profondes.
Littoral : zone comprise entre l'océan (ou la mer) et le continent.
Presqu'ile : avancée de la côte dans la mer rattachée au continent par une langue de terre.
Quai : dans un port, espace en maçonnerie aménagé le long d'un bassin, pour l'accostage des bateaux, le déchargement des marchandises et le débarquement des passagers.
Rade : grand bassin, naturel ou artificiel, ouvert sur la mer, dans lequel les bateaux peuvent trouver un abri.

PROLONGEMENT POSSIBLE

À partir des photos proposées dans le CD-Rom, montrer aux élèves des paysages de littoral différents du leur.

Observe la photographie qui correspond à ton lieu de vie.

Document 1 • Sangatte, sur la Côte d'Opale (Pas-de-Calais).

Document 2 • Le Tréport (Seine-Maritime).

Document 3 • **Presqu'île et baie de Lannion (Côtes-d'Armor).**

Document 4 • **Royan sur la côte atlantique (Charente-Maritime).**

Document 5 • Le vieux port de Sète sur la côte méditerranéenne (Hérault).

Document 6 • Le port de Nice sur la côte méditerranéenne (Alpes-Maritimes).

Complète ce tableau avec l'aide de tes camarades et de ton enseignant.

LE LITTORAL OÙ JE VIS :	OBSERVATIONS	LEXIQUE
LE RELIEF		
LA VÉGÉTATION		
LE CLIMAT		
LE BÂTI		
LES VOIES DE CIRCULATION		
LES ACTIVITÉS		

Le littoral méditerranéen, de Monaco à Antibes.

SÉANCE 2C
J'habite en outre-mer

L'ESSENTIEL À SAVOIR POUR L'ENSEIGNANT

À l'issue de la première séance (j'habite en ville ou à la campagne) qui a permis de définir le mode de vie principal des élèves, il s'agit dans un second temps de caractériser un milieu de vie : ici l'outre-mer.

COMMENT DÉFINIR LES ESPACES ULTRAMARINS ?

Les territoires d'outre-mer, c'est-à-dire ceux qui sont situés au-delà des mers par rapport à la France métropolitaine, appelés aussi espaces ultramarins, sont issus de l'histoire coloniale française. Dispersés dans le monde et caractérisés par leur diversité climatique, leurs statuts juridiques variés les lient différemment à la métropole. Martinique, Guadeloupe, Guyane et La Réunion sont, avec Mayotte des DROM (Départements et Régions d'Outre-Mer). La Nouvelle-Calédonie, la Polynésie, Wallis et Futuna sont des Collectivités d'Outre-Mer (COM). Leur caractère souvent insulaire fait de la France le 3e pays du monde pour l'étendue de son territoire maritime. Ces espaces ultramarins ne sont pas tous habités.

OÙ SONT SITUÉS CES TERRITOIRES SUR LE GLOBE ? [1]

La majorité de ces espaces, à l'exception de la Guyane (rattachée à l'Amérique du Sud) et de la Terre-Adélie (appartenant au continent antarctique) sont des iles dispersées à la surface du globe dans les océans Atlantique, Pacifique, Indien et Antarctique. Les distances qui les séparent de la métropole sont importantes : Wallis et Futuna, la plus éloignée, en est à 19 000 km tandis que la plus proche est Saint-Pierre-et-Miquelon (4 600 km).

1. DATAR, *La nouvelle typologie des campagnes françaises et des espaces à enjeux spécifiques*, Territoires en Mouvement n° 7, 2012.

La France d'outre-mer.

QUELS TYPES DE PAYSAGES ET D'ACTIVITÉS HUMAINES Y RENCONTRE-T-ON ?

Saint-Pierre-et-Miquelon (hémisphère Nord) et les Terres Australes et Antarctiques (TAAF) (hémisphère Sud) appartiennent aux zones froides et humides du globe. La première ile comprend un peuplement permanent alors que la seconde est occupée par des missions scientifiques temporaires.

Les autres territoires, situés dans la zone tropicale – Martinique, Guadeloupe (sauf Basse-Terre), La Réunion et Tahiti – sont à dominante urbaine alors que Mayotte, Wallis et Futuna restent à dominante rurale et traditionnelle. Ces zones chaudes à la végétation tropicale sont des milieux souvent contraignants avec des risques naturels importants : sismiques, volcaniques, météorologiques (cyclones). Mais ces contraintes peuvent être des atouts en particulier pour le du tourisme.

➔ Quelles sont les caractéristiques socioéconomiques des DROM ?

Les DROM sont des territoires qui connaissent une forte croissance de leur population. Depuis 1950, celle-ci a été multipliée par 2. Les habitants sont très jeunes et se concentrent surtout dans les villes : plus de 9 habitants sur 10 en Guadeloupe et en Martinique sont des urbains.

Traditionnellement, les DROM ont des activités agricoles : cultures de la banane, de l'ananas ou encore de la canne à sucre. C'est la métropole qui achète principalement ces productions, qui subissent la concurrence internationale. Aujourd'hui, la principale activité économique est liée au tourisme, mais les salaires sont plus bas qu'en métropole et le taux de chômage y est plus élevé.

DÉROULEMENT DE LA SÉANCE

Compétences, capacités, attendus

- ***Identifier les caractéristiques de mon paysage quotidien : une région urbaine d'une ile ultramarine tropicale.***
- ***Se repérer sur la carte des territoires ultramarins de la France.***
- ***Réaliser un croquis.***
- ***Écrire pour communiquer et échanger.***
- ***Travailler en équipe pour produire.***
- ***S'approprier un lexique géographique spécifique.***
- ***Mobiliser et réinvestir le vocabulaire.***

DURÉE : 60 minutes environ.

ÉTAPE 1 DÉCRIRE LE PAYSAGE QUI NOUS ENTOURE

DURÉE 10 minutes
ORGANISATION en individuel et en collectif
MATÉRIEL • le cahier de brouillon

1) INTERROGER LES ÉLÈVES sur leur représentation de l'espace qui les entoure.

> **Quel est le nom de votre commune ? Sur quel territoire se trouve-t-elle ?**

> **Comment décririez-vous le paysage qui vous entoure ? Faites-en une description écrite dans votre cahier de brouillon.**

Les élèves répondent en fonction de leur vécu : côte, mer, volcan, ville, plage, port, rochers, arbres, champs, herbe, fleurs, maisons…

2) **LIRE ET COMMENTER LES PRODUCTIONS.** Noter sur l'affiche les termes utilisés par les élèves. On constate que le lexique géographique est peu utilisé. Toutefois, entourer par des couleurs différentes les éléments ayant trait au relief, au climat, à la végétation, à l'occupation humaine, aux impressions. Ces différents domaines serviront de base pour observer le paysage.

ÉTAPE 2 OBSERVER ET ANALYSER LES ÉLÉMENTS NATURELS DE NOTRE PAYSAGE

DURÉE 15 minutes
ORGANISATION en collectif et en individuel
MATÉRIEL • fiche activité 1 : une photo du paysage environnant l'école[1]
• fiche activité 2 : grille d'observation (et son corrigé)

1) **AFFICHER LA PHOTO.** Laisser un temps d'observation individuelle, puis questionner les élèves :

> **Quel type de paysage reconnaissez-vous ?** *Un paysage proche de l'école.*

> **Retrouvez-vous des éléments que vous venez de citer ?** *Oui.*

Pointer les éléments communs entre l'affiche et la photo, relevant du relief et de la végétation, et trouver des indices qui renseignent sur le climat. Par exemple, pour Saint-Pierre en Martinique, on relèvera la mer bordée par la plage de sable noir, la ville, en arrière-plan les pentes ravinées du volcan surmontées par le cratère et des sommets plus petits, arrondis (les mornes). La végétation recouvre les versants (savane près du cratère, forêts, cultures au pied de la montagne). Au premier plan, des palmiers indiquent un climat chaud (tropical).
À partir de la description de la photo, compléter collectivement les 3 premières cases de la colonne « observations » dans la grille.

2) **INDIQUER LE LEXIQUE SPÉCIFIQUE.** L'enseignant synthétise les observations des élèves et leur donne les termes de géographie. Compléter collectivement les 3 premières cases de la 3e colonne, dans la grille.

CE QUE NOUS AVONS APPRIS

En fonction du lieu de vie de l'élève et du lexique noté dans la grille d'observation :

J'habite une commune située dans un territoire d'outre-mer. Ce territoire est bordé par l'océan Atlantique/ Indien/ Pacifique.
Son climat est tropical/ équatorial/ océanique froid.
La végétation près de ma commune est essentiellement composée d'arbres/ de forêt tropicale/ de plantations de canne à sucre/ de bananeraies/ de mangroves/ de savane/ de conifères/ de landes...

ÉTAPE 3 OÙ LES HOMMES HABITENT-ILS EN OUTRE-MER ? QUELLES SONT LEURS ACTIVITÉS ?

DURÉE 15 minutes
ORGANISATION en collectif
MATÉRIEL • fiche activité 1 : la photo du paysage environnant l'école
• fiche activité 3 : une vue Google Earth du territoire d'outre-mer où vit l'élève[2]
• fiche activité 2 : grille d'observation (et son corrigé)

1) **REPRENDRE LA PHOTO** et décrire cette fois les éléments relevant de la présence humaine : le bâti et les activités.

---

1. Il est conseillé de travailler avec une photo personnelle du paysage environnant l'école. Toutefois, dans le DVD, sont disponibles des photos qui traduisent la diversité des paysages ultramarins. L'enseignant peut en choisir une en fonction de sa similitude avec l'environnement de l'école.
2. Notre exemple s'appuie sur Saint-Pierre, en Martinique ; toutefois nous invitons l'enseignant à mener cette étape avec des documents relatifs à la région de l'école.

> **Que montre la photographie sur le bâti ?** *Par exemple, pour Saint-Pierre en Martinique, on notera que les habitations (maisons individuelles, petits immeubles bas) sont concentrées sur une étroite bande côtière au bord de la mer et au-dessus de la falaise qui surplombe la ville.*

> **Que peut-on dire sur les activités humaines ?** *Les champs qui s'étendent sur les contreforts du volcan de la montagne Pelée, autour de Saint-Pierre, sont des plantations de canne à sucre. Cette plante, originaire de l'Afrique, a été introduite vers 1650 en Martinique pour produire du sucre et fabriquer du rhum dans les distilleries. La présence de barques et de nombreux voiliers amarrés dans la baie montrent l'importance du tourisme, des activités nautiques et de la pêche.*

2) **OBSERVER LA CARTE** et situer la commune de l'école. Demander aux élèves :

> **Quelles autres indications sur l'occupation du littoral nous apporte cette carte ?** *Pour l'exemple de Saint-Pierre sur l'ile de La Martinique, on peut constater que les hommes se sont installés surtout sur le littoral. Des villages occupent le pied de la montagne : Le Morne Rouge. L'enseignant explique que le relief volcanique limite l'installation des hommes ; ainsi l'habitat s'interrompt vers le Nord.*

3) **COMPLÉTER LA GRILLE D'OBSERVATION.** À partir de la description de la photo et de l'étude de la carte, compléter collectivement les 3 dernières lignes du tableau : les élèves notent leurs « observations » dans la colonne du milieu et l'enseignant apporte le lexique spécifique.

CE QUE NOUS AVONS APPRIS

En fonction du lieu de vie de l'élève et du lexique noté dans la grille d'observation :

Les hommes se sont installés sur les côtes en raison de leur accessibilité. Le relief de l'intérieur des terres et les risques naturels rendent difficiles les constructions et expliquent ce choix.

Les activités sont liées à l'agriculture/ au tourisme/ à la pêche/ à l'industrie minière/ à l'industrie aérospatiale…

ÉTAPE 4 CONSTRUIRE UN CROQUIS

DURÉE 20 minutes
ORGANISATION en collectif et en individuel
MATÉRIEL
- fiche activité 1 : la photo du paysage proche de l'école
- une animation : l'outre-mer, de la photo au croquis
- des feuilles de calque

1) **RAPPELER LES PRINCIPAUX ÉLÉMENTS DU PAYSAGE** environnant l'école et les noter au tableau, par exemple : la plage, le port, la ville… et en arrière-plan : la forêt, les champs, la montagne… Pour la Martinique, on relèvera la mer bordée par la plage de sable noir, la ville, en arrière-plan les pentes ravinées du volcan, dont les versants sont couverts de végétation.

2) Demander aux élèves de **RÉALISER LE CROQUIS DU PAYSAGE PROCHE DE L'ÉCOLE** individuellement. Pour cela, distribuer à chacun une feuille de calque et rappeler que faire un croquis, c'est repérer les éléments importants du paysage et tracer les limites de ces différentes zones. Les éléments sont ceux notés au tableau. Préciser aux élèves qu'ils n'ont que cinq minutes pour réaliser ce croquis afin de les obliger à ne garder que les éléments essentiels et non les détails.

3) **METTRE EN COMMUN.** L'enseignant vidéoprojette l'animation « l'outre-mer, de la photo au croquis » : il affiche le croquis zone par zone, en cliquant sur les éléments de légende. En plaçant le curseur sur une zone du croquis, on peut voir la photo en transparence.
L'enseignant peut aussi afficher au tableau un croquis préparé en amont sur une feuille calque posée sur la photo imprimée du paysage proche de l'école, au format A3. Au besoin, les élèves rectifient leur croquis à l'issue de cette observation.

4) COMPLÉTER LE CROQUIS PAR UNE LÉGENDE. Chaque élève complète son croquis par une légende indiquant la nature des différentes zones et ajoute un symbole pour les voies de communication.

Voir fiche méthodologique sur la construction de croquis, p. 9.

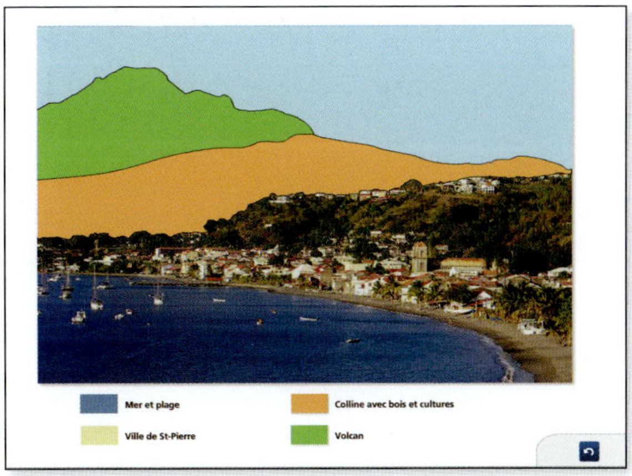

Animation : l'outre-mer, de la photo au croquis.

ÉTAPE 5 SYNTHÈSE

DURÉE 10 minutes
ORGANISATION en classe entière

Exemple de trace écrite :

Moi, j'habite dans une ville en outre-mer (à nommer en fonction du lieu de vie de l'élève).
Cette ville est située sur la côte où l'on trouve l'essentiel de l'habitat.
Le climat est tropical tempéré/tropical chaud et humide/équatorial/océanique froid.
La végétation est abondante en pays tropical. On trouve à proximité une forêt tropicale/une mangrove/des champs de canne à sucre... Elle est plus rare en pays froid : mousses/lichens...
Les activités sont liées à l'agriculture, au tourisme, à l'industrie minière, à l'industrie aérospatiale...

Lexique :

Baie : *voir p. 45.*
Climat tropical : climat des régions situées entre les tropiques. Il se caractérise par des températures élevées toute l'année et par deux saisons : l'une humide avec des pluies fortes et l'autre sèche avec des précipitations rares. La végétation de ces régions est la forêt peu épaisse et la savane.
Mangrove : forêt qui se développe en bord de mer ou de rivière dans les régions tropicales. Elle est composée d'arbres d'espèces différentes, comme les palétuviers, et se développe en avançant dans l'eau au fur et à mesure qu'ils se reproduisent. De nombreux animaux s'y abritent : poissons, crabes... Elle protège les côtes et les récifs coralliens.
Rade : *voir p. 45.*
Savane : formation végétale où l'on trouve de hautes herbes et des arbres dispersés comme le baobab ou l'acacia.

PROLONGEMENT POSSIBLE

À partir des photos proposées dans le CD-Rom, montrer aux élèves des paysages ultramarins différents du leur.

Observe la photographie qui correspond à ton lieu de vie.

Document 1 • **Archipel des Saintes en Guadeloupe, dans la mer des Caraïbes.**

Document 2 • **Saint-Pierre, sur l'île de la Martinique, dans la mer des Caraïbes.**

Document 3 • **Le village de Cacao en Guyane (Amérique du Sud).**

Document 4 • **Village dans le cirque de Salazie sur l'ile de La Réunion, dans l'océan Indien.**

Document 5 • **Le village de Koungou à Mayotte, dans l'océan Indien.**

Document 6 • **Nouméa en Nouvelle-Calédonie, dans l'océan Pacifique.**

Complète ce tableau avec l'aide de tes camarades et de ton enseignant.

JE VIS :	OBSERVATIONS	LEXIQUE
LE RELIEF		
LA VÉGÉTATION		
LE CLIMAT		
LE BÂTI		
LES VOIES DE CIRCULATION		
LES ACTIVITÉS		

Une vue de Saint-Pierre en Martinique.

SÉANCE 3
Où se situe mon lieu de vie dans ma région ?

L'ESSENTIEL À SAVOIR POUR L'ENSEIGNANT

AU-DELÀ DE MA COMMUNE : MA RÉGION

L'objectif de cette séance est de faire prendre conscience à l'élève que le lieu où il habite et va à l'école a des relations avec des territoires de proximité plus vastes. On invite l'élève à partir de chez lui pour ouvrir son regard sur l'espace qui l'entoure afin de comprendre son organisation et les liens qui unissent ce territoire et ses habitants.

Le sentiment d'appartenance à une région est très inégal. L'Alsace, la Bretagne, la Corse sont dotées d'une identité forte liée à l'histoire, à la culture, à la langue ; mais ces régions ont aussi la particularité d'avoir été tracée dans les limites des anciennes provinces françaises. Pour les autres, en manque de repères culturels, les limites des régions sont encore source de polémiques.

C'est pourquoi nous avons choisi dans cette séance, première ouverture sur des territoires plus vastes, d'évoquer aussi le département car il est pour beaucoup le territoire qui permet « aux communautés de s'identifier et de se positionner dans le système monde[1] ». Le département apparait, face à la région, au pays ou à l'Union européenne comme un territoire proche aux frontières clairement définies.

LA CRÉATION DE NOUVELLES PUISSANCES TERRITORIALES

Dans l'esprit des nouvelles lois de décentralisation, le département est peu à peu remplacé par l'intercommunalité qui désigne les différentes formes de coopération existant entre les communes ; les groupements les plus importants sont les métropoles qui forment un ensemble de plus de 400 000 habitants au sein d'une aire urbaine de plus de 650 000 habitants. Ces métropoles devaient à l'origine absorber sur leur territoire l'ensemble des intercommunalités existantes, mais également le département, dont elles sont censées reprendre toutes les compétences. Toutefois, après la loi de 2010, elles n'exercent de plein droit des compétences départementales que dans les domaines des transports scolaires, de la gestion des voies départementales et des zones d'activités.

Communes, départements et régions sont des collectivités territoriales qui s'administrent librement dans les conditions prévues par la loi. Elles sont dotées uniquement de compétences administratives (elles ne peuvent édicter de lois) et leur gestion est assurée par des conseils ou assemblées élus au suffrage universel. Elles doivent bénéficier d'une compétence générale leur permettant de prendre en charge toute affaire d'intérêt local.

À ces différentes entités juridiques, il faut ajouter les DROM-COM (départements et régions et collectivités d'outre-mer). Dans ces territoires s'appliquent les articles 73 et 74 de la Constitution. Selon ces articles les lois et règlements de métropole s'appliquent de plein droit, mais peuvent être modifiés dans certains domaines au sein de ces territoires.

Les compétences de la région sont centrées sur le développement économique, l'aménagement du territoire, les transports, la formation professionnelle, la gestion des lycées, l'aménagement numérique ainsi que tout ou partie de la gestion des programmes européens[2].

---

1. JUIN-RIALLAND C., *Initiation à la géographie*, Vuibert, 2003.

2. *Source :* www.vie-publique.fr.

Un peu d'histoire...

L'histoire des régions administratives telles que nous les connaissons à l'heure actuelle a débuté après guerre dans le cadre de la reconstruction du territoire. Pour l'État, il s'agissait de contrôler l'administration locale, mais aussi de lutter contre l'exode rural. Les régions ont été créées autour de grandes villes comportant des infrastructures majeures. Les concepteurs de ce découpage territorial s'étaient fixé trois contraintes : respecter les limites départementales, un seuil minimum de 1 million d'habitants et la volonté de limiter la force du rayonnement parisien. La loi 72-619 du 5 juillet 1972 portant création et organisation des régions crée un établissement public, la région, qui est administrée par un conseil régional assisté d'un comité économique et social.

Avec l'adoption des lois de décentralisation au début des années 1980, les régions deviennent des collectivités locales de plein exercice, dotées d'un exécutif élu. En 1986, les premières élections au suffrage universel direct du conseil régional confèrent une légitimité politique à cette nouvelle institution.

Le 16 juillet 2015, la loi NOTRe (Nouvelle Organisation Territoriale de la République) qui conduit la réforme territoriale a été votée par l'Assemblée nationale et le Sénat. Selon André Vallini, secrétaire d'État à la Réforme territoriale, « La loi permet notamment :

– la montée en puissance des intercommunalités qui permettra d'organiser les services publics sur un territoire plus cohérent ;

– le renforcement des compétences pour les grandes régions en matière de développement économique et d'aménagement du territoire, pour réduire les inégalités entre les régions ;

– le recentrage des missions du département sur les solidarités humaines et territoriales. »

Dans le cadre de la loi NOTRe, la réforme territoriale a réduit le nombre de régions de 22 à 13 en métropole. Il s'agit de donner aux nouvelles régions ainsi créées une taille et une puissance équivalente à celles de la plupart des régions des autres pays européens.

Les provinces françaises avant 1789 et les dates de leur rattachement à la France.

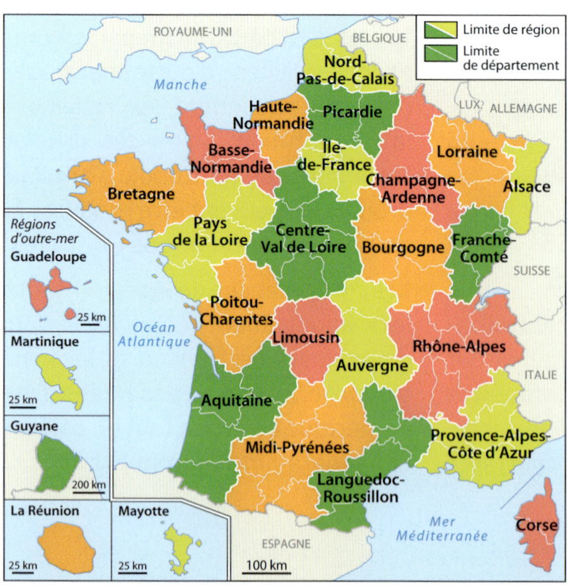

Jusqu'au 31 décembre 2015, le nombre des régions était de 22 en métropole, plus 5 en outre-mer. Le nombre de départements est de 101.

Au 1er janvier 2016, la France métropolitaine compte désormais 13 régions.

DÉROULEMENT DE LA SÉANCE

Compétences, capacités, attendus
- *Localiser son lieu de vie au sein d'un territoire plus vaste, la région.*
- *Connaitre les caractéristiques géographiques de ce territoire plus vaste.*
- *Connaitre sa région pour comprendre l'organisation du territoire.*
- *Situer des lieux et des espaces les uns par rapport aux autres.*
- *Effectuer des recherches sur une carte.*
- *Lire un tableau.*
- *Localiser sur une carte.*

DURÉE : 60 minutes environ.

ÉTAPE 1 RAPPELER LES CARACTÉRISTIQUES DE MON LIEU DE VIE À L'ÉCHELLE DE LA COMMUNE

DURÉE 10 minutes
ORGANISATION en collectif
MATÉRIEL • fiche activité 1 : un tableau à compléter

1) **INTERROGER LES ÉLÈVES** sur les caractéristiques de leur lieu de vie, identifiées lors des séances précédentes.

> **Qu'avons-nous appris, lors des séances précédentes, sur la localisation de notre école ?**
• *Nous habitons une ville, une zone d'habitation où la population est très concentrée. On y trouve de nombreux équipements variés.*
• *Nous voyons près de l'école un paysage montagnard caractérisé par un relief supérieur à 500 mètres. Il existe deux types de montagnes en France, les moyennes et hautes montagnes différenciées par leur altitude. Nous observons que la végétation change en fonction de l'altitude.*
• *Nous habitons sur le littoral, c'est-à-dire un rivage maritime, une étendue qui borde la mer...*
Noter au tableau les différents éléments cités par les élèves en insistant sur la qualité du vocabulaire de géographie employé. Il est attendu des éléments caractéristiques du paysage proche de l'école qu'il soit urbain ou non, montagnard, littoral ou ultra-marin.

2) **DISTRIBUER LA FICHE** et la découvrir ensemble :

> **Quelle est la nature de ce document ?** *Il s'agit d'un tableau.*
Constater que certains éléments du tableau trouvent leurs réponses dans le travail collectif réalisé précédemment. Faire compléter les réponses aux questions 1 et 2.
Rappeler ces caractéristiques permettra aux élèves de situer leur lieu de vie dans leur région.

CE QUE NOUS AVONS APPRIS
En fonction du lieu de vie de l'élève :
Notre école se situe dans un village/une ville qui se nomme (nom de la commune).
Ce « petit » territoire est appelé une commune.

ÉTAPE 2 CLASSER LES CARACTÉRISTIQUES DE MON LIEU DE VIE

DURÉE 10 minutes
ORGANISATION en individuel puis en collectif
MATÉRIEL • fiche activité 1 : le tableau à compléter

1) **REPRENDRE LA FICHE** individuellement. Les élèves notent, au crayon, dans le tableau les informations qu'ils connaissent, concernant les questions 3 à 10.

2) **METTRE EN COMMUN.** Apporter les réponses aux questions 3 à 6, en notant le nom des grandes villes et villes moyennes à proximité de la ville de l'école. Pour les questions 7 à 10, certaines cases du tableau seront vides ou les réponses divergeront ; demander aux élèves :

> **Quel document pourrait être utile pour apporter des réponses précises ?** *Une carte de la région, avec le relief et les cours d'eau.*

ÉTAPE 3 SITUER MON LIEU DE VIE SUR UNE CARTE DE MA RÉGION

DURÉE 15 minutes
ORGANISATION en individuel puis en collectif
MATÉRIEL • fiche activité 1 : le tableau complété
• fiche activité 2 : la carte des régions et départements français
• fiche activité 3 : la carte de la région de l'élève

1) **DISTRIBUER LA CARTE DE LA RÉGION DE L'ÉCOLE** et demander aux élèves de l'identifier :

> **Quelle est la nature de ce document ?** *Il s'agit d'une carte.*
L'enseignant indique qu'il s'agit d'une carte de la région de l'école. Cette région est l'une des 13 régions métropolitaines/l'une des cinq régions d'outre-mer.

> **Quelles sont les informations données par cette carte ?** *On y voit le nom des principales villes, des cours d'eau et les éléments du relief.*

2) **SITUER LA VILLE DE L'ÉCOLE SUR LA CARTE.** À l'aide des renseignements recueillis lors des étapes 1 et 2, demander aux élèves de situer leur ville sur la carte de leur région.
Pour les guider, afficher la carte des régions et départements français et repérer collectivement le département dans lequel l'école se situe[1]. Les élèves repèrent cette zone sur leur carte individuelle et la (ou les) ville(s) citée(s) dans l'étape précédente (voir les réponses aux questions 3 à 6 du tableau).
Aider les élèves à tracer le point de l'emplacement de leur ville sur la carte, si celle-ci n'y figure pas. Ils écrivent ensuite le nom de leur ville ou village sur la carte selon les règles habituelles de la géographie (à l'horizontale). Si le nom figure déjà sur la carte, ils le surlignent.

3) **COMPLÉTER LA CARTE.** Demander aux élèves de repasser les fleuves en bleu, les zones de plaine en vert, les collines et plateaux en jaune et les reliefs en marron (clair pour les moyennes montagnes et foncé pur les hautes montagnes) et de colorer la légende.
L'enseignant demande ensuite aux élèves de noter le nom de leur région en titre de document.

4) **COMPLÉTER LE TABLEAU.** Grâce aux éléments observés sur la carte, les élèves notent, dans le tableau, les informations concernant les questions 7 à 10 ; au besoin, l'enseignant apporte certains éléments de réponse.

---

1. L'échelle du département n'apparait plus dans les programmes mais peut constituer une aide pour placer la commune sur la carte de la région.

CE QUE NOUS AVONS APPRIS

Selon la région de l'école :

Notre commune se situe dans un territoire plus grand que l'on nomme une région.

Cette région se nomme (nom de la région de l'élève).

Elle est l'une des 13 régions métropolitaines./Elle est l'une des cinq régions d'outre-mer.

Cette région est traversée par un fleuve (le nommer) et/ou des rivières (les nommer). C'est une région de plaine/de collines et plateaux/de moyennes montagnes/de hautes montagnes.

ÉTAPE 4 SYNTHÈSE

DURÉE 10 minutes
ORGANISATION en classe entière

Coller le tableau et la carte complétés dans le cahier et élaborer un texte explicatif.

Exemple de trace écrite :

Notre école se trouve dans une commune, située dans un ensemble plus vaste que l'on nomme la région. Commune, département, région sont des découpages administratifs du territoire français. Notre région se nomme (*nom de la région de l'élève*). Elle est l'une des 13 régions métropolitaines./Elle est l'une des cinq régions d'outre-mer.
Cette région est traversée par un fle uve (le nommer) et/ou des rivières (les nommer). C'est une région de plaine/de moyennes montagnes/de hautes montagnes.

Où se situe mon école dans ma région ?

Complète ce tableau.

	QUESTIONS	RÉPONSES
1	Dans quel village ou quelle ville se trouve mon école ?	
2	Quelles sont les caractéristiques du relief autour de l'école ?	
3	Existe-t-il à proximité une ville plus grande que celle où je vis ?	
4	Quelles sont les autres villes situées à proximité ?	
5	Dans quelle ville proche allons-nous prendre le train ?	
6	Dans quelle ville proche allons-nous prendre l'avion ?	
7	Quelle rivière, quel fleuve coulent à proximité de notre école ?	
8	Quel élément du relief trouve-t-on à proximité de notre école ?	
9	Dans quelle région se trouve notre école, notre ville ?	
10	Que sais-je de plus sur l'environnement proche de mon école ?	

Où se situe mon école dans ma région ?

Les régions et départements français.

[FICHE ACTIVITÉ 3]

Où se situe mon école dans ma région ?

Titre : ....

Titre : ....

[Comprendre le monde] Géographie CM1 © Éditions Retz

[FICHE ACTIVITÉ 3]

Où se situe mon école dans ma région ?

Titre : ....

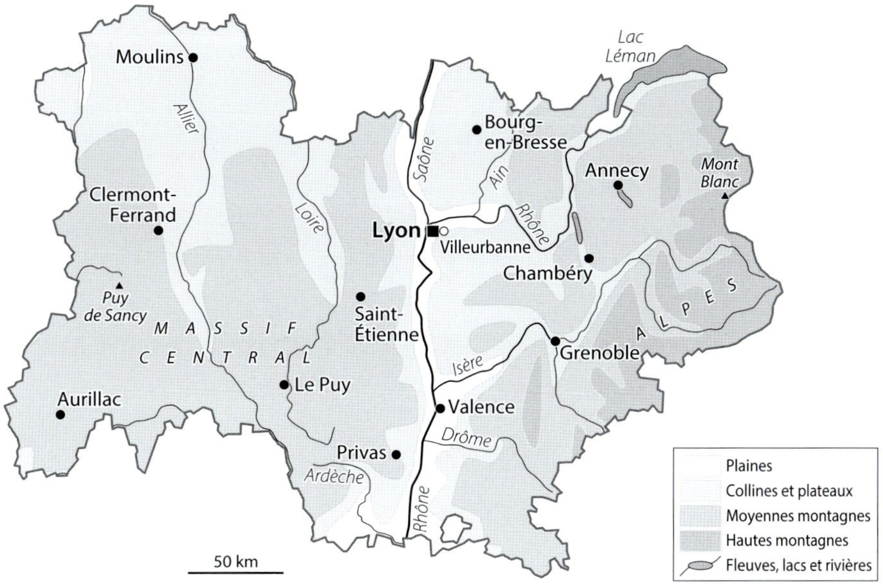

Titre : ....

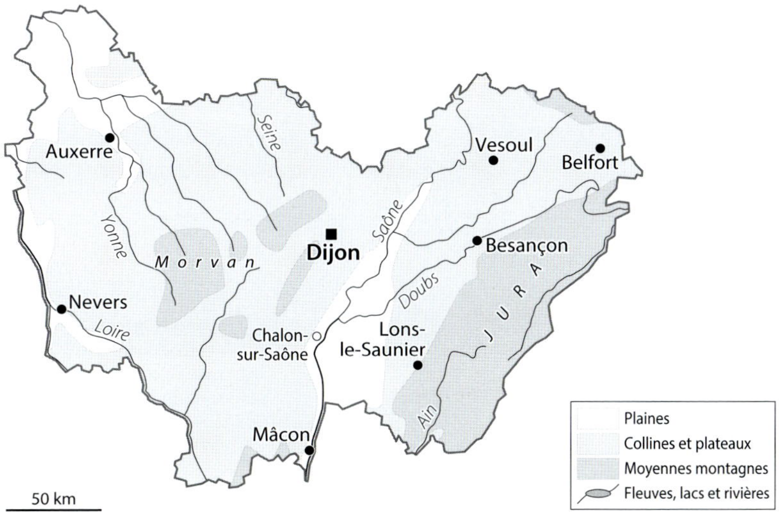

Titre : ....

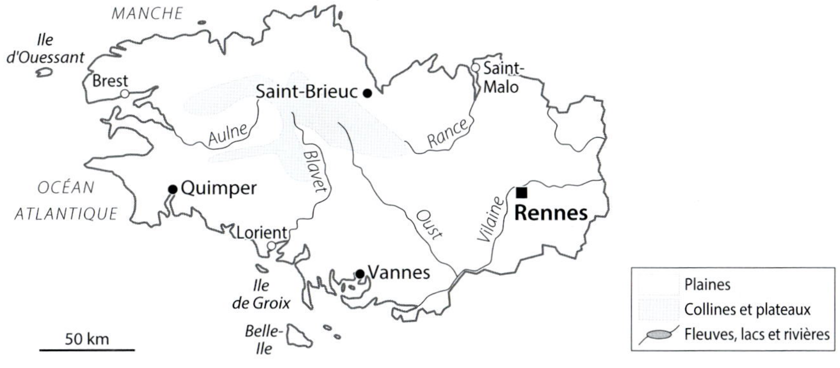

[FICHE ACTIVITÉ 3]

Où se situe mon école dans ma région ?

Titre : ....

Titre : ....

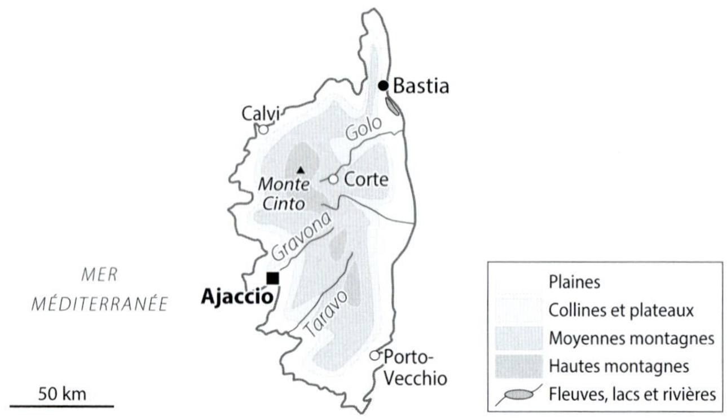

Titre : ....

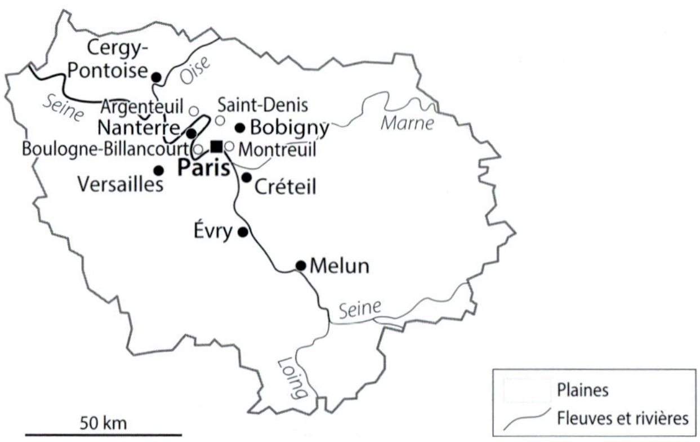

[FICHE ACTIVITÉ 3]

Où se situe mon école dans ma région ?

Titre : ....

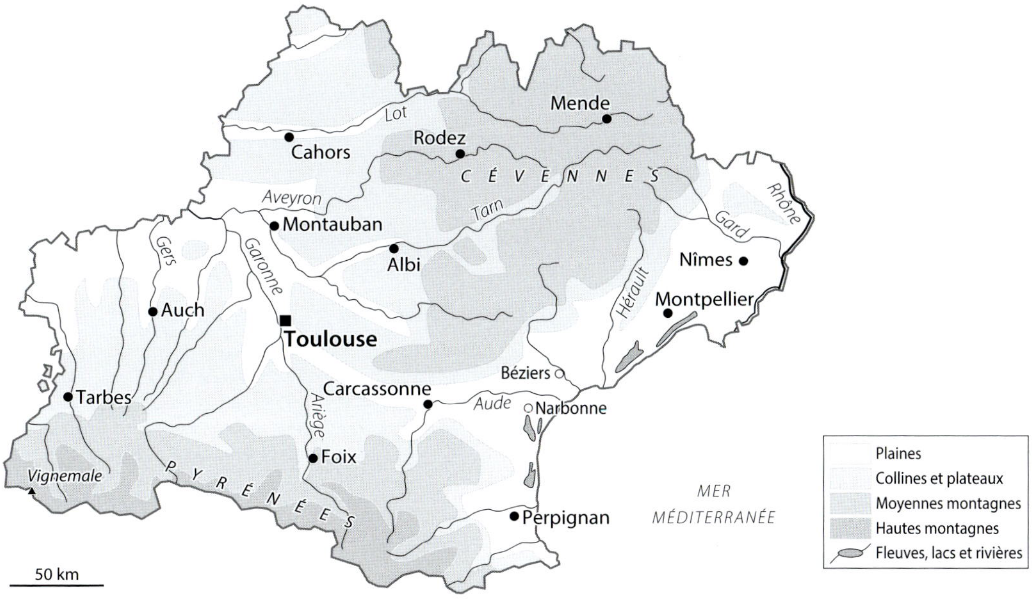

Titre : ....

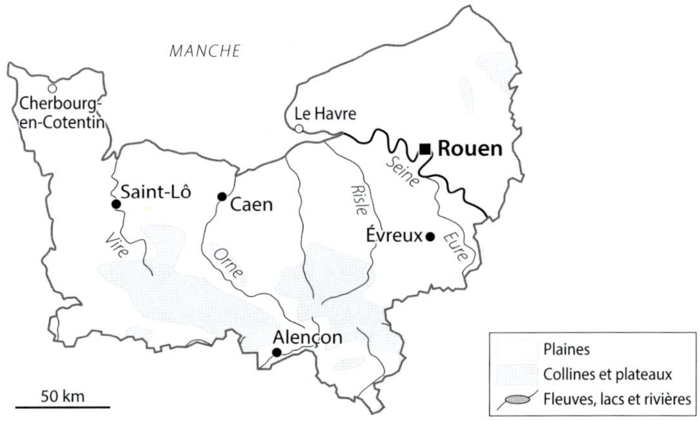

Titre : ....

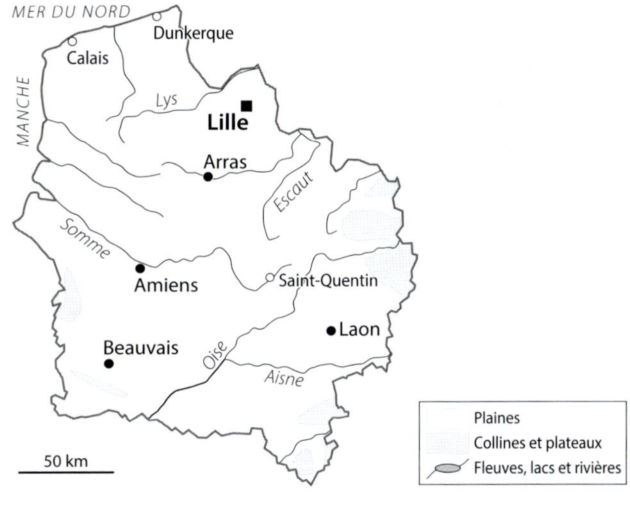

[FICHE ACTIVITÉ 3]

Où se situe mon école dans ma région ?

Titre : ....

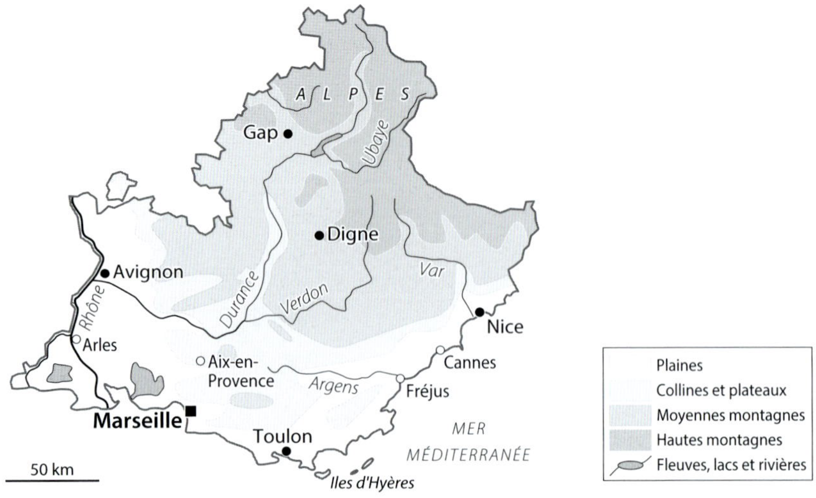

Titre : ....

[FICHE ACTIVITÉ 3]

Où se situe mon école dans ma région ?

Titre : ....

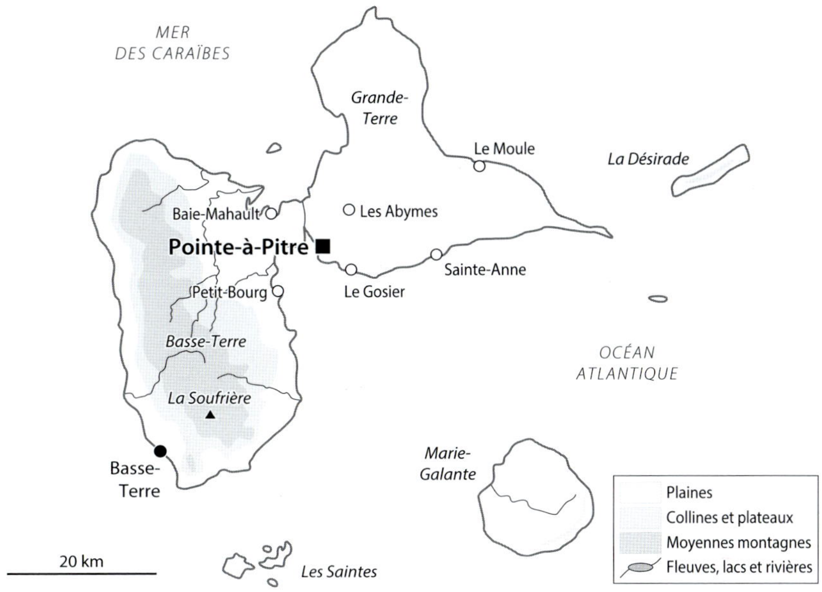

Titre : ....

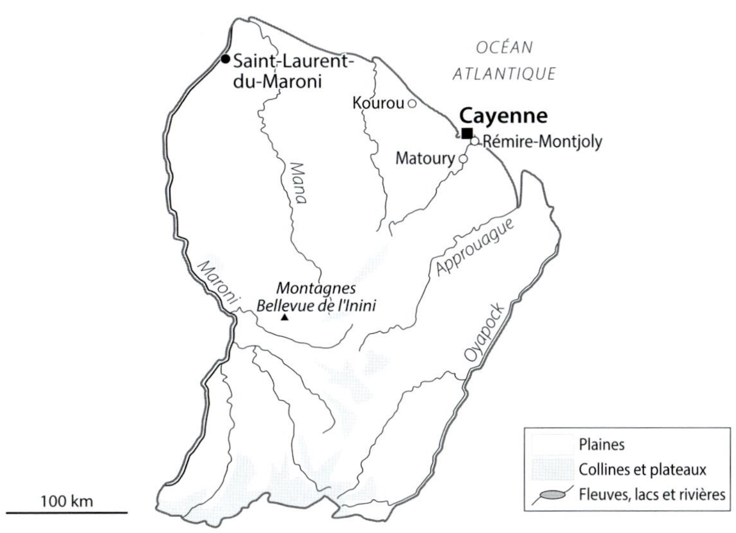

Titre : ....

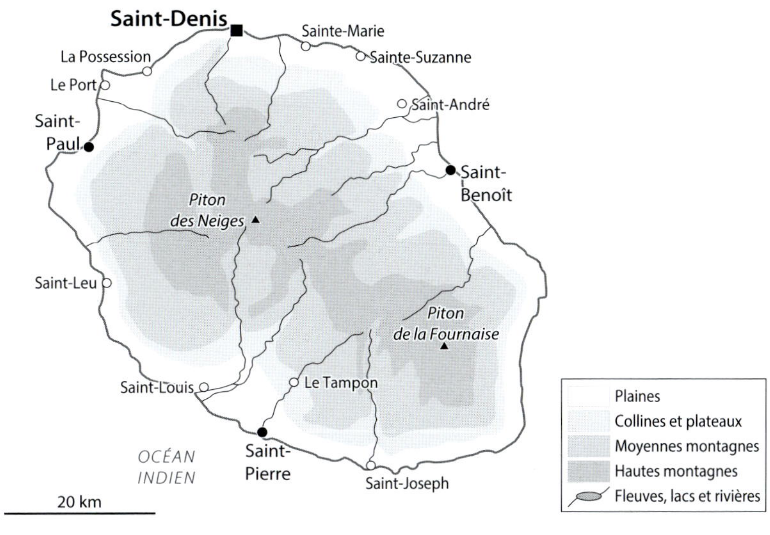

[FICHE ACTIVITÉ 3]

Où se situe mon école dans ma région ?

Titre : ....

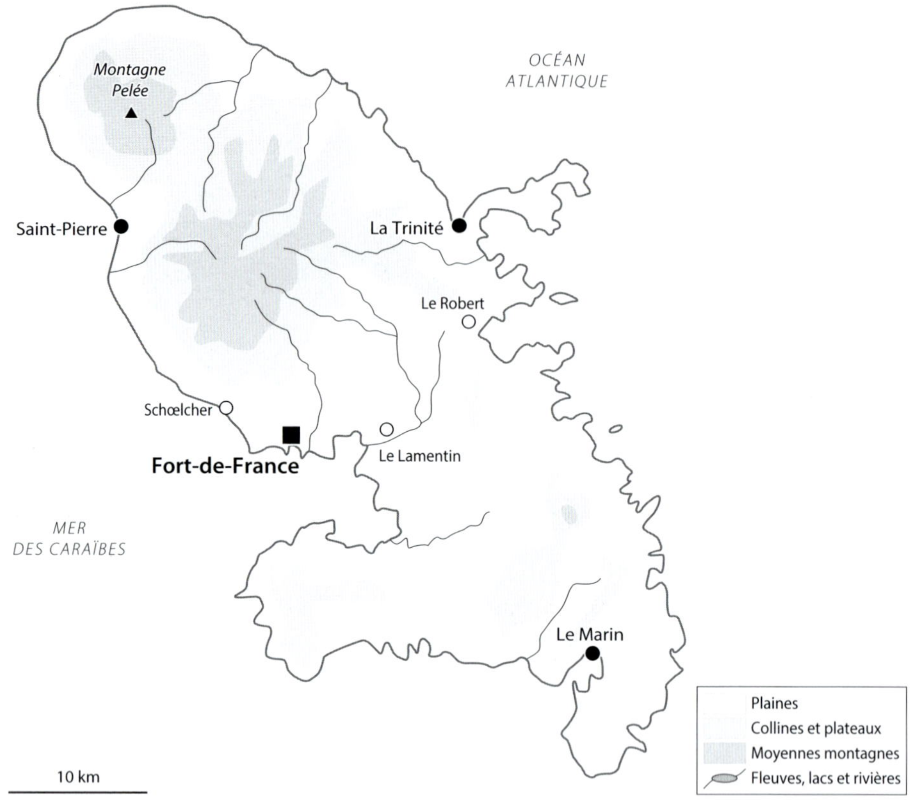

Titre : ....

SÉANCE 4

Où se situe mon lieu de vie à l'échelle de la France ? Et de l'Europe ?

L'ESSENTIEL À SAVOIR POUR L'ENSEIGNANT

L'objectif de cette séance est de permettre aux élèves de CM1 d'observer les grands ensembles physiques en France et en Europe et de connaitre l'identité du territoire sur lequel ils vivent.

Peu à peu, leur vision de ce territoire s'agrandit et, après « une investigation des lieux de vie du quotidien et de proximité », la perception du monde s'élargit en abordant d'autres échelles. L'école et la commune sont situées dans des ensembles plus vastes qui communiquent entre eux : la France et l'Europe.

HABITER EN FRANCE ET EN EUROPE

La compréhension de ces espaces sociaux structurés est, selon les programmes, le moyen de dépasser l'expérience personnelle de l'espace vécu. Il s'agit de donner à l'élève de grands repères géographiques qui lui permettront ensuite d'étudier de manière approfondie certains lieux, d'accéder à des réalités nouvelles, et de s'exercer au raisonnement géographique. Pour l'élève, cette séance est une entrée dans la notion d'habiter en France et en Europe.

Carte du relief de l'Europe : L'Europe constitue l'extrémité orientale d'un vaste continent appelé Eurasie. Elle est bordée sur trois côtés par des océans ou des mers et a une surface de 10 millions de km².

Ainsi, les élèves abordent une première carte d'identité géographique de la France et du continent européen à travers le découpage administratif (pays), mais aussi le relief pour acquérir des repères et connaitre l'identité du territoire sur lequel ils vivent.

Quand on observe cette carte de l'Europe, il apparait clairement que le relief facilite les communications et la circulation des hommes et des biens. Cette séance a aussi pour but de rappeler ce qui caractérise le relief et prépare les élèves aux séances sur les voies de communication et liaisons entre les villes.

Cette réalité géographique est liée à l'histoire de l'Europe, comme en témoigne une superposition des cartes du relief de l'Europe et des campagnes napoléoniennes de 1806.

Itinéraire de Napoléon pendant les campagnes de 1806 et 1807.

LES FRONTIÈRES DE L'EUROPE

Le continent européen est le « Finistère de l'Asie » et rien ne le sépare de celle-ci. Ensemble, ils constituent un vaste continent : l'Eurasie. Les limites géographiques actuelles ont été fixées par Vassili Tachtchev, géographe du tsar Pierre-le-Grand, qui souhaitait réorienter l'empire russe vers l'Europe. Cependant, les monts Oural ou le fleuve Oural n'ont jamais constitué des limites infranchissables ; ils permettent de fixer des limites rassurantes pour la compréhension du Monde.

Les DROM-COM sont par exemple une illustration de ces limites élargies. Absents de la carte et pourtant territoires français, ils permettent de percevoir le Monde comme un ensemble de territoires liés les uns aux autres.

Les élèves verront au cours du cycle 3 que ces limites sont, d'un point de vue géographique, de plus en plus floues et que la notion d'habiter permet de percevoir le Monde comme un ensemble où tous les habitants sont liés les uns aux autres.

Les limites géographiques ou administratives abordées dans cette séance ne sont posées que pour être ensuite dépassées. Je ne peux être habitant de ma commune sans avoir de relations avec ma région, mon pays, l'Europe, le monde. La notion d'habiter introduit la relation entre mon lieu de vie et le Monde.

DÉROULEMENT DE LA SÉANCE

Compétences, capacités, attendus

- ***Localiser mon lieu de vie au sein de territoire plus vastes, la France, l'Europe.***
- ***Connaitre les caractéristiques géographiques de ce territoire.***
- ***Situer des lieux et des espaces les uns par rapport aux autres.***
- ***Effectuer des recherches sur une carte.***
- ***Localiser sur une carte.***

DURÉE : 60 minutes environ.

ÉTAPE 1 IDENTIFIER NOTRE RÉGION SUR LA CARTE DE FRANCE

DURÉE 10 minutes
ORGANISATION en collectif
MATÉRIEL • la carte de la région de l'école (document réalisé en séance 3)
• fiche activité 1 : la carte des régions de France métropolitaine

1) **REPRENDRE LA CARTE DE LA RÉGION** de l'école élaborée lors de la séance précédente et rappeler la localisation de l'école à l'échelle de la région : *Notre école se trouve dans la commune de…, qui appartient au département de…, situé dans la région…*

2) **DISTRIBUER LA CARTE DES RÉGIONS DE FRANCE** et interroger les élèves :

> **Quelle est la nature de ce document ?** *Il s'agit d'une carte de France avec un découpage du territoire en régions.*
Puis demander aux élèves de repérer leur région sur la carte. Pour les aider dans ce repérage, les inviter à observer leur carte de la région établie lors de la séance précédente et à en retrouver la silhouette sur la carte de France.

3) **SITUER SA RÉGION AVEC DES TERMES GÉOGRAPHIQUES.**
L'enseignant demande aux élèves d'utiliser des termes géographiques pour localiser leur région sur la carte de France ; par exemple : *Notre région est située à l'ouest de la France, c'est une région littorale*. Ils en repassent le contour et écrivent son nom sur la carte.

CE QUE NOUS AVONS APPRIS
En fonction du lieu de vie de l'élève :

Notre région (la nommer) est l'une des 13 régions de France métropolitaine.
Elle est située… (indiquer sa localisation sur le territoire français).

ÉTAPE 2 CONNAITRE LE RELIEF DE NOTRE RÉGION

DURÉE 15 minutes
ORGANISATION en collectif
MATÉRIEL • fiche activité 2 : la carte des régions et du relief de la France métropolitaine

1) **OBSERVER LA CARTE DES RÉGIONS ET DU RELIEF** de la France. La lecture collective de cette carte est l'occasion de vérifier la compréhension par les élèves des informations relatives au relief :

> **Quelles sont les informations supplémentaires données par cette carte ?** *Il s'agit d'une carte du relief français sur laquelle on trouve les principaux massifs montagneux, les fleuves et les mers. On y voit aussi les frontières du pays.*

> **Quels sont les codes pour représenter ces différents éléments ?** *Le bleu pour les mers et fleuves ; différentes nuances de couleur, du vert au marron pour représenter le relief. Les frontières sont dessinées en gris.*

2) **LOCALISER LA VILLE DE L'ÉCOLE SUR LA CARTE.** Placer un point sur la carte pour localiser l'emplacement de la commune de l'école. Comme en étape 1, localiser la région de l'école en utilisant au besoin la carte construite en séance 3. Puis observer les éléments de relief propres à la région :

> **Quels éléments du relief appartiennent à notre région ?** *Les Alpes / Les Pyrénées / Le bassin aquitain…*
Nommer et localiser les massifs montagneux et les cours d'eau situés à proximité du lieu de vie de l'élève.
La lecture de cette carte permet de vérifier les informations recueillies lors des premières séances.

CE QUE NOUS AVONS APPRIS

En fonction du lieu de vie de l'élève, nommer les éléments caractéristiques du relief de la région ; par exemple :

Notre école se situe dans une région littorale/ de plaine/ de montagne.

C'est une région de grandes plaines/ de hautes montagnes. Elle est traversée par un fleuve (le Rhône / la Seine)…

ÉTAPE 3 LOCALISER LA FRANCE SUR LE CONTINENT EUROPÉEN

DURÉE 15 minutes
ORGANISATION en collectif
MATÉRIEL • fiche activité 3 : la carte du relief de l'Europe
• fiche activité 2 : la carte du relief de la France

1) OBSERVER LA CARTE DU RELIEF DE L'EUROPE et interroger les élèves :

> **Quelle est la nature de ce document ?** *Il s'agit d'une carte de l'Europe avec un découpage du territoire en pays. Cette carte comporte aussi des indications concernant le relief.*
Faire un rappel des éléments de légende : les codes couleurs employés dans la légende de cette carte sont identiques à ceux de la carte du relief en France étudiée précédemment (vert = plaine, marron = montagne, bleu = fleuves et mers, etc.).

2) LOCALISER LA FRANCE SUR LA CARTE D'EUROPE. Reprendre la carte de France travaillée en étape 2, demander aux élèves d'en observer les contours et d'en retrouver la silhouette sur la carte d'Europe. Localiser la France en termes géographiques :

> **Où se situe la France en Europe ? Que constatez-vous ?** *La France se situe à l'ouest de l'Europe… Elle est bordée par plusieurs frontières naturelles : l'océan Atlantique à l'Ouest, les Alpes à l'Est, les Pyrénées et la mer Méditerranée au Sud.*
Pour garder en mémoire la situation de la France en Europe, inviter les élèves à repérer les éléments cités précédemment et les frontières sur la carte.

> **Comment les frontières sont-elles indiquées ?** *En rouge.*

3) SITUER SA COMMUNE À L'ÉCHELLE DE L'EUROPE. Dans la démarche d'insérer le lieu de vie de l'élève dans des territoires plus vastes découverts peu à peu au cours de cette séance, marquer d'un point l'emplacement approximatif de la commune de l'école. On constatera, qu'en raison de l'échelle, la localisation est moins précise que sur la carte de la région, par exemple.

CE QUE NOUS AVONS APPRIS

Notre région appartient à un pays : la France. Ce pays est lui-même situé dans un territoire plus vaste appelé l'Europe.

ÉTAPE 4 ÉTUDIER LE RELIEF DU CONTINENT EUROPÉEN

DURÉE 15 minutes
ORGANISATION en collectif
MATÉRIEL • fiche activité 3 : les cartes du relief de l'Europe

OBSERVER LE RELIEF SUR LA CARTE D'EUROPE et demander aux élèves :

> **Repasser les fleuves français en bleu. Que remarquez-vous en coloriant le Rhin ?** *Il est une partie de la frontière avec l'Allemagne et ne coule pas qu'en France.*

> **Pouvez-vous citer un autre fleuve qui traverse plusieurs pays européens ?** *Le Danube.*

> **Les Alpes ne se situent-elles qu'en France ?** *Non.*
L'enseignant précise que les Alpes sont la plus grande et la plus haute des chaines de montagnes d'Europe. Elles s'étendent en Italie, en France, en Suisse, en Allemagne, en Autriche et en Slovénie.

> **Existe-t-il d'autres chaines de montagnes qui s'étendent sur plusieurs pays européens ?** *Oui, les Pyrénées (frontière entre la France et l'Espagne), la chaine scandinave...*

> **Quels autres éléments du relief sont communs à plusieurs pays ?** *Les plaines.*

> **Jusqu'où s'étend la plaine qui débute au nord des Pyrénées ?** *On peut dire qu'elle s'étend jusqu'en Russie.*
Chaque fois, l'enseignant fait vérifier les éléments de réponse sur la carte agrandie, affichée au tableau : il montre les fleuves, les chaines de montagne, les plaines.
Il indique aux élèves que de tous temps, les déplacements des hommes, pour les migrations, les échanges commerciaux ou les guerres ont été facilités en Europe par les fleuves et les plaines.

CE QUE NOUS AVONS APPRIS

Les éléments du relief rencontrés dans notre région continuent au-delà de celle-ci. Sur le continent européen, il existe de grands massifs montagneux (les Alpes), des grandes plaines (la grande plaine du Nord) et des grands fleuves (le Danube).

Ces éléments du relief s'étendent sur plusieurs pays européens.

ÉTAPE 5 SYNTHÈSE

DURÉE 10 minutes
ORGANISATION en classe entière

Coller les cartes complétées dans le cahier de géographie et élaborer un texte explicatif.

Exemple de trace écrite :

Notre école se trouve en France, un pays situé à l'ouest de l'Europe.
Le relief de la France est varié, on y trouve des fleuves, des plaines, des montagnes. Ces éléments du relief ne s'arrêtent pas aux frontières du pays, ils s'étendent sur plusieurs pays européens.
Les plaines et les fleuves ont de tous temps faciliter les communications entre les Européens.

Observe cette carte de France métropolitaine.
Où se trouve ta région ? Situe-la et entoure-la.

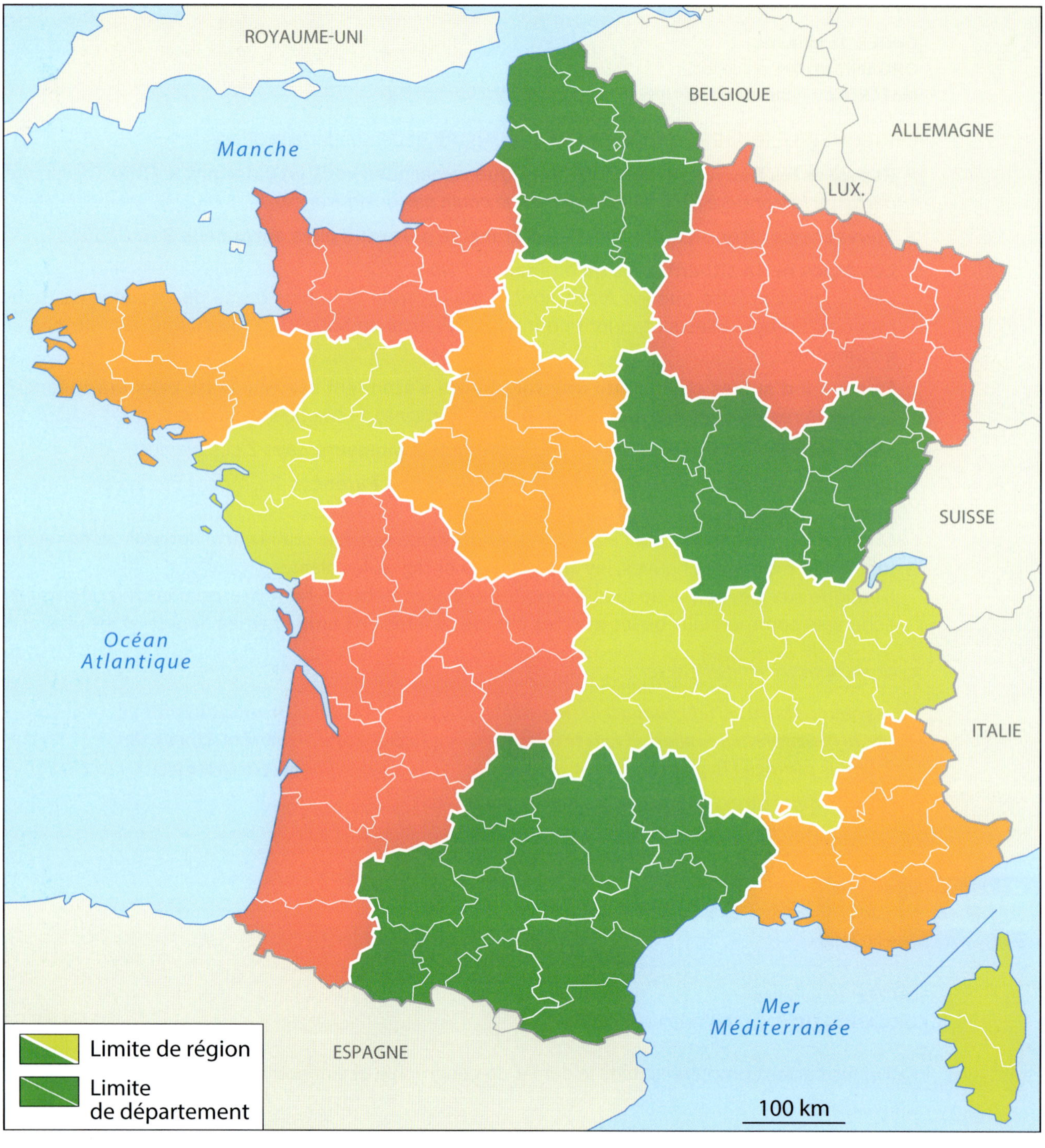

Les limites des régions de France métropolitaine.

Observe cette carte de France.
Où se trouve ta région ? Quel est son relief ?

Le relief en France métropolitaine.

Observe ces cartes de l'Europe.
Où se situe la France ?
Avec ton enseignant, étudie quelques éléments du relief européen.

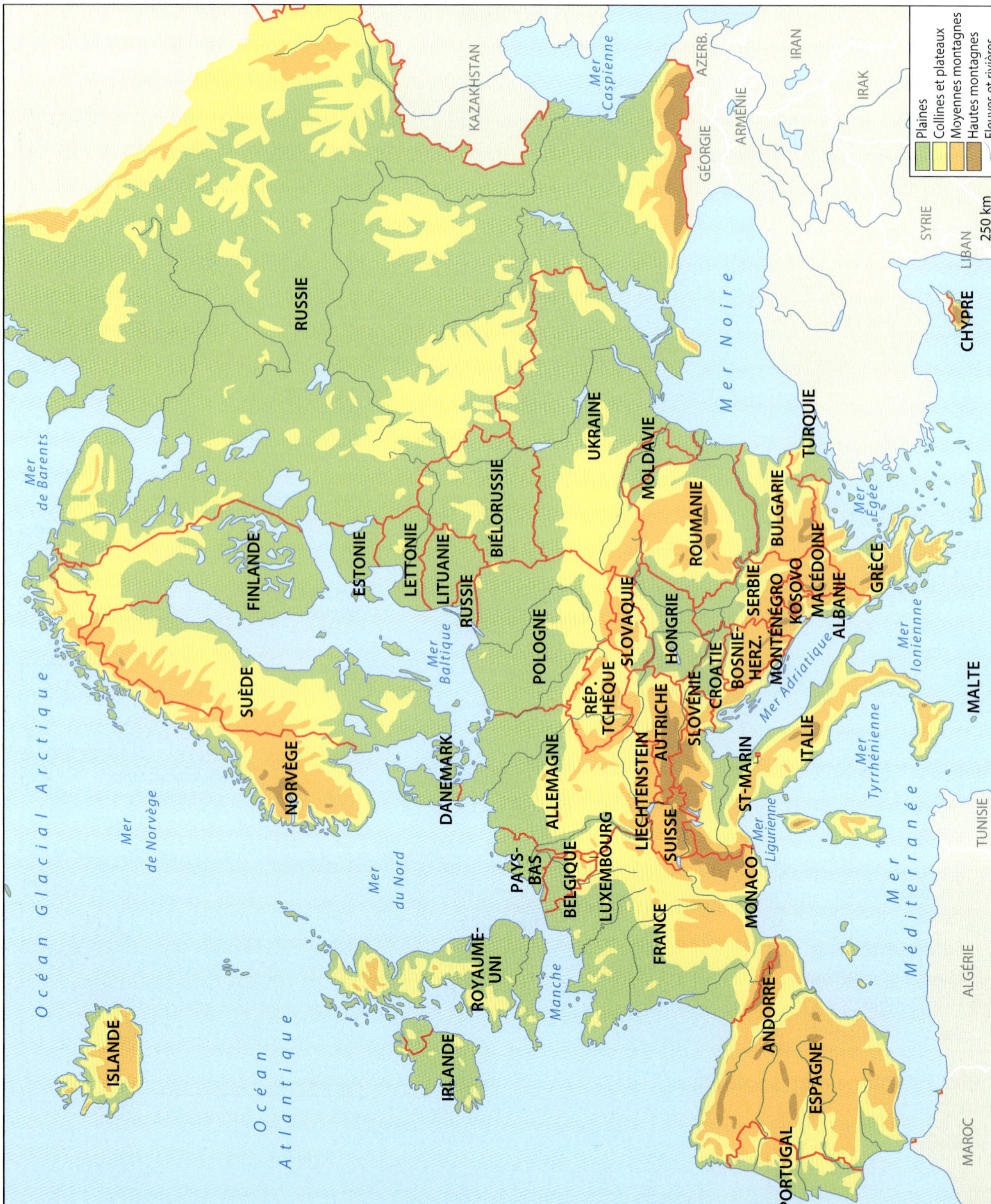

Pays et relief en Europe.

Où se situe mon pays en Europe ?

Le relief en Europe.

SÉANCE 5
Où se situe mon lieu de vie dans le monde ?

L'ESSENTIEL À SAVOIR POUR L'ENSEIGNANT

La seule représentation juste de la Terre est le globe terrestre. Cependant cet outil est peu maniable et sa lecture imparfaite car elle ne permet pas d'avoir une vision générale de la Terre. Seul le planisphère permet de voir l'ensemble des terres émergées et des océans, les deux hémisphères et les deux faces du globe, en un seul coup d'œil. Cet outil a l'avantage d'être maniable et facilement lisible. Son utilisation est donc intéressante lorsque l'on veut étudier un phénomène à l'échelle de la Terre, que ce soit le suivi d'une course autour du monde ou situer le lieu d'une catastrophe naturelle relayée par les journaux télévisés.

Ces problématiques sont au cœur de la notion d'habiter la planète et doivent permettre « d'observer la façon dont les humains organisent et pratiquent leurs espaces de vie à toutes les échelles. Ainsi, l'étude des "modes d'habiter" doit faire entrer simplement les élèves, à partir de cas très concrets, dans le raisonnement géographique par la découverte, l'analyse et la compréhension des relations dynamiques que les individus-habitants et les sociétés entretiennent à différentes échelles avec les territoires et les lieux qu'ils pratiquent, conçoivent, organisent, représentent[1] ».

➔ Le saviez-vous ?

Dès que l'on essaie de représenter l'ensemble du globe à plat, il devient impossible de respecter à la fois les distances et les angles. C'est la raison pour laquelle il existe différentes projections privilégiant l'un ou l'autre aspect et faisant apparaitre les superficies plus ou moins justes en fonction de l'éloignement à l'équateur. Ainsi, sur la projection la plus communément utilisée en Europe, la projection de Mercator, le Groenland apparait plus grand que l'Amérique du Sud alors qu'il est en réalité huit fois plus petit. L'Afrique est quant à elle quatorze fois plus grande que le même Groenland.

1. Bulletin officiel spécial n° 11 du 26 novembre 2015.

Quand on étudie un planisphère avec les élèves, il est intéressant de leur faire remarquer que le découpage des océans et des continents ne correspond à aucune réalité physique. Par exemple, il n'existe pas de limite entre l'océan Atlantique et l'océan Antarctique. Autre exemple, la Guadeloupe est baignée par l'océan Atlantique et la mer des Caraïbes, tandis que dans le même archipel, la Martinique est baignée par l'océan Atlantique et la mer des Antilles. Les océans à la surface du globe ne sont qu'une seule et même étendue d'eau. Ce découpage et ce dessin du planisphère correspondent à la vision de l'Europe centrée sur le méridien de Greenwich et située au niveau du 45e parallèle, soit une parfaite équidistance entre le pôle et l'équateur.

Villers-sur-mer, point d'entrée du méridien de Greenwich en Europe continentale, possède la particularité d'être la seule station littorale française située sur ce méridien. Quand vous êtes sur le méridien, vous vous situez exactement à la longitude 0.

Il est important de savoir reconnaitre et nommer les différentes parties qui constituent notre Terre afin de pouvoir découvrir différents lieux dans le monde en sachant les localiser et les situer par rapport à notre lieu de vie.

➔ Construire un planisphère

Élaborer un planisphère a nécessité plus de 2 000 ans de travail. Dès le IIe siècle avant notre ère, les Grecs réussissent à prouver que la Terre est ronde et à en mesurer les principales dimensions. Ainsi après que Platon puis Aristote ont considéré que la Terre était sphérique, Ératosthène (– 276, – 194) calcule la circonférence de la Terre de manière purement géométrique. Il arrive au résultat de 39 375 km pour une mesure réelle de 40 075,02 km à l'équateur.

Planisphère de Ptolémée réalisé à la fin de l'Antiquité. On remarque l'absence de l'Amérique non découverte à cette époque, mais aussi la justesse relative de la représentation des autres terres connues, malgré la difficulté à mesurer la longitude à cette époque.

À l'époque médiévale, l'Église impose une représentation du Monde qui illustre la Bible. Puis, à la Renaissance, les navigateurs utilisent des cartes marines appelées portulans ; c'est grâce à cet outil que Christophe Colomb découvre l'Amérique et que le Portugais Magellan fait le tour de la Terre. Les explorations du XIXe siècle permettent de découvrir l'intérieur des continents.
Aujourd'hui, la photographie aérienne permet de tracer des cartes d'une précision extraordinaire et les satellites donnent des informations sophistiquées, comme la variation de la hauteur des océans ou la variation de température à n'importe quel point du globe.

DÉROULEMENT DE LA SÉANCE

Compétences, capacités, attendus
- ***Lire une carte.***
- ***Nommer et localiser les grands espaces géographiques.***
- ***Identifier et nommer les continents et océans sur un planisphère.***
- ***Repérer et nommer des caractéristiques géographiques à l'échelle du monde.***
- ***Situer des lieux et des espaces les uns par rapport aux autres.***
- ***Localiser la France sur un planisphère.***

DURÉE : 60 minutes environ.

ÉTAPE 1 RAPPELER LES CARACTÉRISTIQUES DE LA LOCALISATION DE MON LIEU DE VIE

DURÉE 10 minutes
ORGANISATION en collectif

1) **RAPPELER LES CARACTÉRISTIQUES DU LIEU DE VIE DE L'ÉLÈVE.** Reprendre la carte d'Europe élaborée lors de la séance précédente et rappeler la localisation de l'école à l'échelle de l'Europe : *Notre école se trouve en France, un pays situé à l'ouest de l'Europe. Pour les départements et régions d'outre-mer, localiser le territoire sur un planisphère ; par exemple pour la Guadeloupe : Notre territoire se situe près du continent américain, entre l'océan Atlantique et la mer des Caraïbes.*

2) **CITER LES ÉLÉMENTS CARACTÉRISTIQUES DU PAYSAGE.** Interroger les élèves sur ce qu'ils ont appris sur les différents éléments du paysage à l'échelle nationale et européenne : *Le relief de la France est varié, on y trouve des fleuves, des plaines, des montagnes. Ces éléments du relief ne s'arrêtent pas aux frontières du pays, ils sont communs à plusieurs pays européens.*

ÉTAPE 2 LIRE ET INTERPRÉTER UN PLANISPHÈRE

DURÉE 15 minutes
ORGANISATION en collectif
MATÉRIEL
- fiche activité 1 : un planisphère à compléter (et son corrigé)
- le planisphère mural de la classe
- un globe terrestre

1) **DÉCOUVRIR LE PLANISPHÈRE.** Distribuer le planisphère à compléter aux élèves et leur demander :

> **Quelle est la nature de ce document ?** *Un planisphère.*

Leur proposer une observation croisée du planisphère mural de la classe et du globe terrestre :

> **Que représentent ces deux éléments ?** *La Terre.*

> **Quelles sont les différences entre le globe terrestre et le planisphère ?**
Parmi les diverses réponses des élèves, relever celles qui indiquent que le planisphère est une représentation à plat de la Terre, qui permet de voir d'un seul coup d'œil tous les continents et océans.

2) **IDENTIFIER LES ÉLÉMENTS DU PLANISPHÈRE.** Interroger oralement les élèves :

> **Pouvez-vous nommer ce qui est dessiné sur un planisphère ?** *Les terres (émergées), les continents, les mers, les océans, les lignes…*
L'enseignant fait remarquer aux élèves que la majeure partie de la surface du globe (71 %) est recouverte par les océans, qui sont de vastes et profondes étendues d'eau salée. Il précise que les continents sont de vastes terres émergées entourées par ces océans. Il questionne ensuite les élèves sur les noms des océans et des continents. Chacun écrit ces noms sur son planisphère en s'aidant du globe et du planisphère mural : Afrique, Amérique, Asie, Europe, Océanie, Antarctique ; océan Pacifique, océan Atlantique, océan Indien, océan Glacial Arctique, océan Glacial Antarctique.

3) **ÉTUDIER LES LIGNES IMAGINAIRES.** L'enseignant interroge les élèves sur les autres indications données par ce planisphère :

> **Quels sont les éléments de ce document que nous n'avons pas nommés ?** *Les lignes nommées équateur, tropique du Cancer, tropique du Capricorne, cercle polaire arctique, cercle polaire antarctique.*

Préciser que ces lignes sont des lignes imaginaires que l'on ne voit pas sur la surface du globe. Les élèves les repassent en optant pour une couleur par type de ligne : équateur, tropiques, cercles polaires.

> **Selon vous, à quoi servent ces lignes ?**

Les réponses des élèves seront diverses. Leur expliquer que cet ensemble de lignes délimite en partie des zones climatiques : les régions chaudes sont entre les deux tropiques de part et d'autre de l'équateur, tandis que les régions froides sont situées près des pôles. Entre les tropiques et les pôles se trouvent les régions tempérées. Elles permettent aussi de situer un point sur le globe.

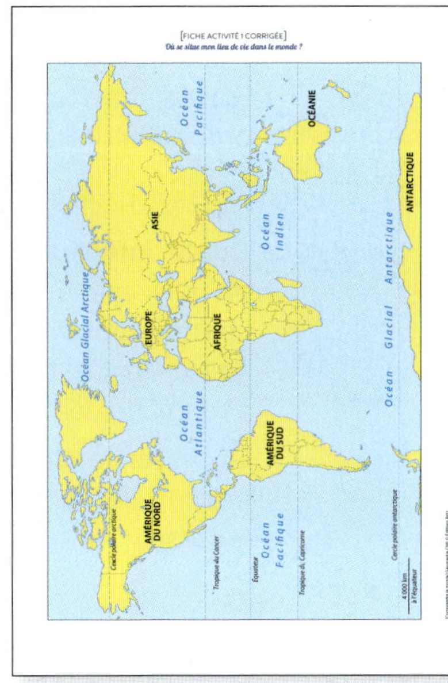

CE QUE NOUS AVONS APPRIS

Un planisphère est une représentation à plat de la Terre.

Un continent est une vaste étendue de terre entourée par des océans. On en compte six : Afrique, Amérique, Asie, Europe, Océanie, Antarctique.

Un océan est une vaste étendue d'eau salée et profonde. On en compte cinq : Pacifique, Atlantique, Indien, Glacial Arctique, Glacial Antarctique.

ÉTAPE 3 — CONNAITRE LES DIFFÉRENTES PROJECTIONS

DURÉE 20 minutes
ORGANISATION en collectif
MATÉRIEL
- fiche activité 1 : le planisphère complété en étape 2
- le planisphère mural
- fiche activité 2 : deux planisphères avec une projection différente
- une animation : les projections d'un planisphère
- une vidéo : un extrait de l'émission « C'est pas sorcier » sur la cartographie

1) DISTRIBUER LES 2 PLANISPHÈRES AVEC UNE PROJECTION DIFFÉRENTE. Après une observation silencieuse, amener les élèves à constater qu'il s'agit de planisphères présentant des points de vue différents de celui étudié précédemment. Faire repérer et surligner l'équateur, les tropiques et les cercles polaires sur les deux nouveaux documents.
Établir une comparaison entre ces deux documents et le planisphère complété en étape 2.

> **Quel est le centre de chacune de ces cartes ?**

1. L'Europe. 2. L'Asie. 3. Le pôle Nord.
Demander aux élèves de repérer l'Europe et l'Asie sur chaque planisphère. Constater que d'un planisphère à l'autre cet emplacement varie.
Mettre en avant les différentes projections de planisphère grâce à l'animation : faire défiler le planisphère dans un sens puis dans l'autre avec les flèches ; utiliser le bouton « pause » pour montrer un type de projection (européenne, américaine...). L'enseignant peut même, s'il le souhaite, opter pour une tout autre projection.

Animation : les projections d'un planisphère.

2) REPÉRER L'EUROPE ET LA FRANCE sur les 3 planisphères. Après avoir localisé l'Europe sur chaque projection, demander aux élèves d'en repasser les contours, puis de situer et colorier la France. Constater que, contrairement aux séances précédentes, il est impossible de localiser précisément la commune de l'école, à cause de l'échelle de la carte.

3) REGARDER LA VIDÉO extraite de l'émission « C'est pas sorcier » sur la cartographie.

> **Quelle information supplémentaire sur le planisphère nous donne cette vidéo ?**
Un planisphère n'est pas une représentation exacte du globe terrestre.
La représentation à plat de la Terre permet de voir l'ensemble des continents et des océans en une seule fois, mais elle présente des déformations. Pour appuyer ces propos, inviter les élèves à reprendre les 3 planisphères :

> **Observer le Groenland sur chacun des planisphères. Que remarquez-vous ?** *Il n'a pas la même taille suivant les cartes : il est beaucoup plus petit sur la représentation polaire. En plaçant le curseur sur une zone du croquis, on peut voir la photo en transparence.*

3BIS) COMPARER LES 3 PLANISPHÈRES. Demander aux élèves :

> **Observer le Groenland sur chacun des planisphères. Que remarquez-vous ?** *Il n'a pas la même taille suivant les cartes : il est beaucoup plus petit sur la représentation polaire.*

> **Que peut-on en déduire ?** *Un planisphère n'est pas une représentation exacte du globe terrestre.*
L'enseignant explique que, la Terre étant ronde, on ne peut la représenter à plat sans déformations. Malgré ces déformations, qui sont visibles si l'on compare plusieurs planisphères, la représentation à plat de la Terre présente l'avantage de voir l'ensemble des continents et des océans en une seule fois.

CE QUE NOUS AVONS APPRIS

Il est impossible de faire un planisphère qui représente exactement le globe terrestre.

Parfois certains pays produisent un planisphère qui place leur continent au centre du document. Ce choix porte le nom de projection. On a ainsi la projection européenne, la projection asiatique et la projection polaire, mais il en existe d'autres (américaine, australienne).

ÉTAPE 4 — LOCALISER MON LIEU DE VIE À L'ÉCHELLE DU MONDE

DURÉE 15 minutes
ORGANISATION en collectif puis en individuel
MATÉRIEL • fiches activités 1 et 2 : les 3 planisphères complétés
• fiche activité 3 : le planisphère avec repères de latitude et longitude

1) DISTRIBUER LE PLANISPHÈRE aux élèves et leur demander :

> **Quelle est la particularité de ce document ?** *On y voit des lignes qui forment un quadrillage.*
Faire à nouveau repérer et surligner l'équateur. Montrer aux élèves qu'il est numéroté 0° et que les lignes parallèles à l'équateur sont numérotées de 0° à 90° vers le Nord ou vers le Sud. Ces lignes se nomment les **parallèles**.
Ensuite faire repérer et surligner la ligne verticale numérotée 0° : il s'agit du méridien de Greenwich. À partir de cette ligne, il existe des lignes qui sont numérotées de 0° à 180° vers l'Est ou vers l'Ouest. Ces lignes sont les **méridiens**.
Expliquer que ces lignes imaginaires permettent de se situer ou de localiser un lieu sur la surface de la Terre. Ainsi constitué de parallèles et de méridiens, ce planisphère permet de situer un lieu précisément en fonction de sa position par rapport à l'équateur et au méridien de Greenwich.

2) **LOCALISER LA FRANCE SUR LE PLANISPHÈRE** grâce à ses coordonnées géographiques : latitude : 46 degrés N, longitude : 2 degrés E. Donner ces coordonnées aux élèves et leur demander d'entourer le pays correspondant.

> **Que constatez-vous ?** *Il s'agit de la France.*
Pour les départements et régions d'outre-mer, adapter l'activité en indiquant les coordonnées géographiques du territoire ; par exemple pour l'ile de la Réunion : latitude 21° S et longitude 55° E.

CE QUE NOUS AVONS APPRIS

Pour faciliter la localisation, on a imaginé un quadrillage de la Terre constitué de parallèles et de méridiens.

L'équateur est le parallèle 0 qui sépare la Terre en deux morceaux identiques : les hémisphères.

Les méridiens relient les deux pôles. Le méridien 0 est le méridien de Greenwich (une ville anglaise).

ÉTAPE 5 SYNTHÈSE

DURÉE 10 minutes
ORGANISATION en classe entière

Coller les planisphères complétés dans le cahier de géographie et élaborer un texte explicatif.

Exemple de trace écrite :

Un **continent** est une vaste étendue de terre entourée par des océans. On en compte six : Afrique, Amérique, Asie, Europe, Océanie, Antarctique.
Un **océan** est une vaste étendue d'eau salée et profonde. On en compte cinq : Pacifique, Atlantique, Indien, Glacial Arctique, Glacial Antarctique.
Le **planisphère** est une représentation à plat du globe terrestre. Il existe plusieurs types de planisphère représentant les continents et les océans ; on les appelle « projection ».
Les **parallèles** et les **méridiens** dessinés sur un planisphère permettent la localisation d'un point.

PROLONGEMENT POSSIBLE

Montrer aux élèves un planisphère centré sur l'Australie. C'est l'Australien Stuart McArthur qui publia, en 1979, pour la première fois ce type de planisphère. Cette représentation de la Terre est tout à fait déroutante pour un Européen.

Observe ce planisphère. Complète le nom des continents et des océans.

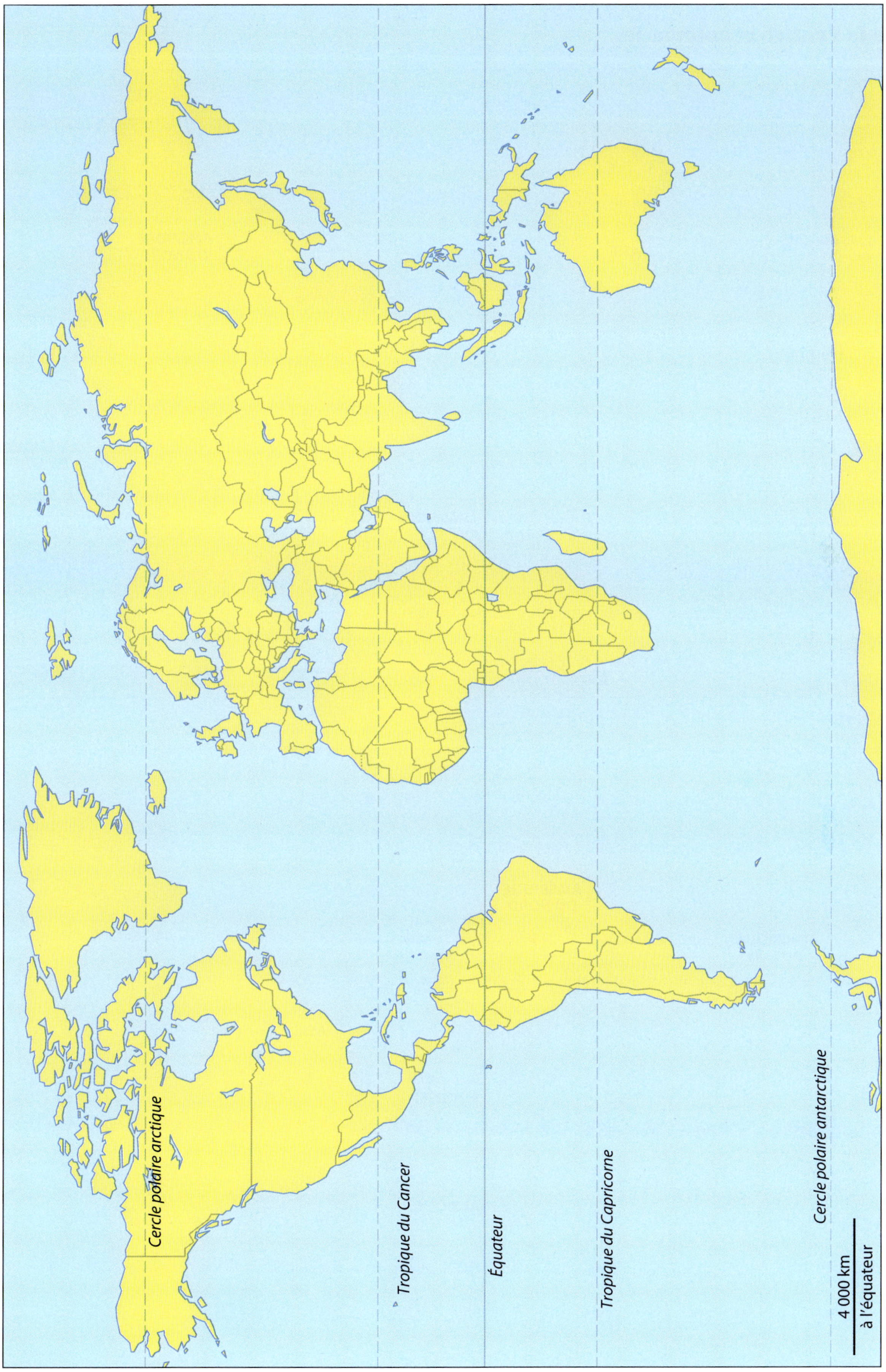

Observe ces deux planisphères.
Localise l'Europe et repasses-en les contours.
Situe la France et colorie-la.

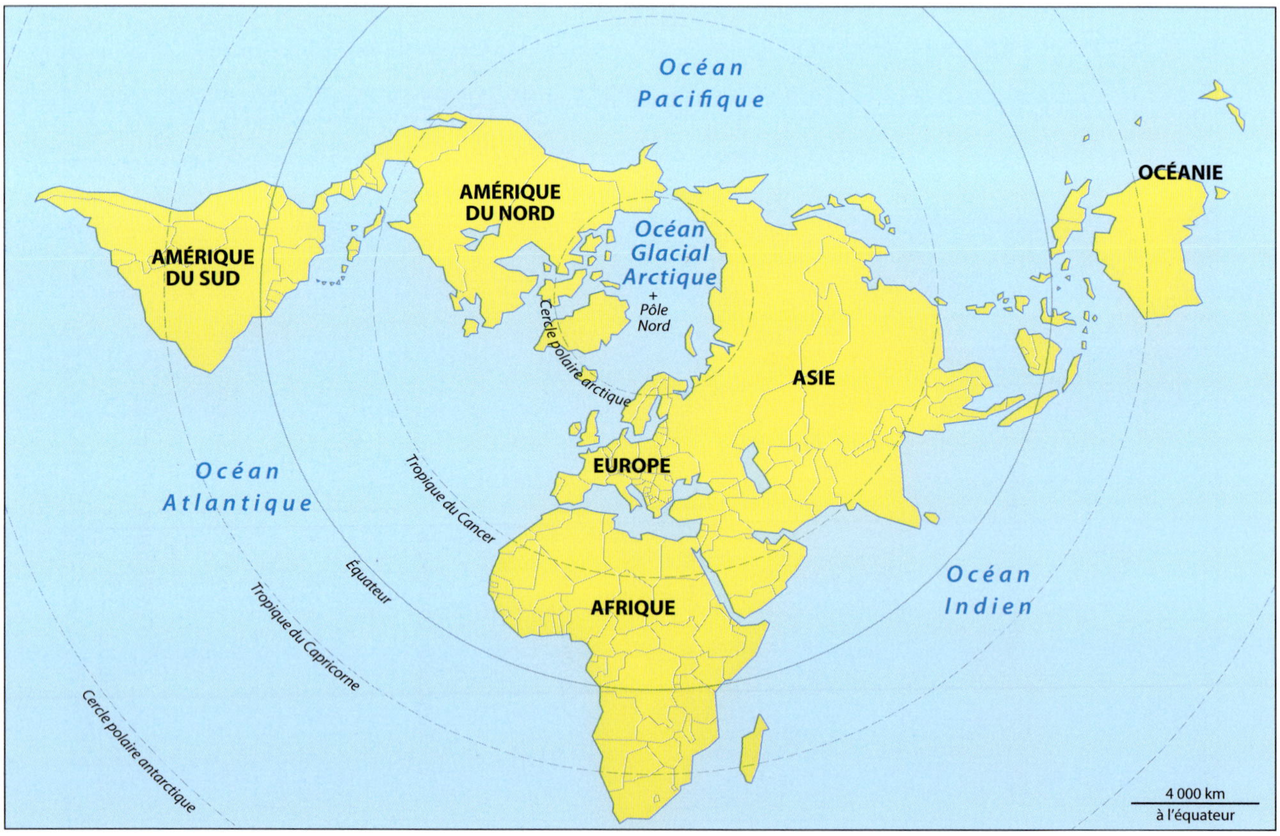

Observe ce planisphère. Entoure le pays dont les coordonnées géographiques sont : 46 degrés Nord / 2 degrés Est.

DOSSIER INTERDISCIPLINAIRE

Histoire de l'implantation des villes de France

GÉOGRAPHIE ET HISTOIRE

GÉOGRAPHIE

La notion d'habiter est centrale au cycle 3 ; elle permet aux élèves de mieux cerner et de s'approprier l'objectif et les méthodes de l'enseignement de géographie. En géographie, habiter ne se réduit pas à résider, à avoir son domicile quelque part. S'intéresser à l'« habiter » consiste à observer les façons dont les humains organisent et pratiquent leurs espaces de vie, à toutes les échelles. Ainsi, l'étude des « modes d'habiter » doit faire entrer simplement les élèves, à partir de cas très concrets, dans le raisonnement géographique par la découverte, l'analyse et la compréhension des relations dynamiques que les individus-habitants et les sociétés entretiennent à différentes échelles avec les territoires et les lieux qu'ils pratiquent, conçoivent, organisent, représentent.

HISTOIRE

En travaillant sur des faits historiques, les élèves apprennent d'abord à distinguer l'histoire de la fiction et commencent à comprendre que le passé est source d'interrogations.

Le projet de formation du cycle 3 ne vise pas une connaissance linéaire et exhaustive de l'histoire. Les moments historiques retenus ont pour objectif de mettre en place des repères historiques communs, élaborés progressivement et enrichis tout au long des cycles 3 et 4, qui permettent de comprendre que le monde d'aujourd'hui et la société contemporaine sont les héritiers de longs processus, de ruptures, de choix effectués par les femmes et les hommes du passé.

OBJECTIFS DU DOSSIER

Comprendre, grâce à l'étude de cartes, que les villes françaises telles que nous les connaissons actuellement existent depuis très longtemps. Constater qu'elles se sont implantées le long des voies de communication et principalement des cours d'eau.

MISE EN ŒUVRE GÉNÉRALE

Comparer une carte des villes de la Gaule romaine et une carte des principales villes de France et constater que les grandes villes françaises existait déjà au temps des Gaulois.

ÉTAPE 1 — COMPARER LES VILLES DE LA GAULE ROMAINE ET LES VILLES DE FRANCE

Objectif : nommer et localiser un lieu dans un espace géographique

Organisation : collective

Matériel :
- fiche activité 1 : une carte des villes gallo-romaines
- fiche activité 1 de la séance 6 : la carte des principales villes de France

1) **PRÉSENTER LA CARTE DE GAULE** aux élèves. Après un temps d'observation individuelle, demander :

> **Quelle est la particularité de cette carte ?** *Il s'agit d'une carte de la Gaule romaine ; elle ressemble un peu à une carte de France, mais on ne reconnait pas le nom des villes.*

> **Où sont majoritairement situées ces villes ?** *Le long des fleuves.*
L'enseignant précise qu'à l'époque il s'agissait des principales voies de communication. Il existait aussi des routes importantes au bord desquelles se sont construites des villes comme Limoges ou Reims.

2) **PRÉSENTER LA CARTE DES PRINCIPALES VILLES DE FRANCE.** Expliquer aux élèves que les points rouges représentent la localisation des villes françaises[1]. Constater que, sur cette carte, contrairement à la précédente, les noms des villes sont les noms actuels.

> **Que remarque-t-on si on compare les deux cartes ?** *Les noms des villes sont différents, mais leur localisation est identique.*
Faire apparier les noms romains et les noms actuels.

ÉTAPE 2 — CONSTATER LA PRÉSENCE DE MONUMENTS GALLO-ROMAINS DANS LES PRINCIPALES VILLES FRANÇAISES

Objectifs : analyser un document ; comprendre une trace archéologique.
Organisation : collective
Matériel : fiche activité 2 : 6 photos de monuments historiques

OBSERVER LES 6 PHOTOS et interroger les élèves :

> **Que représentent ces photographies ?** *Elles montrent des monuments imposants, datant de l'époque gallo-romaine.*

> **Dans quelles villes sont-ils construits ?** *Lyon, Arles, Orange, Paris, Reims, Bordeaux.*
L'enseignant précise que ces monuments sont la preuve de l'importance des villes dans lesquelles ils ont été contruits. Ils montrent que ces villes existaient déjà à l'époque gallo-romaine et qu'elles jouaient déjà un rôle important sur le territoire.

ÉTAPE 3 — SYNTHÉTISER

Organisation : collective
Matériel : les deux cartes étudiées en étapes 1 et 2

Exemple de synthèse :

La localisation des principales villes françaises date au moins de l'époque gallo-romaine. Elles sont pour la plupart situées le long d'un fleuve car c'était à l'époque une voie de communication importante. Des vestiges de monuments montrent l'importance qu'avaient ces villes.

Leur évolution est le fruit d'un long processus au cours duquel les hommes ont organisé, modifié le territoire sur lequel ils ont vécu.

1. Il ne s'agit pas ici de faire une analyse détaillée de la légende (qui sera étudiée en séance 6), mais juste d'étudier la localisation des villes.

Carte de la Gaule romaine.

Le théâtre antique de Fourvière, à Lyon.

Les arènes, à Arles.

L'arc de triomphe, à Orange.

Les arènes, à Paris.

La porte de Mars, à Reims.

L'amphithéâtre romain, à Bordeaux.

THÈME 2
SE LOGER, TRAVAILLER, SE CULTIVER, AVOIR DES LOISIRS EN FRANCE

Au sein de ce thème, les verbes d'action, à l'infinitif, font chacun référence à une géographie dynamique qui doit permettre aux élèves de décrire, comprendre et expliquer les principales interactions entre l'Homme et les lieux qu'il habite.

Ces interactions sont à étudier au sein de deux types d'espaces : les espaces urbains et les espaces touristiques. Ainsi sont envisagées deux temporalités : celle du quotidien dans le cadre des villes et celle de l'occasionnel, du temporaire voire de l'éphémère dans les espaces du tourisme sans que l'une et l'autre ne soient exclusives car les villes sont des espaces qui accueillent de nombreux touristes et parce que de nombreux Français vivent dans des stations balnéaires toute l'année.

La question est double pour chaque sous-thème : comprendre comment les activités des Français façonnent la ville et les espaces du tourisme et comment les pouvoirs publics, les collectivités territoriales, les entreprises prennent en compte ces habitudes et ces besoins pour aménager des espaces et ainsi répondre aux besoins des habitants.

Chaque séance doit permettre de répondre à des questions concrètes : comment se loge-t-on ? Dans quel type de logement ? Où travaille-t-on ? Quels sont les principaux types d'emplois ? Comment s'amuse-t-on, se cultive-t-on ? Et où ?

SÉANCE 6

Où se situent les principales villes de France ?

L'ESSENTIEL À SAVOIR POUR L'ENSEIGNANT

QU'EST-CE QU'UNE « PRINCIPALE » VILLE ?

Les villes les plus importantes en France sont celles qui **concentrent un grand nombre d'activités et de fonctions**, mais aussi celles qui bénéficient d'**un fort rayonnement** à l'échelle régionale, nationale, européenne ou mondiale. Il est ainsi possible d'établir un classement permettant de définir avec les élèves quelles sont les plus importantes villes en France :
– les villes de rang mondial (Paris),
– les métropoles (Lyon, Marseille, Lille par exemple),
– les villes petites et moyennes.

Nous mettons à part l'agglomération parisienne à cause de son poids démographique, économique, politique et culturel. Avec une population de plus de 12 millions d'habitants, la région capitale domine le réseau urbain français par sa puissance économique, financière et culturelle, mais aussi par son identité forte et affirmée à l'échelle mondiale. Par ailleurs, c'est la seule ville de France qui possède des infrastructures et des équipements d'envergure mondiale ; par exemple Roissy-Charles-de-Gaulle est le 9e aéroport le plus fréquenté du monde en nombre de passagers et le 6e pour le trafic de fret.

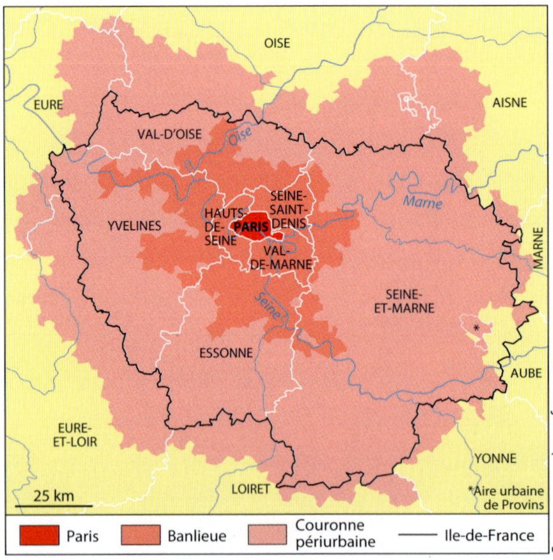

Source : www.insee.fr

L'aire urbaine de Paris. Cette aire urbaine déborde les limites de la région Ile-de-France ; son rayonnement est très large.

EN FRANCE, LES PRINCIPALES VILLES SONT DES MÉTROPOLES

Une métropole est un vaste espace urbain qui attire les hommes et les activités, qui concentre des fonctions de commandement dans les domaines politiques et économiques, mais également des fonctions technopolitaines (innovation, recherche, technologie). Une métropole polarise les villes petites et moyennes qui l'environnent et impulse une dynamique sur un territoire plus ou moins vaste.

Toutes les grandes villes ne sont donc pas des métropoles. Le nombre d'habitants ne suffit pas à dire qu'il s'agit d'une métropole, car une ville doit posséder des fonctions métropolitaines pour en être une. En France, il existe une confusion autour de ce terme. Tout d'abord, historiquement, en 1963, dans le but de rééquilibrer le territoire français et de diminuer le poids de Paris, l'État désigna 8 villes ayant vocation à devenir des « métropoles d'équilibre » (Lille-Roubaix-Tourcoing, Nancy-Metz, Strasbourg, Lyon-Grenoble-Saint-Etienne, Marseille, Toulouse, Bordeaux, Nantes-Saint-Nazaire). Ces villes reçurent des équipements et des investissements publics pour assurer un développement plus dynamique. Dans les années 1970, le bilan fut considéré comme décevant et le statut de « métropole d'équilibre » disparut en 1982. Certaines villes rassemblées en communauté d'agglomération ou communauté de communes utilisent ce terme pour sa connotation positive qui évoque la croissance et le dynamisme. Par exemple, la ville de Reims communique grâce à un magazine *Reims Métropole*, mais elle n'est pas

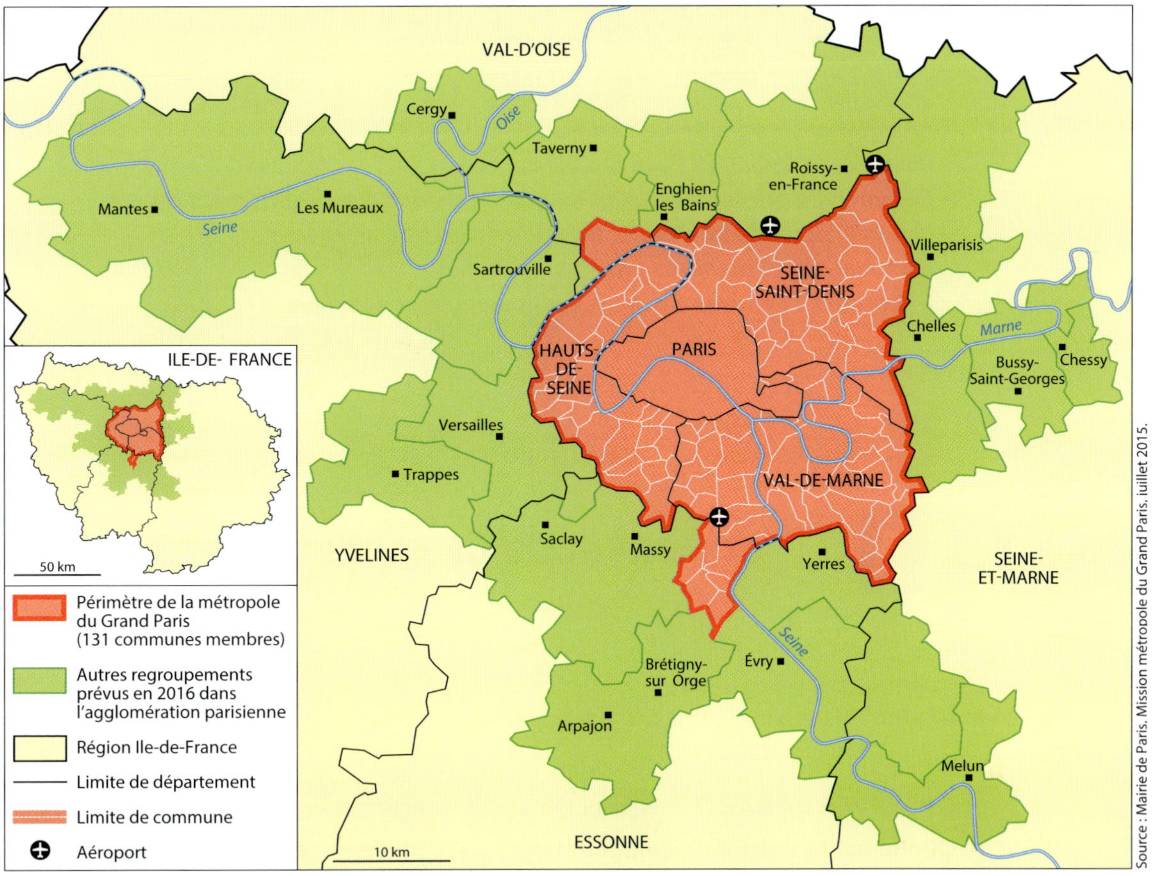

La métropole du Grand Paris au 1er janvier 2016. Le territoire de la nouvelle métropole du Grand Paris (qui rassemble 131 communes membres) ne correspond pas à l'aire urbaine.

une métropole au sens géographique du terme. Elle forme une communauté d'agglomération qui rassemble 16 communes et 218 000 habitants. Elle ne peut donc pas se constituer en métropole au sens de la loi.

Enfin, depuis le 1er janvier 2015, il existe une nouvelle forme d'établissement public de coopération intercommunale (EPCI) nommé « Métropole ». Pour devenir une « métropole » dans ce cadre, seul le critère démographique est pris en compte : il faut assembler plus de 400 000 habitants.

EXPLIQUER LA SITUATION DES VILLES EN FRANCE

Pour décrire un lieu en géographie, il est essentiel de le localiser et de le situer. Ces deux termes dont le sens est proche *a priori* ne font néanmoins pas appel aux mêmes capacités chez les élèves. Un GPS ou un globe virtuel permettent de localiser un lieu ; par exemple nous entrons « Lyon » dans la barre de recherche de Google Maps et le globe virtuel nous y emmène. De même, inscrire à côté d'un cercle noir sur une carte le mot « Lyon » ne signifie pas pour autant qu'on sait situer le lieu, c'est-à-dire le positionner par rapport à d'autres lieux. Les élèves ont ainsi tendance à mémoriser par cœur le mot et le point sans comprendre que la situation dépend de repères (les points cardinaux, les fleuves, les mers...). Lors d'un exercice de situation d'une ville, sur une carte murale par exemple, il est important que l'élève montre du doigt le point désignant cette ville, mais il est encore plus fondamental qu'il puisse situer celle-ci à différentes échelles. Ainsi, Lyon est situé au sud-est de la France, à la confluence du Rhône et de la Saône. Pour résumer, localiser répond à la question « où » ? et situer répond à la question « où et par rapport à qui et à quoi ? ».

Les villes ne sont pas réparties au hasard sur notre territoire. Leur localisation est à la fois le produit de l'histoire et des mutations contemporaines. Une ville a un **site**, c'est-à-dire un emplacement précis où elle s'est fixée (zone d'abri sur une côte, confluence de deux fleuves, estuaire...) et une **situation**, c'est-à-dire un emplacement par rapport aux relations avec les espaces qui l'entourent (carrefour entre des grands axes par exemple). Ainsi en France, les villes sont bien souvent situées le long des vallées fluviales et des littoraux.

DÉROULEMENT DE LA SÉANCE

Compétences, capacités, attendus

- *Identifier la caractéristique des villes.*
- *Comprendre que les villes sont localisées en fonction de différents critères.*
- *Lire une carte et s'approprier les informations de la légende.*
- *Formuler des hypothèses explicatives.*
- *S'exprimer à l'oral pour penser, communiquer et échanger.*

DURÉE : 55 minutes environ.

ÉTAPE 1 COMPRENDRE CE QU'EST UNE GRANDE VILLE

DURÉE 15 minutes
ORGANISATION en collectif
MATÉRIEL • fiche activité 1 : la carte des principales villes de France
• le cahier de brouillon

1) **OBSERVER LA CARTE** des principales villes de France et questionner les élèves :

> **Quelle est la nature de ce document ?** *Il s'agit d'une carte de la France métropolitaine.*

> **Que voit-on sur cette carte ?** *Les mers et océan, les frontières, les pays limitrophes, les fleuves, certaines villes indiquées par des points, une échelle, une légende.*

> **Quelles indications apportent les points sur la carte ?**
Constater que des points de différentes tailles représentent les villes françaises. La taille du cercle apporte des informations ; il faut se référer à la légende pour comprendre la nature de ces différents points : il existe en France des agglomérations de différentes tailles qui sont classées en fonction du nombre d'habitants.
L'enseignant apporte l'information suivante : ces agglomérations sont constituées de plusieurs communes qui ne forment qu'un seul ensemble urbain.

2) **ORGANISER UN CLASSEMENT DES VILLES.** Proposer aux élèves de relever, sur leur cahier de brouillon, les noms des agglomérations françaises comptant plus de 500 000 habitants, ainsi que 10 communes de moins de 300 000 habitants :

> **Combien y a-t-il d'agglomérations de plus de 500 000 habitants ?** *Onze : Paris, Lyon, Marseille-Aix-en-Provence, Lille, Nice, Toulouse, Bordeaux, Nantes, Toulon, Douai-Lens, Grenoble.*
L'enseignant indique que ces villes sont appelées des métropoles en raison de leur importance et de leur population.

> **Citez 10 communes de moins de 300 000 habitants ?** *Rennes, Metz, Nancy, Orléans, Clermont-Ferrand, Mulhouse, Le Havre, Dijon, Bayonne, Angers, Reims, Le Mans, Brest.*
On notera que Pointe-à-Pitre-Les Abymes est la 25e unité urbaine française avec 258 150 habitants.

CE QUE NOUS AVONS APPRIS

Il existe en France des aires urbaines de différentes tailles.

Ces agglomérations sont composées de plusieurs communes, une ville principale et sa banlieue.

Les plus importantes de ces villes sont appelées des métropoles ; Paris, Lyon, Marseille-Aix-en-Provence sont les trois principales.

ÉTAPE 2 COMPRENDRE LA RÉPARTITION DES VILLES EN FRANCE

DURÉE 15 minutes
ORGANISATION en collectif, puis par groupes de 2
MATÉRIEL • fiche activité 1 : la carte des principales villes de France
• fiche activité 2 : un tableau sur la localisation des villes françaises à compléter (et son corrigé)
• le cahier de brouillon

1) **REPRENDRE LA CARTE** des principales villes de France. L'enseignant interroge collectivement les élèves sur les autres informations données par cette carte :

> **En dehors des villes, quels autres éléments apparaissent sur cette carte ?** *On observe les frontières, les mers et océan, les massifs montagneux, les fleuves et rivières.*

> **Comment sont indiqués les massifs montagneux sur cette carte ?** *En jaune pâle, orange et brun.*

> **Comment sont indiqués les cours d'eau sur cette carte ?** *Par un trait bleu fin.*

> **Comment sont indiquées les frontières sur cette carte ?** *Par un trait gris fin.*

2) **RÉFLÉCHIR À LA LOCALISATION DES VILLES** en France. L'enseignant demande aux élèves de repérer sur la carte, les onze villes relevées dans l'étape 1 en les surlignant.

> **À votre avis, pourquoi ces villes se sont-elles développées à cet endroit, en France ?** *L'enseignant demande aux élèves d'émettre des hypothèses sur les raisons de la localisation de ces villes. Les élèves donnent des exemples parmi lesquels on peut retrouver :*
– Les voies de communication : « les villes sont dans les vallées car la circulation y est facilitée » ; « les villes sont en bord de mer ou sur un fleuve pour les échanges maritimes ou fluviaux » ; « souvent la plus grande ville est au centre d'un réseau routier important qui la rend accessible pour tous. »
– L'attrait du paysage, du climat : « la proximité de la mer, des montagnes, la chaleur attirent la population. »

3) **COMPLÉTER LE TABLEAU** collectivement. Placer dans le tableau les villes qui correspondent aux premières hypothèses des élèves.

[FICHE ACTIVITÉ 2 CORRIGÉE]
Les principales villes françaises

❶ Complète ce tableau de synthèse avec l'aide de ton enseignant.

LOCALISATION DANS UNE VALLÉE	LOCALISATION SUR UNE FAÇADE MARITIME	LOCALISATION PROCHE DE RICHESSES LOCALES	LOCALISATION DUE À LA DOUCEUR DU CLIMAT	LOCALISATION À UN CARREFOUR DE VOIES DE COMMUNICATION
Paris Lyon Lille Rouen Grenoble	Bordeaux Nantes Marseille Le Havre	Saint-Étienne Valenciennes Nancy Lens	Marseille Nice Montpellier	Lille Lyon Paris Strasbourg

ÉTAPE 3 COMPRENDRE LA LOCALISATION DES VILLES EN FRANCE

DURÉE 15 minutes
ORGANISATION en collectif, puis par groupes de 2
MATÉRIEL • fiche activité 1 : la carte de la localisation des principales villes de France
• fiche activité 2 : un tableau sur la localisation des villes françaises à compléter (et son corrigé)
• fiche activité 2 : un texte sur l'histoire de la ville de Lens
• le cahier de brouillon

1) **LIRE LE TEXTE** individuellement puis mener une réflexion collective. L'enseignant demande :

> **Quelles sont les informations essentielles données par ce texte ?** *La ville de Lens existait déjà au Moyen Âge. Elle s'est développée à partir de 1841 grâce à l'industrie du charbon. Des cités minières se sont créées pour accueillir les mineurs. Une main-d'œuvre immigrée importante a permis le développement des mines. Le paysage de la ville a été transformé par la mine et les industries. La ville tente de se reconvertir en accueillant de nouvelles entreprises depuis 1986 et la fin de l'activité minière.*

> **Que peut-on en conclure sur l'importance de la ville de Lens ?** *La ville de Lens était, autrefois, une ville industrielle qui produisait du charbon. Grâce à cette industrie la ville s'est énormément développée entre 1841 et 1986. Cette production n'est plus d'actualité aujourd'hui et la ville a entamé une reconversion.*

> **Connaissez-vous d'autres villes qui se sont développées à partir de ressources locales ?** En fonction des connaissances des élèves, l'enseignant complète les réponses en citant les exemples suivants : Valenciennes s'est développée grâce à l'industrie houillère, à la sidérurgie et aux raffineries de sucre ; Nancy a accueilli de nombreuses manufactures et s'est aussi développée grâce à la sidérurgie ; l'essor de Saint-Étienne est dû à l'industrie houillère et à la métallurgie ; l'industrie du caoutchouc et l'industrie mécanique ont permis le développement de Clermont-Ferrand...

2) **COMPLÉTER LE TABLEAU** en plaçant les villes de Lens et de Lille. Placer aussi les onze métropoles étudiées au cours de l'étape 1 si cela n'a pas été fait en étape 2.
Puis demander aux élèves de placer, de manière autonome, dans le tableau deux ou trois villes supplémentaires afin de montrer leur compréhension de la localisation des villes françaises. Au cours d'une mise en commun rapide, les élèves confrontent leurs choix qui sont validés par le reste de la classe et l'enseignant.

CE QUE NOUS AVONS APPRIS

On a repéré cinq critères pouvant expliquer le développement de grandes villes en France :
– la localisation dans une vallée facile d'accès ;
– la localisation sur une façade maritime propice aux échanges extérieurs ;
– la présence de richesses locales ;
– la douceur du climat ;
– la position de carrefour de voies de communication.

ÉTAPE 4 SYNTHÈSE

DURÉE 10 minutes
ORGANISATION en collectif

Exemple de trace écrite :
Les agglomérations sont différentes par leur taille.
Une très grande ville comme Paris, Lyon ou Marseille est appelée **métropole**.
En France, les très grandes villes se sont développées pour différentes raisons : la localisation dans une vallée, sur une façade maritime, la proximité de voies importantes de communication ou de richesses locales, ou encore la douceur du climat.

Lexique :
Métropole : Ensemble urbain de grande importance composé d'une ville principale et de sa banlieue constituant une unité urbaine avec une population nombreuse.
Commune : La commune est la plus petite division administrative française.
Ville : Une ville est une unité urbaine dont la population compte au moins 2 000 habitants. Une ville peut être constituée de deux ou plusieurs communes, c'est-à-dire une ville centre et sa banlieue.

Observe cette carte de France, puis réponds aux questions de ton enseignant.

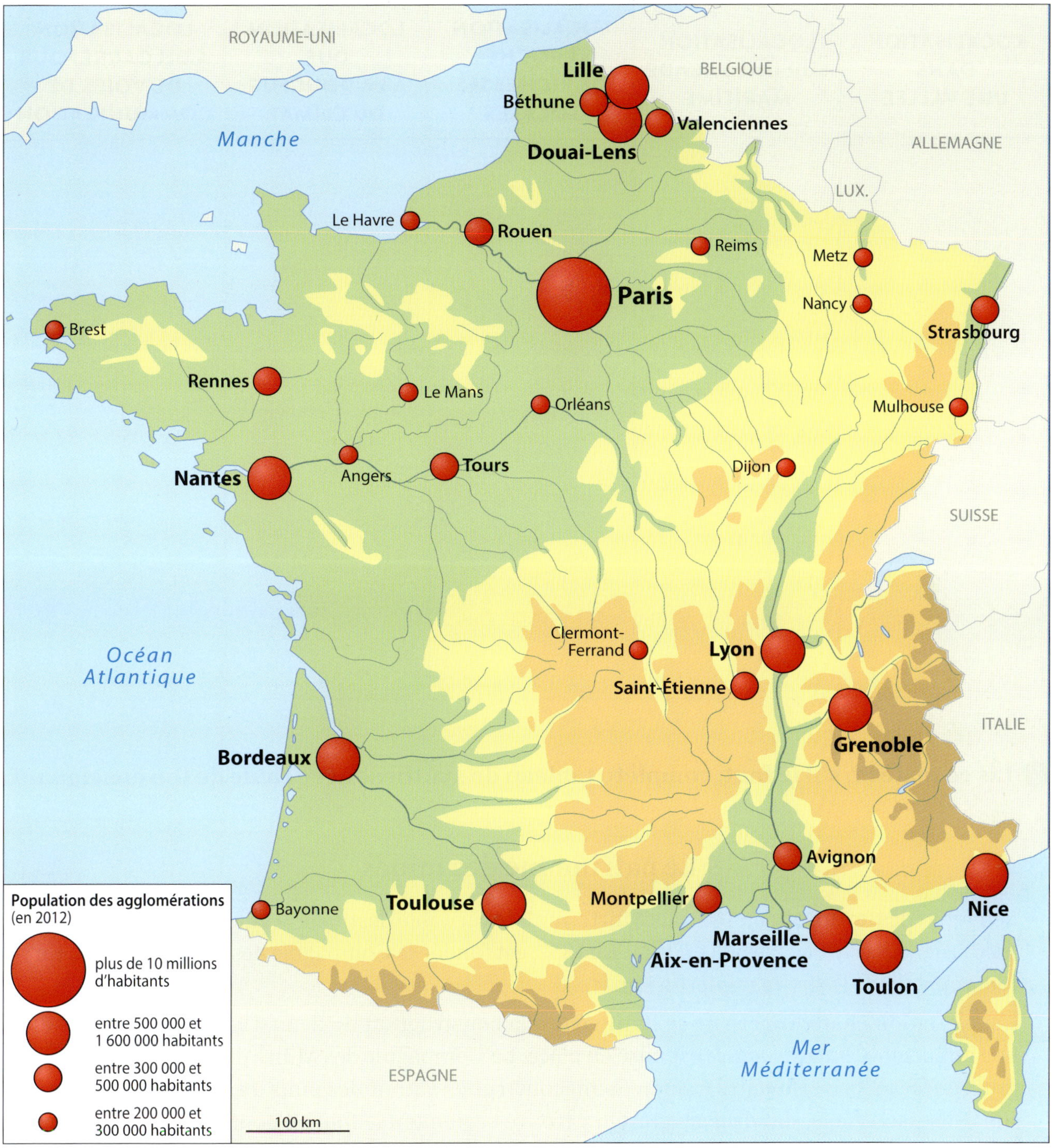

Les principales villes de France.

1 Complète ce tableau de synthèse avec l'aide de ton enseignant.

LOCALISATION DANS UNE VALLÉE	LOCALISATION SUR UNE FAÇADE MARITIME	LOCALISATION PROCHE DE RICHESSES LOCALES	LOCALISATION DUE À LA DOUCEUR DU CLIMAT	LOCALISATION À UN CARREFOUR DE VOIES DE COMMUNICATION

2 Lis ce texte et, s'il le faut, complète tableau de synthèse avec l'aide de ton enseignant.

Le patrimoine des mines

Lens était dès le Moyen Âge une place forte, mais le véritable destin de la ville se joua cependant avec la découverte du charbon en 1841. En 1852, est fondée la Compagnie des Mines de Lens. En 1986, c'est fin de l'activité minière à Lens (...).

L'exploitation charbonnière ne se limite pas à la construction de lieux d'activité industrielle, une importante infrastructure est mise en place. La Compagnie des Mines de Lens exploite son propre réseau ferré. Des cités minières sont construites autour des puits de mine avec chacune son église, son école, son dispensaire. On y trouve également le fournil pour cuire son pain, un magasin souvent construit par la Compagnie. Chaque cité vit pratiquement en autarcie vis-à-vis de la ville-centre.

Une main-d'œuvre immigrée est venue augmenter la population qui est passée de 3 300 habitants en 1856 à 42 000 en 1962.

L'épopée minière a profondément modifié le paysage urbain lensois. La ville est modelée par la mine et ses activités annexes (métallurgie, industrie chimique...).

Depuis 1986, la ville s'est transformée en accueillant des entreprises et en 2012 le musée du Louvre-Lens.

Source : Archives municipales de Lens (http://www.villedelens.fr/histoire)

SÉANCE 7
Où se loge-t-on en ville ?

L'ESSENTIEL À SAVOIR POUR L'ENSEIGNANT

Le bâti urbain, en dehors des zones d'activités spécialisées (zones industrielles et commerciales, zones d'activités administratives) est majoritairement composé d'habitations. Les logements en ville se caractérisent par leur très grande diversité et varient selon l'endroit où ils sont situés dans la ville en fonction de leur ancienneté, de leur taille, de leur matériau de construction ou encore du type d'habitat (collectif ou individuel).

L'HABITAT COLLECTIF

Dans les centres-ville, les immeubles sont plus nombreux et souvent ils sont aussi plus anciens qu'en périphérie. Dans les villes françaises se côtoient quelques façades datant des époques médiévales et modernes installées dans des rues au tracé sinueux et des immeubles de style haussmannien ou post-haussmannien le long des avenues et boulevards tracés à la fin du XIXe siècle. Ces anciens logements mal adaptés aux normes du confort contemporain ont très souvent fait l'objet de transformations couteuses pour y installer des chauffages performants, des installations sanitaires, des cuisines équipées... Dans les quartiers hypercentraux des grandes métropoles, bien desservis et au potentiel touristique fort, ces habitats anciens ont fait l'objet d'une forte spéculation dans les dernières décennies et ont souvent été transformés en bureaux, en commerces ou en hôtels.

Ces immeubles anciens sont souvent mêlés à des formes architecturales et urbaines plus récentes répondant aux principes de l'architecture moderne. Cette dernière a radicalement transformé les formes de l'habitat en proposant des logements plus compacts, plus fonctionnels, mieux isolés et répondant aussi à de nouveaux critères de confort. L'architecte et urbaniste Le Corbusier est un de ceux qui, dans les années 1930, pensèrent de nouvelles formes de logement et ainsi une nouvelle manière d'habiter.

Après la Seconde Guerre mondiale et au moment de la reconstruction sont construites des formes d'habitat collectif intégré. Il ne s'agit plus seulement de construire un immeuble, mais tout un quartier, voire toute une ville. C'est le cas, par exemple, de la ville du Havre, dont le centre-ville, détruit par les bombardements à la fin de la Seconde Guerre mondiale, fut intégralement reconstruit selon les principes de l'urbaniste et architecte Auguste Perret.

Il est donc important de ne pas toujours associer, de manière stéréotypée, les immeubles en forme de tour ou de barre aux espaces périphériques. Il existe des immeubles en tour ou en barre dans les centres-ville, comme il existe des immeubles anciens dans les espaces périphériques. En revanche, ce qu'il faut distinguer ce sont les villes ou quartiers construits *ex nihilo*, qui ne peuvent être composés que de logements individuels, comme les lotissements.

La Maison radieuse de Rezé au sud de Nantes est un immeuble construit entre 1953 et 1955 par Le Corbusier (Charles-Edouard Jeanneret-Gris, 1887-1965), l'un des protagonistes du Mouvement moderne en architecture. Il tenta d'y appliquer ses principes pour fabriquer une nouvelle forme d'habitation en ville, sorte de village vertical qu'il nomme une « unité d'habitation ». Les 5 piliers de l'architecture moderne sont selon lui : les pilotis, le toit-terrasse, le plan libre, la fenêtre en bandeau et la façade libre.

L'HABITAT INDIVIDUEL

Au cœur des grandes métropoles, les maisons sont rares. Elles sont souvent réservées à une population riche et nécessitent de nombreux travaux pour être mises aux normes actuelles. Aussi, pour se loger dans une maison, il faut s'éloigner des centres-ville, parfois à plusieurs dizaines de kilomètres, pour trouver un logement moins couteux et plus grand qui dispose d'un jardin. L'habitat individuel prend plusieurs formes dans les espaces urbains. En voici, quelques exemples qui ne visent pas à épuiser l'immense variété de l'habitat individuel, mais qui permettent d'identifier quelques styles.

Lotissement « La Maison Rouge » à Pontoise, construit au début du XXe siècle à proximité de la gare.

L'habitat pavillonnaire de la première moitié du XXe siècle.

Lotissement à Cergy-Pontoise, dans le Val-d'Oise, commune périurbaine de l'agglomération parisienne.

Les lotissements de la fin du XXe siècle jusqu'à aujourd'hui.

DÉROULEMENT DE LA SÉANCE

Compétences, capacités, attendus

- *Nommer, localiser et caractériser des espaces.*
- *Situer des lieux et des espaces les uns par rapport aux autres.*
- *Poser des questions, se poser des questions.*
- *Formuler des hypothèses.*
- *Vérifier et justifier.*
- *S'exprimer à l'oral pour penser, communiquer et échanger.*
- *Réaliser une production graphique.*
- *Utiliser des cartes analogiques et numériques à différentes échelles, des photographies de paysages ou de lieux.*

DURÉE : 60 minutes environ.

ÉTAPE 1 OBSERVER DIFFÉRENTS TYPES D'HABITATS

DURÉE 15 minutes
ORGANISATION en collectif
MATÉRIEL • fiche activité 1 : une vue générale de Lyon
• fiche activité 2 : quatre photos de l'agglomération lyonnaise

1) **OBSERVER LA VUE DE LYON** et interroger les élèves :

> **Quelle est la nature de ce document ?** *Il s'agit d'une photographie de la ville de Lyon prise depuis la colline de Fourvière.*
L'enseignant précise que la ville de Lyon a été évoquée lors de la séance précédente : il s'agit de la deuxième plus grande ville de France, et Fourvière est un quartier de Lyon.

> **Quels éléments apparaissent sur cette photo ?** *Les réponses des élèves sont forcément très diverses, du plus général au plus détaillé : un fleuve, une ville, des immeubles, des tours, des rues, une place, des voitures, des ponts, des arbres, une église, des gens...*
L'enseignant précise qu'il y a deux cours d'eau sur la photo : la Saône au premier plan et le Rhône au niveau de la deuxième ligne d'arbres ; entre les deux, il y a une presqu'ile où se trouve une place très fréquentée : la place Bellecour.

2) **ÉTUDIER LES QUATRE PHOTOS DES QUARTIERS DE LYON.** Observer chacune des images et demander aux élèves :

> **Quel type de bâtiments peut-on voir sur chaque photo ?** *Les réponses des élèves doivent être orientées sur l'habitat. L'enseignant apporte des informations complémentaires.*
Sur la première photo, les immeubles sont anciens et encadrent une place piétonne. Ce sont des immeubles d'habitation qui ont cinq ou six étages. Il s'agit du quartier Bellecour qui s'est développé au XVIIe siècle avec la croissance du commerce et des banques. Les bâtiments possèdent des façades en bas relief caractéristiques de la période Renaissance. En arrière-plan, on aperçoit la colline de Fourvière d'où a été prise la vue générale de Lyon.
Sur la deuxième photo, on voit des immeubles qui semblent être des immeubles d'habitation et des immeubles de bureaux. La grande tour, surnommée « le crayon », est un gratte-ciel de bureaux situé dans le quartier d'affaires de la Part-Dieu. Cette tour permet de situer la photo sur la vue générale de Lyon. Ce quartier de la Part-Dieu a connu une politique de rénovation urbaine dans les années 1970. En plus des immeubles de bureaux, des immeubles d'habitation modernes ont permis de recevoir une population nombreuse.
Sur la troisième photo, on voit un ensemble d'immeubles, avec des commerces au rez-de-chaussée. Ces immeubles hauts d'une dizaine d'étages sont destinés à l'habitat collectif. Villeurbanne est une commune de l'agglomération de Lyon.
Sur la quatrième photo, on observe des maisons individuelles (ou pavillons) entourées de jardins. Décines-Charpieu est aussi une commune de l'agglomération de Lyon.

CE QUE NOUS AVONS APPRIS

Une agglomération est composée d'une ville et de sa banlieue.

En ville, il existe différents types d'habitat : les quartiers diffèrent en termes de bâti. On y trouve des immeubles anciens, des immeubles récents, des zones pavillonnaires.

ÉTAPE 2 SITUER LES PHOTOS SUR UN PLAN

DURÉE 15 minutes
ORGANISATION en individuel
MATÉRIEL • fiche activité 1 : une vue de Lyon
• fiche activité 2 : quatre photos de l'agglomération lyonnaise
• fiche activité 3 : un plan de l'agglomération de Lyon (et son corrigé)
• animation : le plan de Lyon animé

1) **LIRE UN PLAN.** Annoncer aux élèves que le plan distribué est celui de l'agglomération de Lyon ; on y voit la situation géographique de Lyon au confluent de la Saône et du Rhône, ainsi que les différentes communes qui composent l'agglomération de Lyon. Demander aux élèves de souligner sur le plan les noms des différentes communes de l'agglomération lyonnaise : Lyon, Villeurbanne, Vaulx-en-Velin, Décines-Charpieu, Bron, Chassieu, Saint-Fons, Oullins, Sainte-Foy-lès-Lyon, Écully, Champagne-au-Mont-d'Or, Caluire-et-Cuire, Vénissieux, Saint-Priest…

2) **SITUER DES LIEUX SUR UN PLAN.** L'enseignant rappelle que la photo d'ensemble de la ville de Lyon a été prise depuis la colline de Fourvière. Il demande de repérer ce lieu sur le plan ; puis d'identifier les cercles qui correspondent aux emplacements des quatre photos étudiées précédemment :

> **Indiquez dans chaque cercle le numéro de la photo qui lui correspond.**

Les élèves s'aident des informations données dans la légende pour localiser les photos.

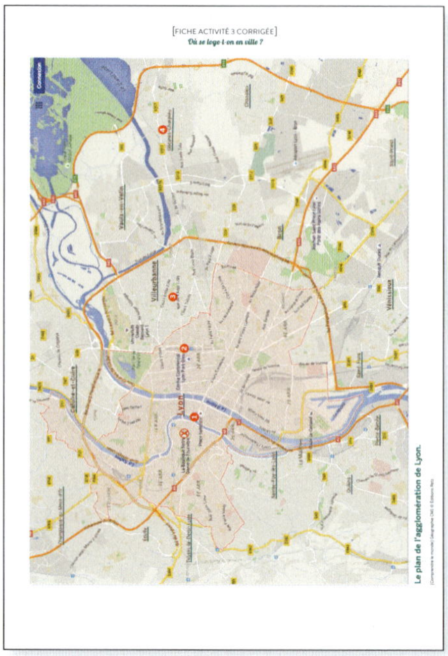

3) **METTRE EN COMMUN** afin de vérifier les réponses des élèves et de situer les différentes photos par rapport au centre-ville. Pour cette mise en commun, on peut projeter le plan de Lyon animé : quand on clique sur chaque cercle numéroté, la photo correspondante s'affiche. Ainsi, on confirme le fait que l'habitat varie en fonction de la localisation : des immeubles anciens en centre-ville, puis des immeubles plus récents et enfin des pavillons en périphérie.
S'il n'est pas possible de projeter l'animation, afficher le plan de Lyon au format A3 et placer les photos sur les cercles correspondants, en sollicitant les élèves, pour aboutir au même constat.

CE QUE NOUS AVONS APPRIS

En ville, les formes de logement varient. Des immeubles anciens sont situés dans le centre historique. Parfois, certains quartiers du centre-ville comportent des immeubles plus récents construits dans le cadre de la rénovation urbaine. Si on s'éloigne du centre, on trouve en banlieue des immeubles récents destinés à l'habitat collectif ; encore plus loin du centre, des pavillons entourés de jardins, destinés à l'habitat individuel.

ÉTAPE 3 CONSTRUIRE UN CROQUIS DE SYNTHÈSE

DURÉE 20 minutes
ORGANISATION en collectif, puis en groupes de 4 et de nouveau en collectif
MATÉRIEL
- fiche activité 1 : une vue de Lyon
- fiche activité 3 : le plan de l'agglomération de Lyon complété
- fiche activité 4 : un croquis à compléter (et son corrigé)
- animation : le croquis de Lyon animé

1) PRENDRE CONNAISSANCE DU CROQUIS VIERGE. Demander aux élèves :

> **Quelle est la nature de ce document ?** *Il s'agit d'un croquis.*

L'enseignant précise que le croquis est une représentation simplifiée d'un lieu, ici de la ville de Lyon.

Il invite les élèves à comparer ce croquis et le plan de Lyon étudié lors des étapes précédentes :

> **Quels éléments observés sur le plan pouvez-vous facilement identifier sur ce croquis ?** *Les deux cours d'eau, la presqu'île, les principales routes.*

Observer ces éléments dans la légende et faire le lien avec le croquis.

2) SITUER LES PHOTOS SUR LE CROQUIS. Pour commencer, l'enseignant fait repérer l'emplacement de la colline de Fourvière (symbolisée par des cercles). Puis, il demande :

> **Quel est l'emplacement de chaque photo étudiée ? À l'aide du plan de Lyon complété, indiquez cet emplacement sur le croquis en notant le numéro de chaque photo.**

Une mise en commun collective permet de vérifier le travail des élèves. Comme l'indique le croquis corrigé, la place Bellecour (photo 1) se situe non loin de Fourvière, sur la presqu'île entre la Saône et le Rhône ; le quartier de la Part-Dieu (photo 2) se situe un peu plus à l'est, à côté de la voie ferrée (faire le lien entre la gare de Lyon Part-Dieu sur le plan et la voie ferrée sur le croquis) ; Villeurbanne (photo 3) se situe au nord-est ; enfin Décines-Charpieu est localisé encore plus à l'est, au nord de l'aéroport (photo 4).

3) ÉLABORER LA LÉGENDE DU CROQUIS. L'enseignant donne la consigne :

> **Par équipe de quatre, colorez le croquis et complétez la légende en fonction des informations sur l'habitat que nous avons relevées précédemment.**

L'enseignant fait rappeler aux élèves les trois grandes formes du bâti observées lors des étapes précédentes : un centre ancien avec des immeubles d'habitat collectif peu élevés ; en périphérie, des quartiers avec des immeubles élevés plus récents, et des zones pavillonnaires consacrées à l'habitat individuel.

4) METTRE EN COMMUN. Un porte-parole de chaque groupe présente les résultats. L'enseignant valorise les solutions proposant une légende qui hiérarchise les informations et qui indique les différentes formes du bâti.

À l'issue de la mise en commun, il projète le croquis de Lyon animé : quand on clique sur un élément de la légende, il s'anime sur le croquis et on peut voir la (ou les) photo(s) correspondante(s). Ainsi, on perçoit nettement les trois zones d'habitat.

S'il n'est pas possible de projeter l'animation, présenter le croquis au format A3 de Lyon complété corrigé.

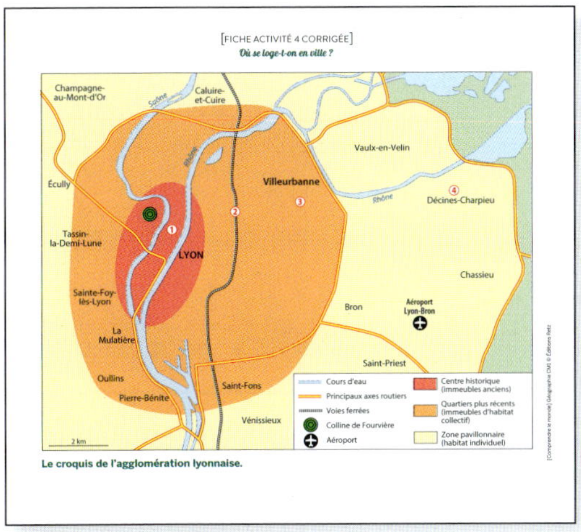

Le croquis de l'agglomération lyonnaise.

ÉTAPE 4 SYNTHÈSE ÉCRITE

DURÉE 10 minutes
ORGANISATION en collectif

Exemple de trace écrite :

Une grande ville est constituée d'un centre, souvent historique, avec des immeubles anciens.
Quand on s'éloigne de ce centre, on constate que les logements sont des immeubles plus récents, de quelques étages.
En périphérie, la population est concentrée dans de vastes immeubles ou dans des zones pavillonnaires, constituées de maisons individuelles entourées de jardins privatifs.

Lexique :

Habitat individuel : il s'agit d'une habitation appelée « maison individuelle », ou « pavillon », destinée à une seule famille.
Habitat collectif : un immeuble collectif est un bâtiment qui comprend au moins deux logements ; la taille des immeubles collectifs varie : il peut s'agir de tours, de barres, mais aussi d'immeubles de petite taille.

PROLONGEMENT

Proposer l'animation interactive « Reconstituer le schéma urbain européen » : les éléments constitutifs de la ville européenne sont donnés en marge de façon aléatoire, comme les pièces d'un puzzle. Les élèves doivent les mettre en place sur la ligne horizontale par un glisser/déposer afin d'obtenir le schéma de l'organisation de la ville européenne. Le schéma reconstitué est le suivant :

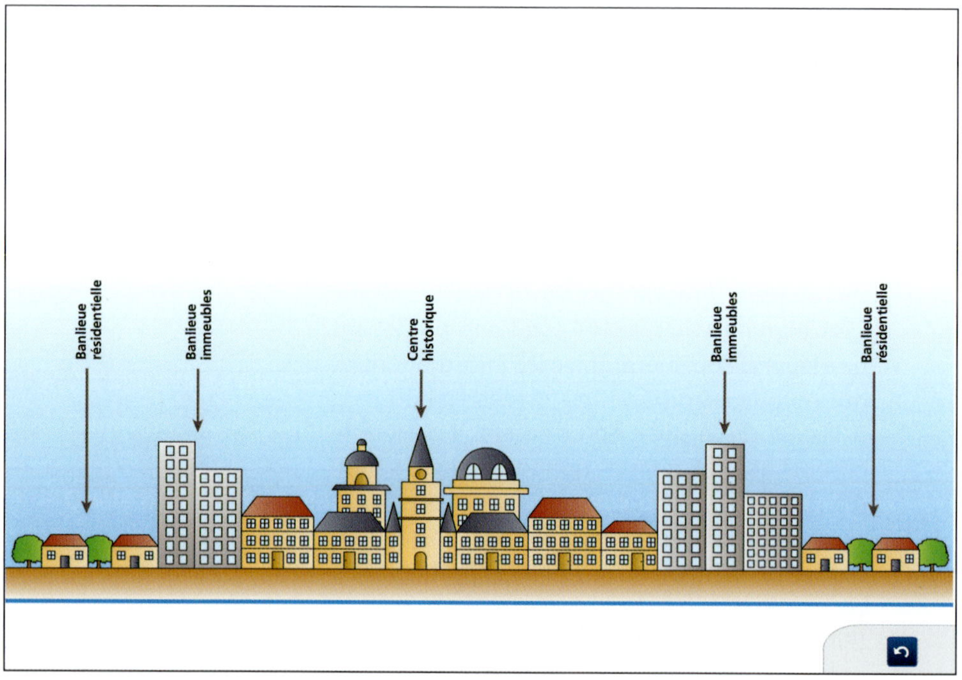

Animation : schéma d'organisation de la ville européenne.

Observe cette photographie et décris ce que tu vois.

Vue de Lyon depuis la colline de Fourvière.

Observe ces photographies et réponds aux questions de ton enseignant.

Document 1 • La place Bellecour.

Document 2 • Le quartier de la Part-Dieu.

Document 3 • Villeurbanne, en banlieue de Lyon.

Document 4 • Décines-Charpieu, en banlieue de Lyon.

**Observe ce plan et souligne les communes de l'agglomération lyonnaise.
Repère la colline de Fourvière. Puis place dans chaque cercle le numéro de la photo qui lui correspond.**

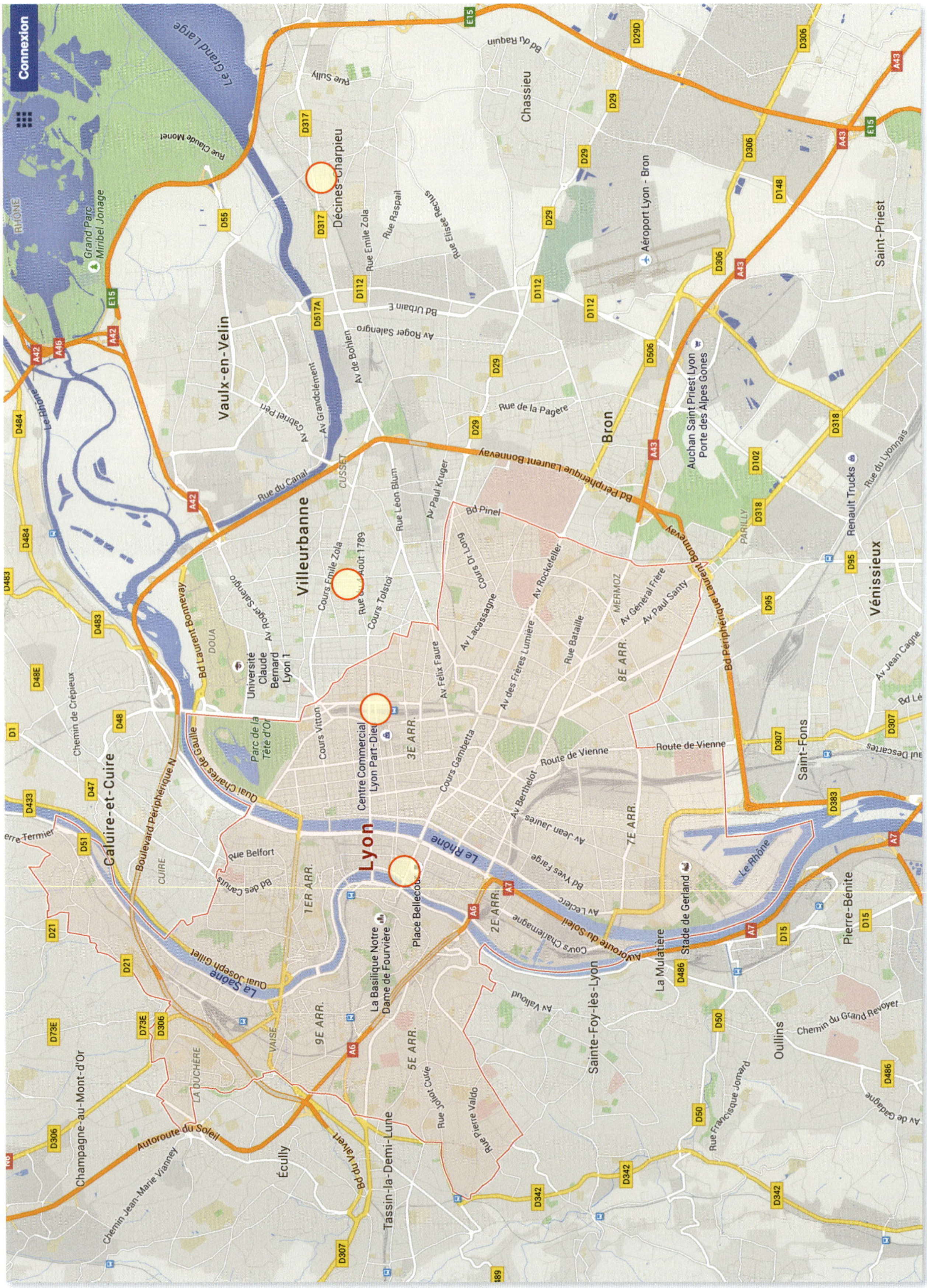

Le plan de l'agglomération de Lyon.

[Comprendre le monde] Géographie CM1 © Éditions Retz

Colorie ce croquis et complète sa légende.

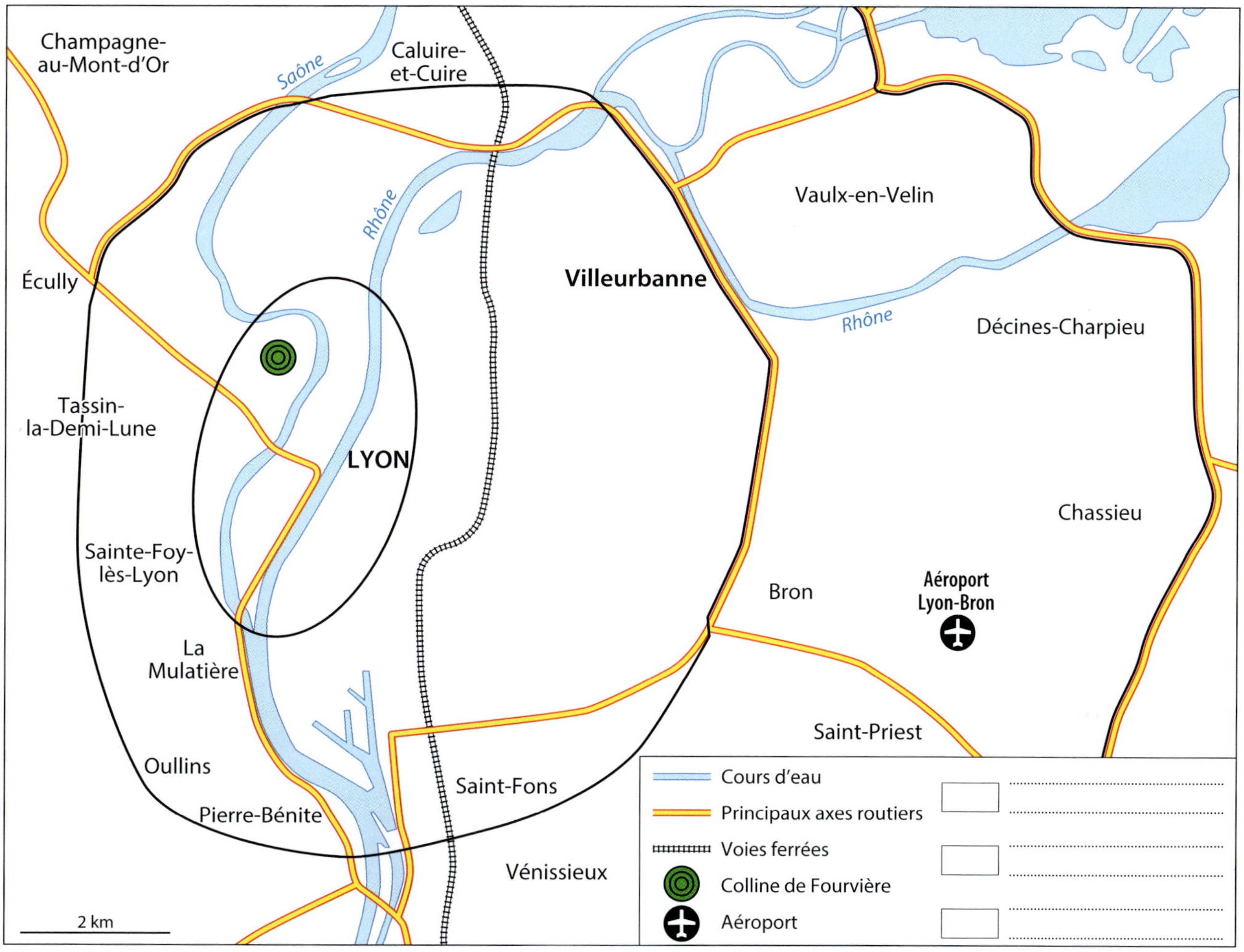

SÉANCE 8
Où travaille-t-on en ville ?

L'ESSENTIEL À SAVOIR POUR L'ENSEIGNANT

Les espaces urbains sont principalement dédiés aux activités tertiaires. Même s'il existe des villes où l'activité industrielle est très présente, c'est le secteur des services qui offre le plus grand nombre d'emplois. Ce dernier est cependant plus difficile à localiser géographiquement puisqu'il est moins visible : la plupart des activités de service se déroulent dans un cadre identique comprenant des bureaux, des salles de réunion et des espaces de vie commune (restaurants d'entreprise, halls d'accueil...). Aussi, les lieux du travail en ville sont diffus et variés. Nous essaierons de caractériser ici les principaux espaces de travail dans les villes françaises.

LES CENTRES-VILLE TOURISTIQUES

La plupart des centres des villes françaises sont très attractifs pour le tourisme. Par conséquent, une grande part des emplois urbains est liée à ces activités. Les restaurants, les hôtels, les commerces, les musées et monuments du centre-ville emploient donc de nombreux habitants de la ville et des communes environnantes pour accueillir et servir ces habitants temporaires. En Ile-de-France, le tourisme génère 395 000 emplois dont 6 sur 10 sont des emplois dans la restauration et l'hébergement.

LES QUARTIERS D'AFFAIRES

De nombreuses villes ont aménagé des espaces de bureaux dédiés aux activités tertiaires. Ces quartiers jouent un rôle dans le paysage urbain car ils sont souvent emblématiques de l'identité que la ville souhaite se donner ; par exemple, à Lyon, dans le quartier de la Part-Dieu, la tour Oxygène, achevée en 2010, rivalise avec la tour Part-Dieu réalisée entre 1972 et 1977.

Travailler dans une tour de bureaux : la tour Oxygène à Lyon
La tour Oxygène est conçue comme un espace moderne et innovant dédié au travail. Haute de 117 m, elle comprend 28 étages. Des parkings sont installés au sous-sol, ainsi qu'un poste de sécurité et un hall d'accueil au 1er étage. Les bureaux de la SNCF sont aménagés du 2e au 17e étage. Un grand cabinet d'avocats occupe les étages 18 à 22 ; des entreprises de BTP et de nouvelles technologies les étages supérieurs. Aux 27e et 28e étages, des bureaux sont à louer de manière ponctuelle le temps d'une réunion ou d'un séminaire, par exemple. Au 5e étage, un vaste restaurant est partagé par toutes les entreprises.

LES ZONES D'ACTIVITÉS

Qu'elles soient industrielles, commerciales, logistiques, technopolitaines (recherche, entreprises et universités) ou encore portuaires ou aéroportuaires, les zones d'activités se distinguent des espaces urbains précédents, car elles ne se fondent pas à l'intérieur d'un espace urbain préexistant, mais correspondent à un site, précisément délimité par les collectivités territoriales, spécialement et uniquement dédié à l'installation d'entreprises. Ces espaces sont situés généralement à la périphérie des grandes villes et à proximité des infrastructures de transports rapides (un échangeur autoroutier par exemple).

UN MONDE DU TRAVAIL QUI CHANGE : VERS DE NOUVELLES PRATIQUES

Sous l'effet du développement des transports, mais surtout du réseau de l'Internet et de la possibilité de s'y connecter partout grâce au Wifi, de nouvelles pratiques urbaines du travail se mettent progressivement en place. Les manières de travailler sont de moins en moins pyramidales, localisées en un seul site (un patron qui décide et une chaine d'exécutants, des cadres aux employés dans un même espace de travail) et de plus en plus horizontales. Le travail peut se faire en réseau de manière collaborative en agrégeant de manière ponctuelle des compétences différentes autour de projets. Aussi, le travail n'est plus un lieu où l'on se rend tous les jours, mais plutôt ce que l'on fait, peu importe l'endroit d'où on le fait. Ces nouvelles pratiques entrainent le développement du télétravail, mais aussi d'espaces de bureau partagés (espaces dits de « coworking »). En France, environ 100 000 personnes travaillent dans un espace de travail partagé.

Travailler dans une zone d'activités commerciales : la Patte d'Oie d'Herblay
Située entre les communes d'Herblay, Montigny-lès-Cormeilles et Beauchamp cette zone d'activités est desservie et longée de part et d'autre par l'A15 et la route départementale 14. Un très grand nombre de chaines de la grande distribution y sont représentées (Castorama, Fnac, Casa, Truffaut...). La zone représente un secteur d'emplois important dans la vente, la distribution, le stockage et la logistique.

DÉROULEMENT DE LA SÉANCE

Compétences, capacités, attendus
- *Mettre en relation une photographie et un plan.*
- *Nommer et localiser un lieu dans un espace géographique.*
- *Situer des lieux et des espaces les uns par rapport aux autres.*
- *Extraire des informations pertinentes pour répondre à une question.*
- *Identifier et questionner un document.*
- *Utiliser un lexique géographique approprié.*

DURÉE : 60 minutes environ.

ÉTAPE 1 CARACTÉRISER LES EMPLOIS PRATIQUÉS EN VILLE

DURÉE 15 minutes
ORGANISATION en individuel puis en collectif
MATÉRIEL • fiche activité 1 : le tableau de la répartition des emplois par secteur d'activité économique
• le cahier de brouillon

1) **LISTER DES EMPLOIS PRATIQUÉS EN VILLE.** L'enseignant demande aux élèves d'écrire sur leur cahier de brouillon cinq emplois que l'on pratique en ville. Lors de la mise en commun, il note les propositions des élèves au tableau ; les réponses devraient être diverses. Si cette diversité n'est pas suffisamment marquée, l'enseignant demande aux élèves de trouver cinq emplois supplémentaires qui n'ont pas encore été cités.

2) **CARACTÉRISER LES DIFFÉRENTS TYPES D'EMPLOI PAR SECTEUR ÉCONOMIQUE.** L'enseignant distribue le tableau et pose les questions suivantes :

> **Quels sont les grands secteurs d'activité économique en France ?** *Les secteurs primaire, secondaire, tertiaire et la construction.*

> **Quel est le secteur qui emploie le plus de personnes ?** *Le secteur tertiaire.*

> **Quelles activités trouve-t-on dans le secteur tertiaire ?** *Le commerce et les administrations, les transports, l'hébergement et la restauration, l'information et la communication, les activités financières, les activités immobilières, l'éducation, la santé, l'action sociale.*

> **Dans quel secteur d'activité peut-on classer les emplois listés ensemble ?** *Dans le secteur tertiaire.*

> **Ainsi, quel est le secteur que l'on trouve majoritairement en ville ?** *Le secteur tertiaire.*

CE QUE NOUS AVONS APPRIS

Les emplois en ville appartiennent majoritairement au secteur tertiaire.

Le secteur tertiaire regroupe les emplois du commerce, de l'administration, de l'éducation, de la restauration, de la santé, de l'information, des activités financières et immobilières.

ÉTAPE 2 LIER BÂTI ET ACTIVITÉS ÉCONOMIQUES

DURÉE 15 minutes
ORGANISATION en collectif
MATÉRIEL • fiche activité 2 : 4 photos de sites d'emplois à Lyon

1) **OBSERVER LES PHOTOS DE SITES D'EMPLOIS** à Lyon. Après une observation individuelle et silencieuse, l'enseignant demande aux élèves de relever, sur chaque image, les indices qui renseignent sur les activités pratiquées dans chaque quartier et sur les emplois qui sont liés.
• Sur la première photo (A), on observe des immeubles avec des boutiques au rez-de-chaussée. Dans ce quartier, les emplois sont majoritairement liés au commerce, à la vente (secteur tertiaire).
• Sur la deuxième photo (B), on voit des immeubles vitrés avec des enseignes de banque ou d'assurance. Il s'agit d'immeubles de bureaux où travaillent de nombreux employés (secteur tertiaire).
• Sur la troisième photo (C), on aperçoit un centre commercial avec plusieurs enseignes. Les emplois concernent la vente, la distribution, la logistique (secteur tertiaire).
• Sur la dernière photo (D), on voit des bâtiments bas qui regroupent des entreprises dont on identifie peu la raison sociale. Ici, les emplois appartiennent davantage au secteur secondaire.

Enfin, demander aux élèves :

> **À quel secteur économique appartiennent les activités montrées sur ces photos ?** *Au secteur tertiaire pour la plupart ; seule la photo de la zone industrielle relève du secteur secondaire.*

2) Afin de **LIER BÂTI ET ACTIVITÉS ÉCONOMIQUES**, l'enseignant pose les questions suivantes aux élèves :

> **Dans quels bâtiments trouve-t-on les commerces de centre-ville (photo A) ?** *Au rez-de-chaussée d'immeubles anciens.*

> **Dans quels bâtiments trouve-t-on les bureaux de centre-ville (photo B) ?** *Dans des immeubles récents.*

> **Dans quels bâtiments se trouve la zone commerciale (photo C) ?** *Dans des bâtiments récents construits pour cet usage. Un parking est prévu pour accueillir les visiteurs.*

> **Dans quels bâtiments se trouvent les activités industrielles (photo D) ?** *Dans des bâtiments bas.*

L'enseignant ajoute qu'ils sont construits en dehors du centre-ville dans des zones dédiées.

CE QUE NOUS AVONS APPRIS

En ville, les emplois se situent dans des bâtiments qui varient en fonction des activités qui les occupent et des endroits où ils se trouvent en ville.

ÉTAPE 3 SITUER DES ACTIVITÉS ÉCONOMIQUES SUR UN PLAN

DURÉE 20 minutes
ORGANISATION en collectif
MATÉRIEL
- fiche activité 2 : 4 photos de sites d'emplois à Lyon
- le plan de Lyon étudié en séance 7 (et son corrigé)
- le croquis de Lyon complété en séance 7 (et son corrigé)
- animations : le plan de Lyon animé et le croquis de Lyon animé

1) **REPRENDRE LE PLAN DE LYON** étudié en séance 7 et faire un rappel des informations retenues sur l'habitat : *en ville, les formes de logement varient. Des immeubles anciens sont situés dans le centre historique. Si on s'éloigne du centre, on trouve des immeubles récents ; encore plus loin du centre, des pavillons*.

2) **SITUER LES ZONES D'EMPLOIS SUR LE PLAN.** Demander aux élèves de localiser, sur le plan, les zones d'emplois photographiées, en s'aidant de la légende, de leurs observations et des connaissances acquises au cours de la séance. Ils placent sur leur plan les lettres correspondant à chaque photo étudiée.

Pour faciliter la mise en commun, projeter le plan de Lyon animé : quand on clique sur une lettre, la photo s'affiche.

S'il n'est pas possible de projeter l'animation, afficher le plan de Lyon corrigé au format A3 et placer les photos sur les lettres correspondantes.

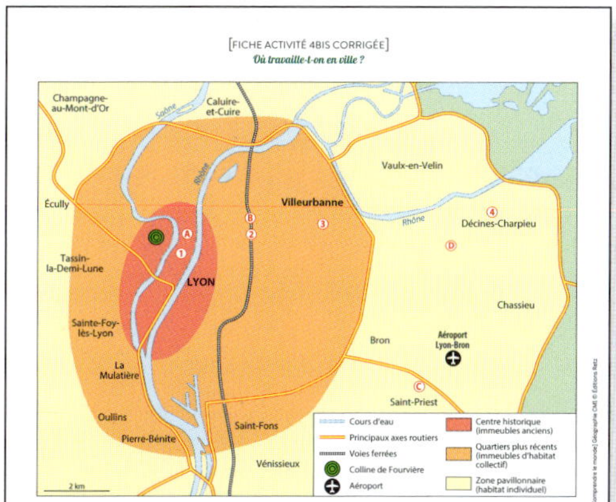

Le croquis de Lyon.

3) **COMPLÉTER LE CROQUIS** réalisé en séance 7 en plaçant les lettres correspondant aux quatre photos. Collectivement, à partir de la localisation faite sur le plan, les élèves, avec l'aide de l'enseignant, situent les photos sur le croquis ; ils écrivent la lettre à l'emplacement de chaque photo.

Pour faciliter la mise en œuvre, on peut utiliser le croquis de Lyon animé (quand on clique sur une lettre, la photo correspondante s'affiche ; les éléments de légende sont toujours actifs).
L'enseignant fait remarquer que la zone commerciale se situe en dehors du centre-ville pour permettre aux habitants d'y accéder en voiture. Cette zone d'emplois nécessite des espaces importants pour les magasins et les parkings. La zone industrielle est loin du centre-ville en raison d'un besoin d'espace, mais aussi des nuisances qu'elle peut générer (bruit, odeur...).

CE QUE NOUS AVONS APPRIS

Les activités économiques d'une agglomération sont organisées en fonction de leur nature.

Les commerces de proximité et les banques se situent plutôt en centre-ville, les zones commerciales en périphérie et les zones industrielles sont éloignées.

ÉTAPE 4 SYNTHÈSE ÉCRITE

DURÉE 10 minutes
ORGANISATION en groupe de 4 puis en collectif

Exemple de trace écrite :

Le principal secteur d'activité économique en ville est le secteur tertiaire.
Une ville est constituée de différents quartiers, avec divers types d'activités, en fonction de la proximité du centre-ville.
En centre-ville, on trouve des commerces de proximité, situés au rez-de-chaussée des immeubles ; les bureaux sont installés dans des immeubles récents construits dans des quartiers d'affaires proches du centre ; les zones commerciales ont été construites en périphérie de la ville ; et les zones industrielles sont situées loin du centre car elles ont besoin d'espaces importants.

[FICHE ACTIVITÉ 1]

Où travaille-t-on en ville ?

Lis ce tableau et réponds aux questions posées par ton enseignant.

SECTEUR D'ACTIVITÉ ÉCONOMIQUE	%
SECTEUR PRIMAIRE Le secteur primaire regroupe l'ensemble des activités dont la finalité consiste en une exploitation des ressources naturelles : agriculture, pêche, forêts, mines, gisements.	2,5 %
SECTEUR SECONDAIRE Le secteur secondaire regroupe l'ensemble des activités consistant en une transformation plus ou moins élaborée des matières premières.	12,4 %
CONSTRUCTION L'activité de construction est une activité de mise en œuvre ou d'installation sur le chantier du client et qui concerne aussi bien les travaux neufs que la rénovation, la réparation ou la maintenance.	6,2 %
SECTEUR TERTIAIRE Le secteur tertiaire recouvre un vaste champ d'activités qui va du commerce à l'administration, en passant par les transports, les activités financières et immobilières, les services aux entreprises et aux particuliers, l'éducation, la santé et l'action sociale.	78,9 %

Répartition des emplois par secteur d'activité économique en 2014.

[FICHE ACTIVITÉ 1]

Où travaille-t-on en ville ?

Lis ce tableau et réponds aux questions posées par ton enseignant.

SECTEUR D'ACTIVITÉ ÉCONOMIQUE	%
SECTEUR PRIMAIRE Le secteur primaire regroupe l'ensemble des activités dont la finalité consiste en une exploitation des ressources naturelles : agriculture, pêche, forêts, mines, gisements.	2,5 %
SECTEUR SECONDAIRE Le secteur secondaire regroupe l'ensemble des activités consistant en une transformation plus ou moins élaborée des matières premières.	12,4 %
CONSTRUCTION L'activité de construction est une activité de mise en œuvre ou d'installation sur le chantier du client et qui concerne aussi bien les travaux neufs que la rénovation, la réparation ou la maintenance.	6,2 %
SECTEUR TERTIAIRE Le secteur tertiaire recouvre un vaste champ d'activités qui va du commerce à l'administration, en passant par les transports, les activités financières et immobilières, les services aux entreprises et aux particuliers, l'éducation, la santé et l'action sociale.	78,9 %

Répartition des emplois par secteur d'activité économique en 2014.

Observe ces photographies et réponds aux questions posées par ton enseignant.

Document A • La rue de la République dans le centre-ville de Lyon.

Document B • Des immeubles modernes de bureaux dans le quartier de la Part-Dieu.

Document C • **La zone commerciale de Auchan Saint-Priest.**

Document D • **La zone industrielle de Décines-Charpieu.**

SÉANCE 9

Quels loisirs en ville ?

L'ESSENTIEL À SAVOIR POUR L'ENSEIGNANT

Le mot « loisir » vient du verbe latin *licere*, qui signifie « il est permis de... ». Le mot désigne aujourd'hui tout ce que l'on peut faire durant son temps libre par opposition au temps consacré au travail. Selon une étude publiée en 2014[1], le temps libre des Français a augmenté de 47 minutes par jour entre 1986 et 2010. Ce temps, d'environ 8 h par tranche de 24 h est consacré à la sociabilité, aux repas, au bricolage, au jardinage, au soin des enfants, au sport, aux activités culturelles... Nous consacrons environ 8 % de nos dépenses aux loisirs. Dans les espaces urbains, les loisirs sont très nombreux et plus une ville est grande plus la gamme des loisirs qu'elle propose est étendue. Voyons quels sont ces différents espaces aménagés pour s'adapter à cette demande croissante d'espaces permettant de s'adonner à ses loisirs favoris.

FAIRE DU SPORT

Les infrastructures sportives (gymnases, stades, piscines, terrains sportifs....) sont très présentes dans les espaces urbains français. Les villes, quels que soient leur rang et leur nombre d'habitants, ont toutes développé des

1. http://www.credoc.fr/pdf/4p/268.pdf

« L'ile de loisirs » à Cergy-Pontoise est un espace aménagé *ex nihilo* au début des années 1970 dans le cadre de la construction de la ville nouvelle de Cergy-Pontoise. Elle est située à 35 km à l'ouest de Paris et est très accessible depuis le réseau RER. Elle accueille donc des habitants de la ville de Cergy et des communes environnantes, mais aussi de nombreux franciliens pendant les vacances et les weekends, car elle possède des équipements rares comme une plage de sable, un téléski nautique ou encore une vague à surf. Comme le montre le plan, la base est pensée comme un espace clos sur le modèle du parc d'attractions. C'est un espace de loisirs qui se veut donc hors du temps et hors du reste du monde...

aménagements et des politiques visant à favoriser la place des équipements sportifs ainsi que leur accessibilité, en particulier pour les plus jeunes.

Par ailleurs, les villes favorisent, de plus en plus, les pratiques sportives urbaines comme le vélo, le running, la randonnée urbaine. L'aménagement de vastes trottoirs ou de zones piétonnes, de pistes cyclables permettent de donner une meilleure place aux cyclistes et aux piétons. Par ailleurs, les parcs et bois à proximité des villes sont autant d'espaces aménagés pour le sport, grâce à des parcours sportifs ou bien encore à l'aménagement de bases de loisirs.

Enfin, dans les villes, s'importent aussi les pratiques du tourisme balnéaire, avec l'aménagement ponctuel de plages. Sur le modèle de l'opération Paris Plage initiée en 2002, des villes comme Lille, Toulouse, Amiens, transforment leur centre en un espace de loisirs balnéaires : plages de sable, transats, buvettes, espaces pour se baigner, terrains de beach-volley...

SE CULTIVER

Plus que tout autre lieu, la ville par son patrimoine, ses monuments, ses musées et ses équipements culturels (bibliothèques, médiathèques, cinémas, festivals de musique...) est un espace privilégié pour se cultiver. Il ne s'agit pas seulement d'infrastructures, mais aussi de politiques incitatives mises en place par les collectivités territoriales pour permettre au plus grand nombre d'accéder à ces équipements : tarifs réduits et gratuité, campagnes de communication... Grâce à des évènements temporaires comme des festivals, des biennales, des « nuits » (la nuit des musées, par exemple) ou des fêtes, les villes mettent en lumière leur patrimoine et la diversité culturelle qui les anime.

La ville est aussi un espace qui favorise les rencontres, les balades et les échanges. Se promener en ville selon un itinéraire choisi, rencontrer des amis dans un bar ou un café pour discuter font également partie des loisirs urbains. La flânerie dans des lieux verdoyants, tranquilles, bénéficiant d'un beau point de vue sont valorisés par le marketing urbain, comme le montre l'interview ci-dessous.

L'offre muséale d'une métropole française, Lyon

Interview de Camille Pantano

Quels sont les musées incontournables à Lyon ?

C'est une ville très riche à ce niveau-là, il y a des musées pour tous les gouts et tous les publics ! Pour les amateurs d'art, il faut aller voir notre magnifique musée des Beaux-Arts, il présente une très belle collection. Le musée d'Art contemporain est lui aussi très intéressant, il expose des artistes très connus et a su s'adapter au grand public.

Pour découvrir les 2000 ans d'histoire de Lyon, vous pouvez visiter le musée Gadagne et le musée gallo-romain. Le musée des tissus fait aussi partie des incontournables.

En famille, je vous conseille d'aller à l'Institut des Frères Lumière qui raconte l'histoire du cinéma de façon très ludique, et au musée Gadagne pour admirer la collection de marionnettes.

Enfin, dans un style plus original, le musée urbain Tony Garnier présente, sur les HLM d'un quartier années 1930, des fresques murales qui retracent le travail de l'architecte. (...)

Deux endroits sont particulièrement agréables pour flâner : la magnifique cour du palais des Beaux-Arts, havre de paix au cœur de la presqu'île, et le jardin suspendu du musée Gadagne avec sa vue magique sur les toits du Vieux-Lyon.

Extrait du site http://www.lyon-france.com/

DÉROULEMENT DE LA SÉANCE

Compétences, capacités, attendus

- *Mettre en relation une photographie et un plan.*
- *Nommer et localiser un lieu dans un espace géographique.*
- *Situer des lieux et des espaces les uns par rapport aux autres.*
- *Extraire des informations pertinentes pour répondre à une question.*
- *Identifier et questionner un document.*
- *Utiliser un lexique géographique approprié.*
- *Organiser son travail dans le cadre d'un groupe pour élaborer une tâche commune et mettre à la disposition des autres ses compétences.*

DURÉE : 60 minutes environ.

ÉTAPE 1 RÉPERTORIER LES ESPACES DE LOISIRS EN VILLE

DURÉE 15 minutes
ORGANISATION en individuel et collectif
MATÉRIEL • fiche activité 1 : un tableau de classement des loisirs urbains (et son corrigé)
• le cahier de brouillon

1) **LISTER DES LOISIRS PRATIQUÉS EN VILLE.** L'enseignant demande aux élèves d'écrire sur leur cahier de brouillon cinq loisirs qu'ils pratiquent dans leur ville ou dans une ville proche.
Lors de la mise en commun, il note les propositions des élèves au tableau ; les réponses devraient être diverses. Si cette diversité n'est pas suffisamment marquée, l'enseignant incite les élèves à trouver cinq loisirs supplémentaires. Les loisirs proposés par les élèves peuvent être : natation (piscine), football, basketball, handball et autres sports pratiqués dans un gymnase, escrime, judo et autres sports de combat, danse, lecture (en bibliothèque), musique ou solfège (en conservatoire), cinéma, théâtre, concert, arts plastiques, visite de musée, visite de zoo...
L'enseignant propose ensuite de trouver un classement simple pour les loisirs listés. Les deux catégories les plus citées par les élèves devraient être « loisirs sportifs et loisirs culturels ».
Les zoos ou aquariums pourront être classés dans les loisirs culturels ou seront classés dans une troisième catégorie, que l'on peut nommer « autres loisirs ».

2) **CLASSER LES LOISIRS DANS UN TABLEAU.** L'enseignant distribue la fiche activité 1 et demande aux élèves :

> **Complétez la colonne « activité » en fonction de la catégorie de loisirs : sportifs ou culturels.**
Lors de la mise en commun, identifier les lieux où sont pratiqués ces loisirs et compléter collectivement la troisième colonne du tableau.

CE QUE NOUS AVONS APPRIS

Les loisirs sont très présents en ville. Il existe deux grands types de loisirs urbains : les loisirs sportifs et les loisirs culturels. Les deux nécessitent des lieux spécifiques.

ÉTAPE 2 LOCALISER DES LIEUX DE LOISIRS SUR UN PLAN

DURÉE 15 minutes
ORGANISATION en collectif
MATÉRIEL • fiche activité 2 : un plan des lieux de loisirs à Lyon[2]

1) **OBSERVER LE PLAN DE LYON** collectivement et demander aux élèves :

> **Quelle est la nature de ce document ?** *Il s'agit d'un plan de Lyon.*

> **Qu'indique ce plan de Lyon ?** *On y voit la localisation de quelques lieux de loisirs dans la ville.*

> **Comment sont indiqués les différents lieux de loisirs sur ce plan ?** *Par des dessins (des icones). Il y a aussi des photos qui illustrent certains lieux.*

> **Quels bâtiments occupent ces différents lieux de loisirs ?**
L'enseignant guide les réponses des élèves et donne des compléments d'information pour aboutir à cette synthèse : les lieux de loisirs culturels occupent le plus souvent des bâtiments anciens, localisés en centre-ville. Ces bâtiments historiques sont depuis longtemps dédiés à la culture. Cependant, certains sont situés dans des bâtiments récents, construits exprès pour cela,

2. Sur ce plan sont localisés quelques lieux de loisirs à Lyon ; bien entendu, cette liste n'est pas exhaustive. L'objectif est de montrer que les différents types de loisirs sont présents sur l'agglomération lyonnaise : musées, monuments historiques, lieux de spectacle, espaces verts, lieux sportifs. La liste est volontairement restreinte pour que le plan reste lisible.

comme le musée des Confluences, par exemple. La culture a alors pour mission de redynamiser un quartier. Les loisirs sportifs, quant à eux, se pratiquent dans des lieux dédiés, plutôt récents.

2) SITUER LES DIFFÉRENTS LIEUX DE LOISIRS dans l'espace urbain.

> **Où se situent ces sites ?** *Ces sites sont répartis sur l'ensemble du territoire urbain. Les musées sont situés dans le centre-ville, sauf le musée des Confluences.*
L'enseignant précise que ce musée est récent ; il a été installé sur une friche industrielle à la pointe de la presqu'ile sur laquelle se trouvait un boulodrome qui a été détruit.

CE QUE NOUS AVONS APPRIS

Les espaces culturels et de loisirs sont présents sur l'ensemble de la ville, avec une concentration dans le centre.

ÉTAPE 3 IMPLANTER UN NOUVEAU STADE EN VILLE

DURÉE 20 minutes
ORGANISATION en individuel, par groupe de 4, puis en collectif
MATÉRIEL • fiche activité 3 : un texte sur le nouveau stade de Lyon avec un plan de Lyon (et son corrigé)
• le croquis construit en séances 7 et 8.

1) LIRE LE TEXTE individuellement et silencieusement. Puis poser la problématique aux élèves, réunis par groupes de 4 :

> **Où pouvait-on construire un nouveau stade de football dans l'agglomération lyonnaise ?**
Pour répondre à cette question, inviter les élèves à regarder le plan de Lyon sous le texte. Dans un premier temps, localiser le stade de Gerland, puis demander aux élèves d'identifier la meilleure zone pour implanter ce nouveau complexe sportif.
Préciser que ce grand site nécessite de la place, mais doit aussi bénéficier d'une position stratégique par rapport au réseau de transport, permettant à un maximum de personnes de s'y rendre. Inviter les élèves à consulter le croquis construit lors des séances précédentes afin de respecter les contraintes territoriales : il ne s'agirait pas de construire ce grand stade au cœur d'une zone très habitée.

2) METTRE EN COMMUN. Un porte-parole expose la proposition de chaque groupe. Comparer les propositions et retenir celle qui semble la plus appropriée : une zone encore peu urbanisée, mais bénéficiant déjà d'un bon réseau de communication. L'enseignant indique aux élèves où se situe véritablement le Parc Olympique Lyonnais, en affichant le plan concerné. Collectivement, la classe justifie le choix de cet emplacement, lié à la nécessité d'avoir un terrain important à proximité de la ville dans une zone non (ou peu) bâtie. Ce terrain devait aussi se situer à proximité de routes et du réseau de transport pour faciliter la venue des spectateurs[3].

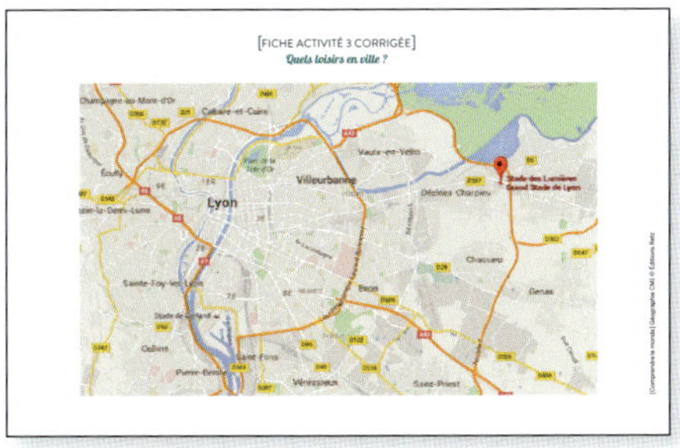

3. Pour illustrer la mise en commun, l'enseignant peut se référer au site www.olweb.fr qui propose des images 3D du stade et de son implantation.

CE QUE NOUS AVONS APPRIS

Les nouveaux complexes sportifs ou de loisirs nécessitent un espace important pour s'implanter. Ils sont situés à proximité des réseaux de communication pour faciliter la venue des spectateurs ou des pratiquants qui doivent pouvoir garer leur voiture ou utiliser facilement les transports en commun.

ÉTAPE 4 TRACE ÉCRITE

DURÉE 10 minutes
ORGANISATION en collectif

Exemple de trace écrite

La ville ne propose pas seulement à ses habitants de se loger et de travailler. Ils peuvent aussi avoir des loisirs sportifs ou culturels. Ces lieux se répartissent sur tout l'espace urbain.

En général, lorsqu'une ville souhaite installer de nouveaux complexes sportifs ou de loisirs, elle doit le faire en dehors du centre-ville pour trouver l'espace nécessaire.

Complète ce tableau.

<table>
<tr><th colspan="3">LES LOISIRS EN VILLE</th></tr>
<tr><th>TYPE</th><th>ACTIVITÉ</th><th>LIEU</th></tr>
<tr><td rowspan="6">LES LOISIRS SPORTIFS</td><td></td><td></td></tr>
<tr><td></td><td></td></tr>
<tr><td></td><td></td></tr>
<tr><td></td><td></td></tr>
<tr><td></td><td></td></tr>
<tr><td></td><td></td></tr>
<tr><td rowspan="6">LES LOISIRS CULTURELS</td><td></td><td></td></tr>
<tr><td></td><td></td></tr>
<tr><td></td><td></td></tr>
<tr><td></td><td></td></tr>
<tr><td></td><td></td></tr>
<tr><td></td><td></td></tr>
</table>

Observe ce plan et réponds aux questions de ton enseignant.

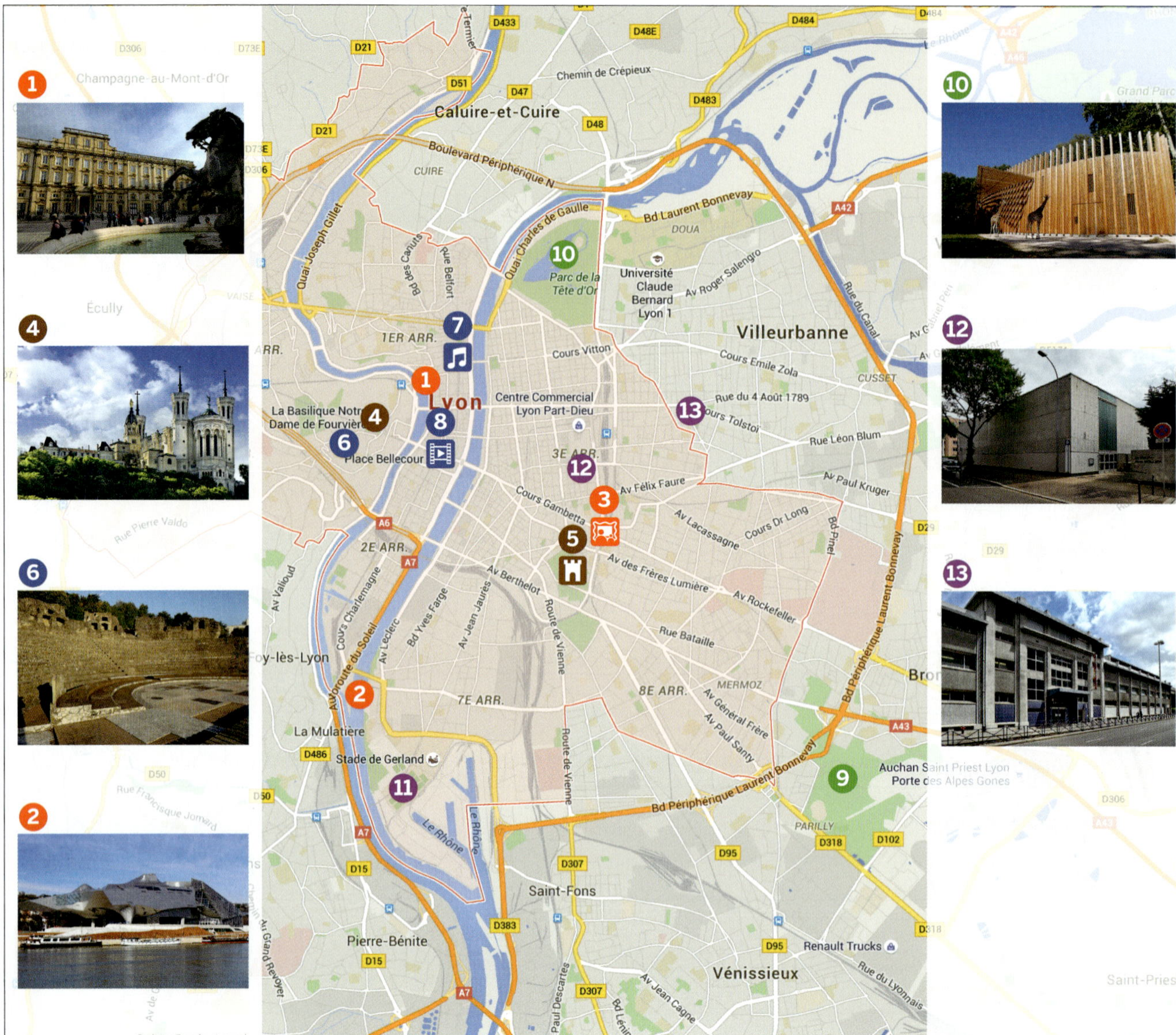

Les musées

1. Le musée des Beaux-Arts
2. Le musée des Confluences
3. Le Musée africain

Les monuments historiques

4. La basilique de Fourvière
5. Le château Lamothe

Les lieux de spectacle

6. Le théâtre antique de Fourvière
7. L'Opéra de Lyon
8. Un cinéma

Les espaces verts

9. Le parc de Parilly
10. Le parc de la Tête-d'Or

Les lieux sportifs

11. Le stade de Gerland
12. Le gymnase Jean Mollier
13. La piscine Garibaldi

Lis ce texte. Puis, sur le plan de Lyon, indique l'emplacement idéal pour le nouveau complexe sportif à Lyon.

Le stade de Gerland est le stade historique de l'Olympique Lyonnais, le club de football professionnel de la ville. Ce stade a été construit en 1926 et compte 41 000 places. Il y a quelques années, le club a souhaité construire un stade plus grand (avec plus de 59 000 places) au cœur d'un complexe ouvert 365 jours par an. En plus du stade, ce complexe réunit le centre d'entrainement de l'équipe professionnelle, deux hôtels, un centre de loisirs, un centre de remise en forme et de l'immobilier de bureaux.

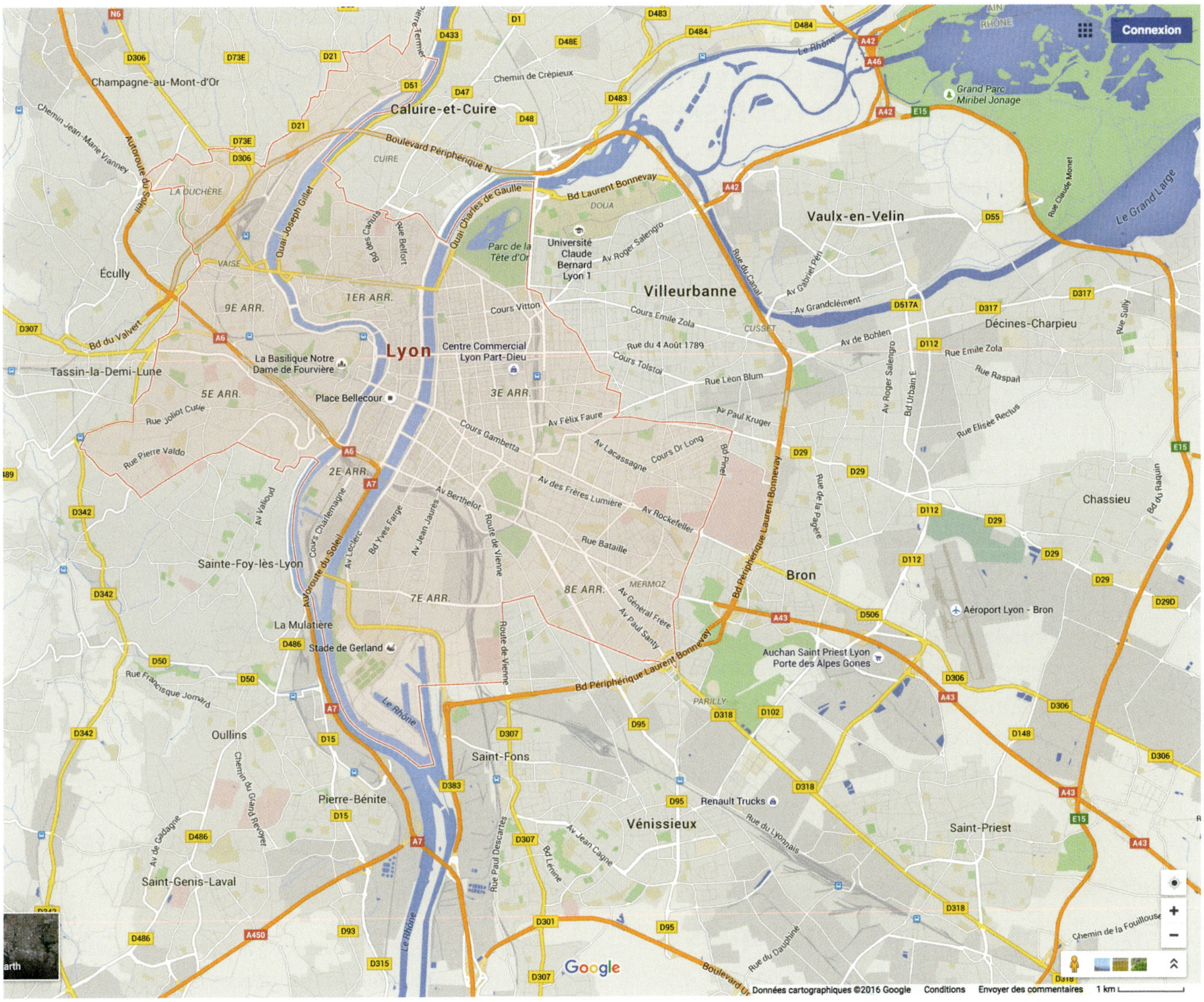

SÉANCE 10

Où se situent les principales zones touristiques en France ?

L'ESSENTIEL À SAVOIR POUR L'ENSEIGNANT

Première destination touristique au monde, la France a accueilli 83,8 millions de touristes en 2014[1], suivie de près par l'Espagne, l'Italie et l'Allemagne. Les apports du tourisme représentent 7,4 % du PIB.

QUELS SONT LES ÉLÉMENTS FAVORABLES AU TOURISME EN FRANCE ?

La France bénéficie de **conditions géographiques** exceptionnelles : les climats sont favorables ; les paysages sont variés ; les littoraux sont étendus sur 5 500 km de côtes, le long de trois façades maritimes (Méditerranée, Atlantique et Manche, mer du Nord) ; les espaces montagneux sont vastes ; les campagnes bénéficient de paysages contrastés.

Le **patrimoine culturel**, artistique, architectural lié à l'histoire offre une multitude de sites : châteaux, édifices religieux, villes anciennes, monuments célèbres, sites préhistoriques, témoins industriels...

Les **traditions ancestrales** engendrent un mode de vie spécifique (gastronomie, œnologie, produits et artisanat traditionnels).

Enfin, le **réseau de transports étendu** facilite les déplacements sur l'ensemble du territoire.

Les équipements touristiques sont donc nombreux et performants, et les lieux touristiques extrêmement diversifiés.

QUELLE FRÉQUENTATION DES LIEUX TOURISTIQUES ?

Elle varie en fonction des lieux :

– En bord de mer, l'offre touristique est différente en fonction des littoraux. Sur les façades atlantique et méditerranéenne, elle est très forte, alors qu'elle est moindre sur les côtes de la Manche et de la mer du Nord.

– Le tourisme rural bénéficie de la diversité des sites et du patrimoine ; il représente près d'un tiers de la fréquentation touristique française.

– Quant au domaine skiable montagnard, très fréquenté, il est un des atouts majeurs du tourisme français.

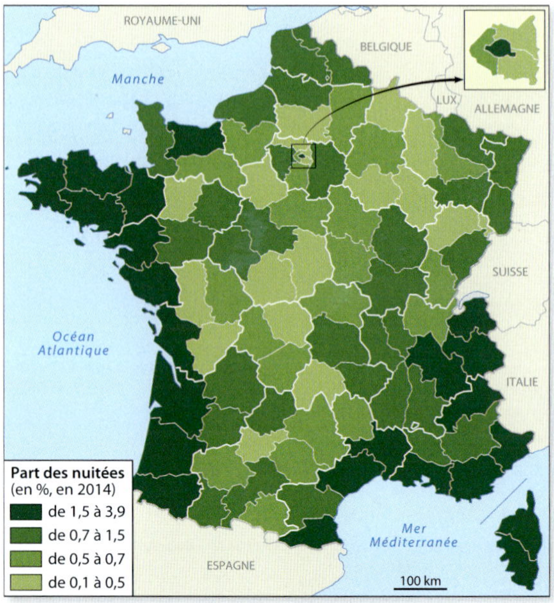

Source : *Mémento du tourisme*, 2015.

Les déplacements touristiques en 2014.

QUELLE PROTECTION POUR LES ZONES TOURISTIQUES ?

Pour beaucoup, les zones touristiques sont des espaces fragiles, qui doivent être protégés. Divers mécanismes ont été mis en place : parcs nationaux, réserves naturelles, conservatoire du littoral, lois « montagne » (1985), loi « littoral » (1986). Il s'agit, pour le tourisme « de s'adapter aux principes du développement durable »[2].

1. *Mémento du Tourisme*, 2015 (http://www.entreprises.gouv.fr/etudes-et-statistiques/memento-du-tourisme-edition-2015).

2. MERLIN P., *Tourisme et aménagement touristique, Des objectifs inconciliables ?*, la Documentation française, 2008.

QUELLES INITIATIVES RÉCENTES POUR ATTIRER LES TOURISTES ?

L'activité touristique constitue un facteur de développement des territoires. Après les Assises du tourisme en 2015, des contrats de destination ont été mis en place pour créer un label autour d'un territoire, réunissant les pouvoirs publics et les acteurs privés du tourisme, avec une thématique donnée ; par exemple : la Grande Guerre et le tourisme de mémoire en Normandie.

➔ Le savez-vous ?

En 2015, la France comptait 41 sites classés au patrimoine mondial de l'humanité par l'Unesco, dont 37 culturels (vignoble de Bourgogne...), trois naturels (paysages de l'Ile de La Réunion...) et un mixte : les Pyrénées et le Mont Perdu.
Entre Bretagne et Normandie, l'abbaye du Mont-Saint-Michel construite au Moyen Âge, sur un ilot rocheux au milieu d'une baie, est classé au patrimoine mondial par l'Unesco depuis 1979.

DÉROULEMENT DE LA SÉANCE

Compétences, capacités, attendus
- ***Connaitre les principaux espaces et pôles touristiques en France.***
- ***Nommer et localiser un lieu dans un espace géographique.***
- ***Nommer, localiser et caractériser des espaces.***
- ***S'approprier un lexique géographique.***
- ***Extraire des informations pertinentes d'un document.***
- ***Émettre des hypothèses.***

DURÉE : 60 minutes environ.

ÉTAPE 1 COMPRENDRE LA NOTION DE TOURISME

DURÉE 15 minutes
ORGANISATION en collectif

En amont de cette séance, afin de recenser les lieux touristiques fréquentés par les élèves, leur demander d'apporter des photos personnelles de leur(s) lieu(x) de vacances en France (DROM compris).

1) **OBSERVER LES PHOTOS** regroupées au tableau ou sur un panneau. L'enseignant interroge les élèves :

> **Ces photos sont celles des lieux où vous avez passé vos vacances ou que vous avez visités. Que représentent-elles ?**

Les réponses seront certainement diverses : la plage, un village médiéval, un objet photographié dans un musée, un parc animalier, un château, un paysage de montagne...
Noter les réponses au tableau et demander aux élèves comment on pourrait les classer.
Les élèves proposeront certainement les critères de classement suivants : mer/ montagne/ campagne/ ville, mais aussi musées, châteaux, parcs... qu'on acceptera en sous-classement.

2) CLASSER LES PHOTOS selon ces critères afin de caractériser les types de tourisme en France et de constater la variété des lieux touristiques. L'enseignant donne le sens du terme *touristique* et précise que les visiteurs de ces lieux sont des *touristes* ; il introduit également le terme *tourisme*. Les élèves se sont déplacés de façon temporaire, en dehors de leur lieu habituel de résidence, pour des activités de loisirs.

CE QUE NOUS AVONS APPRIS

Les élèves de notre classe sont partis en vacances dans des régions de France différentes.

Nous avons visité des lieux variés. Nous avons fait du tourisme.

ÉTAPE 2 — LIRE UNE CARTE DES LIEUX TOURISTIQUES EN FRANCE

DURÉE 20 minutes
ORGANISATION en collectif
MATÉRIEL • fiche activité 1 : la carte des espaces et lieux touristiques en France
• animation : la carte animée des espaces et lieux touristiques en France
• la carte de France murale.

1) OBSERVER LA CARTE des espaces et lieux touristiques en France, collectivement. L'enseignant rappelle le rôle de la légende et analyse avec les élèves les différents éléments de celle-ci :

> Quelles indications apporte la légende de cette carte ?

Elle renseigne sur les différentes zones de tourisme et le type de tourisme pratiqué en France et dans les régions d'outre-mer. On distingue :

– le **tourisme en bord de mer**, dit « balnéaire », avec des zones de forte densité (sur la côte atlantique du sud-ouest, la côte provençale et au sud-est de la Corse) et des zones plus discontinues sur les autres côtes (en Bretagne, en Normandie, dans les Hauts-de-France, au sud-ouest de la Corse, en Guadeloupe, en Martinique et à La Réunion...) ;

– le **tourisme en montagne** dans les Vosges, le Jura, les Alpes, le Massif central et les Pyrénées, avec des stations qui accueillent les touristes été comme hiver – on notera que le centre de l'ile de La Réunion bénéficie aussi d'un tourisme de montagne ;

– le **tourisme vert** en Normandie, en Bretagne intérieure, dans le Centre, en Auvergne et dans les Cévennes, en Corse, en Guadeloupe, en Guyane..., qui est centré sur la découverte de la nature (parcs naturels, volcans, marais...) ;

– le **tourisme culturel**, lié à la découverte du patrimoine, pratiqué dans de nombreuses régions et dans les villes (Val de Loire, Paris...) ;

– les principaux **sites remarquables** classés par l'Unesco au patrimoine mondial, comme le Mont-Saint-Michel ou les grottes de Lascaux ;

– enfin, les principaux **parcs d'attractions**, comme Disneyland Paris, qui relèvent du tourisme récréatif.

Tous ces lieux sont mis en valeur sur la carte animée : quand on clique sur un élément de légende, il s'affiche en surbrillance.

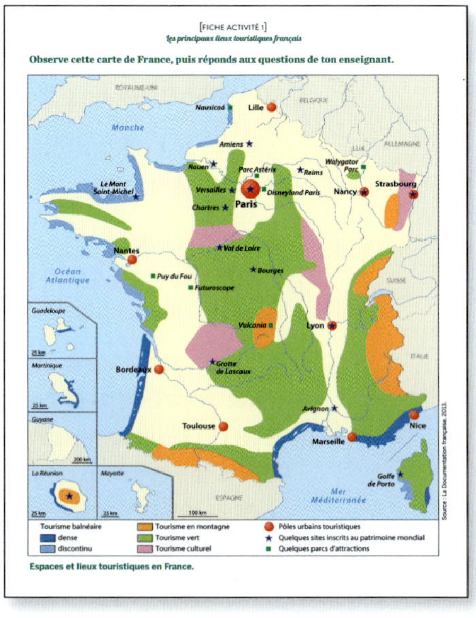

2) ÉMETTRE DES HYPOTHÈSES sur les raisons de cette richesse touristique. Engager un débat dans la classe en posant la question :

> Pourquoi y a-t-il autant de lieux touristiques en France ?

En s'appuyant sur la carte, l'enseignant cite les atouts du territoire qui attirent les touristes : la variété des paysages, la longueur du littoral, les différents types de relief, la richesse du passé historique, les nombreux équipements touristiques. Il ajoute que les réseaux de transport (routier, ferroviaire, aérien) développés facilitent l'accès aux sites touristiques et permettent leur croissance.

CE QUE NOUS AVONS APPRIS

En France, les formes de tourisme sont variées : tourisme balnéaire sur le littoral, tourisme montagnard, tourisme vert à la campagne, tourisme urbain.

Les territoires d'outre-mer sont aussi des espaces touristiques importants.

Les activités touristiques peuvent être diverses : visite de monuments, de musées, de sites exceptionnels, de parcs d'attractions, activités sportives... On distingue ainsi le tourisme culturel du tourisme récréatif.

ÉTAPE 3 LOCALISER LES SITES TOURISTIQUES LES PLUS VISITÉS

DURÉE 15 minutes
ORGANISATION en collectif, en binômes, puis de nouveau en collectif
MATÉRIEL • fiche activité 2 : un tableau et une carte de France à compléter (et son corrigé)

1) **OBSERVER LE TABLEAU** collectivement. Revenir sur les notions de tourisme récréatif et tourisme culturel. Citer les cinq sites récréatifs les plus visités en France en 2014 et constater que deux se situent en Ile-de-France, un dans les Hauts-de-France (non loin de la région parisienne), un autre dans les Pays de la Loire, et un en Nouvelle-Aquitaine.
Citer ensuite les cinq sites culturels les plus visités et remarquer qu'il s'agit de trois musées et deux monuments, tous situés en Ile-de-France (dont quatre à Paris même).

2) Demander aux élèves, par groupe de deux, de **LOCALISER CES SITES** et d'écrire leur nom sur la carte de France de la fiche activité 2. Choisir une couleur pour les sites culturels et une autre pour les sites récréatifs et indiquer la légende. Lors de la mise en commun, s'assurer que chacun a bien rempli sa carte.

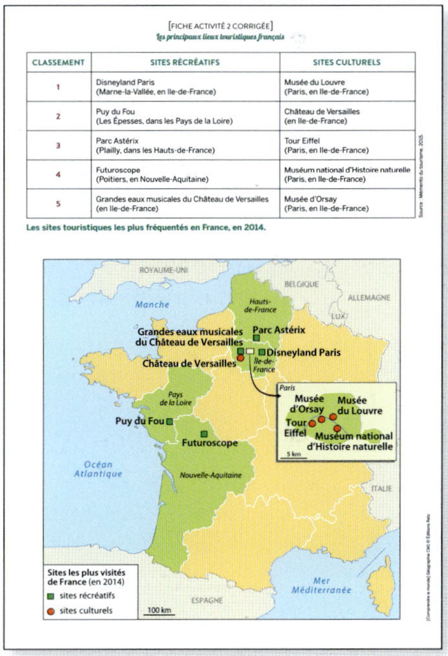
[FICHE ACTIVITÉ 2 CORRIGÉE]
Les principaux lieux touristiques français

CLASSEMENT	SITES RÉCRÉATIFS	SITES CULTURELS
1	Disneyland Paris (Marne-la-Vallée, en Ile-de-France)	Musée du Louvre (Paris, en Ile-de-France)
2	Puy du Fou (Les Épesses, dans les Pays de la Loire)	Château de Versailles (en Ile-de-France)
3	Parc Astérix (Plailly, dans les Hauts-de-France)	Tour Eiffel (Paris, en Ile-de-France)
4	Futuroscope (Poitiers, en Nouvelle-Aquitaine)	Muséum national d'Histoire naturelle (Paris, en Ile-de-France)
5	Grandes eaux musicales du Château de Versailles (en Ile-de-France)	Musée d'Orsay (Paris, en Ile-de-France)

Les sites touristiques les plus fréquentés en France, en 2014.

CE QUE NOUS AVONS APPRIS

Parmi les sites touristiques culturels et récréatifs les plus visités en France, beaucoup sont situés à Paris et en Ile-de-France, ce qui explique l'attrait de la capitale par les touristes.

ÉTAPE 4 SYNTHÈSE

DURÉE 10 minutes
ORGANISATION en collectif

Exemple de trace écrite

Les régions où nous passons nos vacances sont nombreuses. Moi, je pars... (*citer la région*). J'ai visité... (*citer les lieux*). J'ai fait du tourisme.
Les formes de tourisme sont variées : tourisme balnéaire (au bord de la mer), tourisme montagnard, tourisme vert à la campagne, tourisme urbain (dans les villes), visite des monuments, des musées, des sites exceptionnels (tourisme culturel), des parcs d'attractions (tourisme récréatif).
Paris et la région Ile-de-France ont un fort attrait touristique grâce à leurs sites culturels et récréatifs.

Lexique

Tourisme : Faire du tourisme, c'est voyager et résider, pour son plaisir, dans des lieux de vie inhabituels et pour une période limitée dans le temps. Le tourisme désigne toutes les activités liées aux déplacements des touristes.
Touriste : personne qui voyage pour son plaisir pendant une période limitée.
Touristique : qui concerne les activités des touristes (voyage, séjour...) ; qui attire les touristes (sites remarquables, villes...).

PROLONGEMENTS POSSIBLES

- Rechercher sur Internet des photos des zones touristiques citées dans cette séance.
- Étudier les espaces et les pôles touristiques de la région de l'école.

Observe cette carte de France, puis réponds aux questions de ton enseignant.

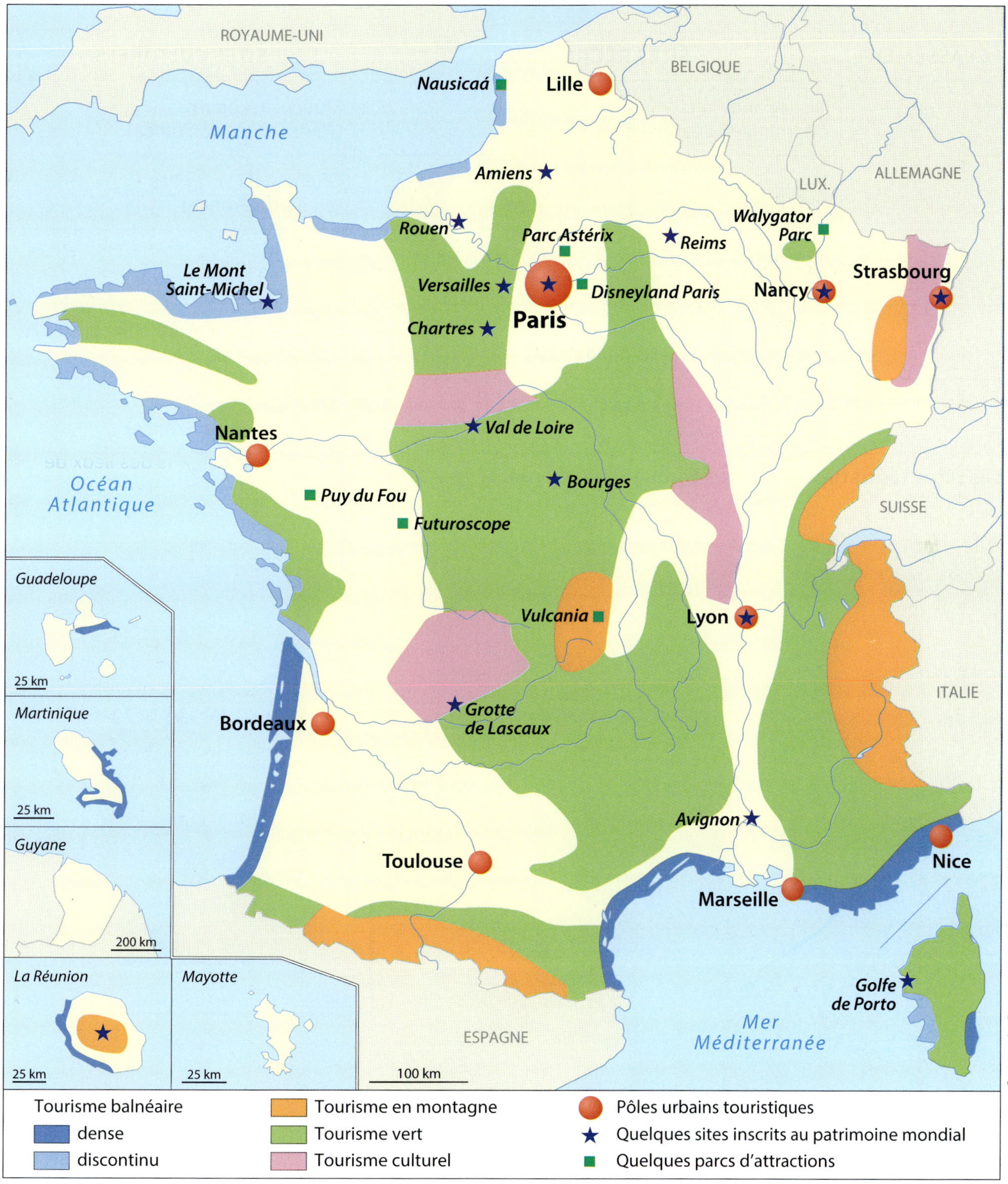

Espaces et lieux touristiques en France.

À l'aide des informations données dans le tableau, localise les sites touristiques les plus visités en France sur la carte.

CLASSEMENT	SITES RÉCRÉATIFS	SITES CULTURELS
1	Disneyland Paris (Marne-la-Vallée, en Ile-de-France)	Musée du Louvre (Paris, en Ile-de-France)
2	Puy du Fou (Les Épesses, dans les Pays de la Loire)	Château de Versailles (en Ile-de-France)
3	Parc Astérix (Plailly, dans les Hauts-de-France)	Tour Eiffel (Paris, en Ile-de-France)
4	Futuroscope (Poitiers, en Nouvelle-Aquitaine)	Muséum national d'Histoire naturelle (Paris, en Ile-de-France)
5	Grandes eaux musicales du Château de Versailles (en Ile-de-France)	Musée d'Orsay (Paris, en Ile-de-France)

Source : Mémento du tourisme, 2015.

Les sites touristiques les plus fréquentés en France, en 2014.

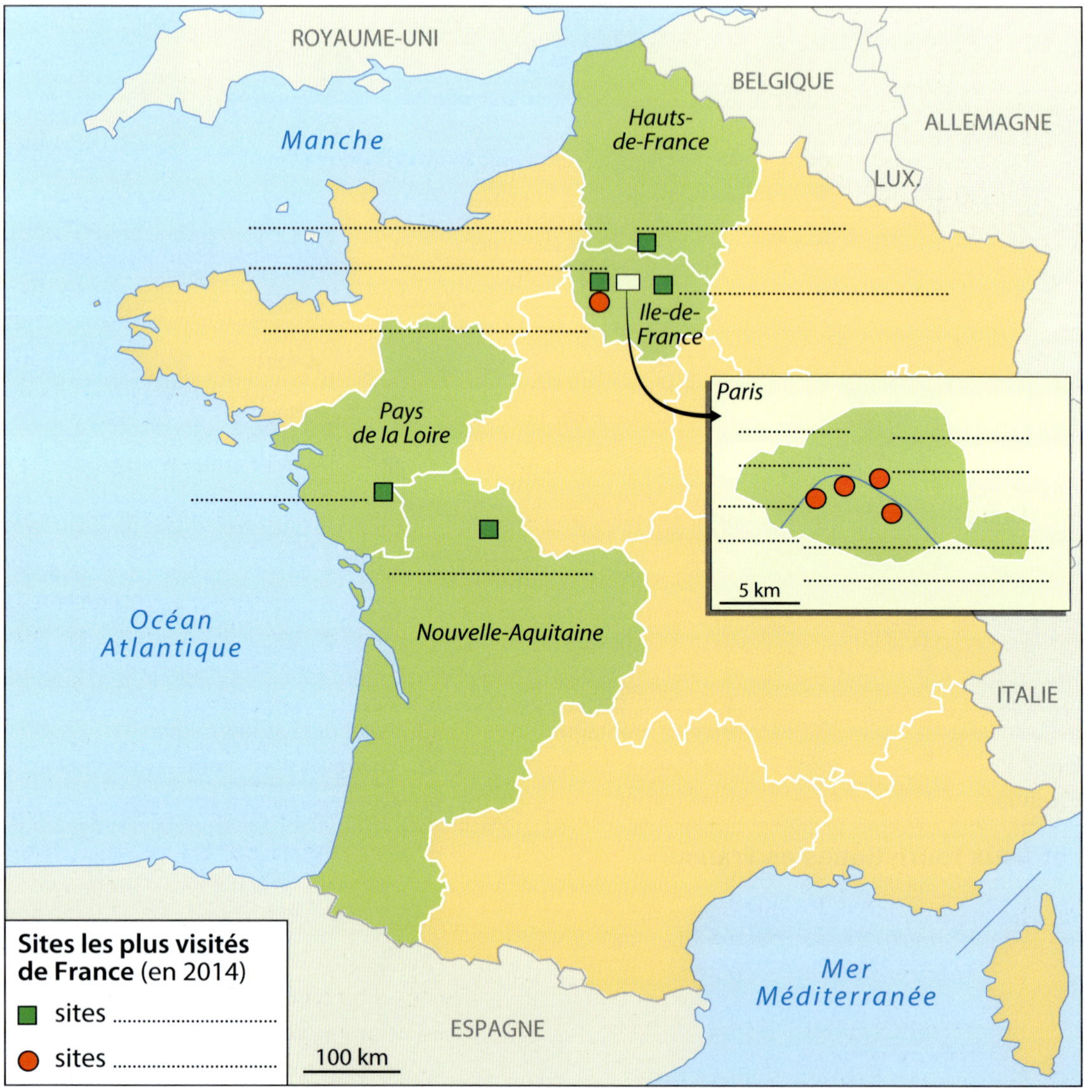

SÉANCE 11

Où se loge-t-on en vacances ?

L'ESSENTIEL À SAVOIR POUR L'ENSEIGNANT

QUELS TYPES D'HABITAT POUR LES VACANCES ?

La France dispose de **nombreuses formes d'hébergement** pour les touristes : hôtels, auberges de jeunesse, résidences de tourisme, villages de vacances, campings, parcs résidentiels de loisirs (hôtellerie de plein air), locations saisonnières, chambres d'hôtes. Tous, hormis les auberges de jeunesse et les chambres d'hôtes, bénéficient d'un classement par étoiles (1 à 5) mis à jour en 2009.

Il faut ajouter à cette liste les résidences secondaires, qui sont bien souvent des lieux de vacances.

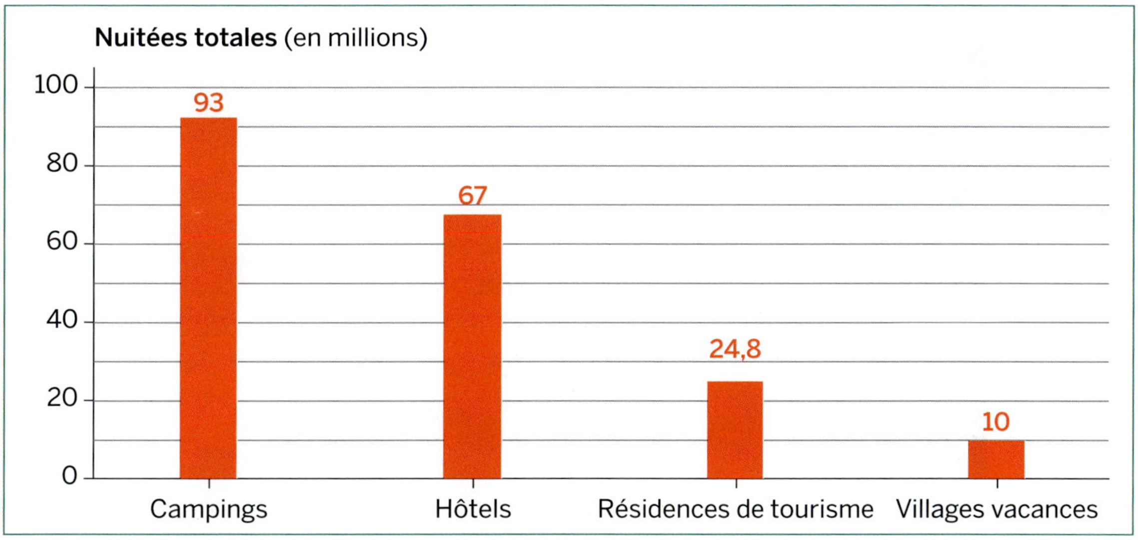

La fréquentation des différents types d'hébergement, en France métropolitaine, au 3e trimestre 2015.

COMMENT ÉVOLUE LA FRÉQUENTATION DES HÉBERGEMENTS TOURISTIQUES ?[1]

En 2015, notamment au 3e trimestre (donc l'été), la fréquentation touristique dans les hôtels, campings et autres hébergements collectifs progresse en France métropolitaine.

L'accroissement le plus marqué concerne les hôtels haut de gamme (4 ou 5 étoiles), surtout fréquentés par les touristes étrangers. Par ailleurs, les hôtels appartenant à des chaines qui ont adopté les nouvelles normes attirent une clientèle plus nombreuse que celle des hôtels indépendants.

Parmi les autres hébergements, la fréquentation des résidences de vacances progresse elle aussi, mais ce sont surtout les campings qui sont privilégiés par les touristes français qui y choisissent les emplacements avec hébergement.

On constate une hausse des taux d'occupation moyenne dans toutes les catégories par rapport à l'année précédente, avec toutefois une durée moyenne de séjour en légère baisse dans chacun d'entre eux.

1. La fréquentation touristique dans les hôtels, campings et autres hébergements touristiques au 3e trimestre 2015, INSEE, Informations Rapides, 25 novembre 2015, n° 288.

HÉBERGEMENT TOURISTIQUE ET DÉVELOPPEMENT DU TERRITOIRE

Dans leur projet d'**urbanisme et d'aménagement du territoire**, les communes touristiques créent de nouvelles offres, réhabilitent les équipements existants afin de proposer une offre de qualité, en particulier pour les hébergements. L'afflux touristique croissant doit être pris en compte par les territoires : les élus, les décideurs, les opérateurs locaux sont confrontés aux problèmes de développement des stations, dans la perspective de l'économie touristique locale et dans le respect de l'environnement. Ainsi sont mis en place des concepts de stations innovants ; par exemple, en Nouvelle Aquitaine, tenant compte du recul du trait de côte, la région propose de nouveaux systèmes de contact entre propriétaires d'hébergements touristiques et locataires, la rénovation des structures existantes, de nouvelles offres haut de gamme, des *resorts* thématiques conjuguant hébergements et activités...[2]

2. Région Aquitaine, Étude prospective tourisme 2020-2040 (http://www.aquitaine.fr/actions/territoire-durable-et-solidaire/tourisme).

Un camping avec piscine, aménagé dans la forêt au bord de l'océan, à Labenne, en Nouvelle-Aquitaine.

DÉROULEMENT DE LA SÉANCE

Compétences, capacités, attendus

- *Connaitre les différents types d'habitat saisonnier de vacances.*
- *Comprendre le caractère temporaire de ces lieux de vie.*
- *Nommer et localiser un lieu dans un espace géographique.*
- *Écrire pour communiquer et échanger.*
- *Comprendre le sens d'un document, l'identifier, extraire des informations pertinentes pour répondre à une question.*
- *Travailler en groupe pour produire un document collectif.*
- *Mobiliser et réinvestir le vocabulaire.*

DURÉE : 60 minutes environ.

ÉTAPE 1 RECENSER LES DIFFÉRENTS HABITATS DE VACANCES

DURÉE 10 minutes
ORGANISATION en collectif

INTERROGER LES ÉLÈVES sur leurs habitudes en vacances :

> **Où habitez-vous quand vous partez en vacances ?**
Les réponses seront certainement diverses : dans un mobil-home, dans une location, dans la maison de mes cousins…
Noter les différentes réponses au tableau et constater la variété des lieux d'habitation pour les vacances.

CE QUE NOUS AVONS APPRIS

Les logements de vacances des élèves de notre classe sont variés.

ÉTAPE 2 COMPARER DIFFÉRENTS TYPES D'HABITATS DE LOISIRS

DURÉE 30 minutes
ORGANISATION en collectif, en groupe de 4 élèves, puis de nouveau en collectif
MATÉRIEL • fiche activité 1 : 5 documents concernant des hébergements de vacances avec 1 tableau d'analyse (et son corrigé)
• la carte de France murale

1) **PRÉSENTER CHAQUE DOCUMENT** brièvement. L'enseignant affiche chaque document et questionne les élèves :

> **De quoi s'agit-il ?** *Une annonce de location pour une maison en Bretagne ; une annonce pour la location d'un appartement dans une résidence de tourisme dans les Alpes ; le site d'un camping en Corrèze ; le site d'un village de vacances en Corse ; le site d'un hôtel à Strasbourg.*

> **Quel est le point commun de ces documents ?** *Ils montrent des logements pour les vacances.*

> **Où se situent ces logements ?** *Un peu partout en France : en Bretagne (à Logonna-Daoulas), dans les Alpes (à Val Claret), en Corrèze (au lac de Bournazel), en Corse (dans un village au nord d'Ajaccio), à Strasbourg (cœur de ville).*
Chaque fois, l'enseignant situe le lieu sur la carte de France murale.

2) **ÉTUDIER CES DOCUMENTS** et compléter la grille d'analyse. Le document 1 est traité collectivement ; l'enseignant indique aux élèves comment remplir la grille d'observation. Puis les élèves, par groupes de 4, choisissent au moins un des quatre autres documents, l'analysent et complètent la colonne correspondante. Veiller à ce que tous les documents soient étudiés.

3) **METTRE EN COMMUN.** Le secrétaire de chaque groupe énonce ses propositions. Échanger, débattre afin de remplir la grille d'analyse. Chaque groupe rectifie sa grille si nécessaire et la complète. L'objectif est de montrer la multiplicité des habitats de vacances et de mettre en évidence leur spécificité. Les indications de la ligne « durée minimum de location » montrent qu'elles sont temporaires et de durée variable.

[FICHE ACTIVITÉ 1 CORRIGÉE]
Le logement des vacances

	DOCUMENT 1	DOCUMENT 2	DOCUMENT 3	DOCUMENT 4	DOCUMENT 5
Situation géographique	Bretagne	Alpes	Corrèze	Corse	Strasbourg
Logement proposé	grande maison	appartement	camping	village vacances	hôtel
Durée minimum de location	une semaine	une semaine	une nuit	une semaine	une nuit
Activités possibles	plage, bateau, activités en lien avec la mer	golf, ski, équitation, pêche, piscine, spa, commerces	piscine, snack, salle de jeux, plage et activités sur le lac	voile, plongée, kayak, volley, tennis, tir à l'arc…	visite du cœur de ville de Strasbourg

CE QUE NOUS AVONS APPRIS

Lorsque nous partons en vacances, nous changeons de lieu de vie.

Il existe alors plusieurs formes d'hébergement : locations, gites, hôtels, campings, résidences de tourisme, résidences secondaires… Nous les occupons de manière temporaire, c'est-à-dire quelques semaines dans l'année.

Ces hébergements sont situés dans des lieux aménagés pour les activités de vacances.

ÉTAPE 3 ANALYSER LES CHIFFRES DE LA FRÉQUENTATION TOURISTIQUE

DURÉE 15 minutes
ORGANISATION en collectif
MATÉRIEL • fiche activité 2 : la fréquentation touristique selon les types d'hébergement

1) **OBSERVER LE TABLEAU** collectivement et interroger les élèves :

> **Que recense la première colonne ?** *Les types d'hébergement de vacances : campings, hôtels, résidences de tourisme, villages vacances et autres modes d'habitat.*

> **Quelles indications donne la deuxième colonne ?** *Le nombre total de nuitées occupées dans chacun de ces hébergements.*
L'enseignant précise que les chiffres indiqués sont en millions, pour le 3e trimestre 2015, soit une durée de 3 mois (juillet, aout, septembre). Il explique également ce qu'est une « nuitee ».

> **Et la troisième colonne ?** *Le nombre de nuits passées par des touristes étrangers dans chacun de ces hébergements.*

> **Et la dernière colonne ?** *Le temps moyen d'occupation pour chacun de ces hébergements : combien de jours, en moyenne, les touristes restent dans ces lieux de résidence.*
L'enseignant indique comment lire ce tableau ; par exemple : en juillet, aout et septembre 2015, il y a eu 67 millions de nuitées occupées dans les hôtels, en France métropolitaine ; 28 millions d'entre elles l'étaient par des touristes étrangers ; le temps moyen d'occupation était court : à peine 2 jours.

2) **ÉTUDIER LES DONNÉES** du tableau collectivement. Demander aux élèves :

> **Quel est le type d'hébergement qui accueille le plus de touristes ?** *Les campings.*

> **Où les touristes séjournent-ils le plus longtemps ?** *Au camping.*

> **Et le moins longtemps ?** *À l'hôtel.*
Constater que, même si c'est pour un court séjour, l'hôtel attire de nombreux touristes.

> **Quels sont les hébergements préférés des touristes étrangers ?** *Les campings et les hôtels.*
Lors de cette analyse, émettre des hypothèses sur les raisons de ces choix : pour un séjour long, on choisira plutôt le camping car le cout est moins élevé et on y trouve des aménagements spécifiques ; pour un séjour court, on préfèrera l'hôtel, plus pratique ; etc.

CE QUE NOUS AVONS APPRIS

Parmi les résidences de vacances, ce sont les campings qui attirent le plus de touristes. Les hôtels attirent aussi de nombreux touristes, mais pour des séjours courts (environ 2 jours).

ÉTAPE 4 SYNTHÈSE

DURÉE 10 minutes
ORGANISATION en collectif

Exemple de trace écrite :

Lorsque nous partons en vacances, nous changeons de lieu de vie.
Nous pouvons loger dans une résidence secondaire, une location, un gite, réserver une chambre d'hôtel, un emplacement de camping, un appartement dans une résidence de tourisme ou un village vacances, etc.
Nous occupons ces lieux de manière temporaire, c'est-à-dire quelques semaines dans l'année. Ils peuvent être différents à chaque période de vacances.
Ces hébergements sont souvent situés dans des lieux aménagés pour les activités de vacances.
Pour des séjours longs, ce sont les campings qui attirent le plus de touristes ; pour les séjours courts, ce sont les hôtels.

Lexique :

Location saisonnière : les locations saisonnières désignent les locations louées pour les vacances. Elles peuvent être conclues directement de particulier à particulier ou par l'intermédiaire d'un professionnel (une agence immobilière, par exemple). La location saisonnière est nécessairement meublée et pour une durée très variable, à la nuitée, à la semaine ou au mois.
Nuitée : unité de mesure qui correspond au séjour d'une personne pendant une nuit dans un établissement.

Observe ces documents et réponds aux questions de ton enseignant.
Puis, avec tes camarades, complète le tableau pour au moins un de ces documents.

Annonces > Location Vacances > Mer > Finistère (29) > Maison bord de mer

Maison – 3 chambres 5 personnes à louer à Logonna-Daoulas (Bretagne)

750 €/Semaine

Dernière mise à jour le 30/12/2015

Belle maison rénovée avec toit en ardoise « les pieds dans l'eau » : accès direct à la grève et à la plage, sans route à traverser.
Vue sur mer par les fenêtres du salon, de la cuisine et des chambres.
Maison équipée pour 5 personnes.
Au rez-de-chaussée : cuisine aménagée et équipée ouverte sur le salon avec cheminée ; salle-de-bains ; WC.
À l'étage : 3 chambres ; salle-de-bains et WC.
Grand jardin clos.

Tarif : à partir de 750 €/semaine

Voir les photos   Localiser sur une carte

Document 1 • Annonce de location pour une maison.

Annonces > Location Vacances > Montagne > Savoie (73) > Résidence

Studio – 4 personnes à louer à Val Claret (Alpes)

420 €/Semaine

Dernière mise à jour le 30/12/2015

Studio pour 4 personnes de 32 m², situé au 1er étage d'un immeuble de 7 étages. Balcon exposé sud, avec vue dégagée sur la montagne. Séjour avec un canapé-lit pour deux personnes, petite chambre avec un lit double. Kitchenette ouverte sur le séjour avec 2 plaques de cuisson, four, frigo et lave-vaisselle. Salle de bains avec baignoire et WC. Ce studio est équipé d'un téléviseur.

Golf, ski, équitation, pêche, piscine, spa, commerces à proximité.

Tarif : à partir de 420 €/semaine

Voir les photos   Localiser sur une carte

Document 2 • Annonce pour la location d'un appartement.

CAMPING DE CORRÈZE 4 ÉTOILES

OUVERTURE du 1er mai au 31 septembre

Venez profiter de l'espace de nos emplacements sur un site magnifique de Corrèze !

RÉSERVATION

Vous recherchez :

Emplacement

Date d'arrivée :

03/07/2016

Envoyer

Tarif (forfait de base pour 2 adultes) comprenant : 1 emplacement standard avec 1 véhicule et 1 tente ou caravane ou camping-car et point d'eau personnel : 15,30 €/nuit.

Notre camping comprend 73 emplacements pour tente et caravane nus ombragés (de 80 à 110 m²), dont la moitié sont accessibles aux personnes à mobilité réduite. Sur le terrain, nouveau bloc sanitaires avec douches, lavabos et toilettes.

Piscine chauffée (mai-septembre), snack bar (juillet et août/ à emporter en basse saison) et salle de jeux. Surplombe le Lac de Bournazel (32 ha) qui possède sa propre plage de sable surveillée en juillet-août.

Centre ville à 1,5 km (par sentier pédestre).

Document 3 • Site Internet d'un camping.

CLUB *vacances*

Inscription à la newsletter >

Découvrir | Nos destinations | Nos offres | Espace membre

Pour vos vacances en Corse, Club Vacances vous accueille dans un village sur la côte ouest de la Corse, au nord d'Ajaccio.

Le village de 200 bungalows, répartis dans une pinède de 21 hectares, surplombe les eaux limpides du golfe de Sagone. Accroché à la montagne, il offre une vue plongeante sur une grande plage de sable fin.

Activités : voile, plongée, kayak, volley, tennis, tir, à l'arc…

Activités et sports adaptés pour les enfants de 4 à 11 ans.

Tarif : 950 €/semaine

BESOIN D'UN CONSEIL ?

Document 4 • Site Internet d'un village de vacances.

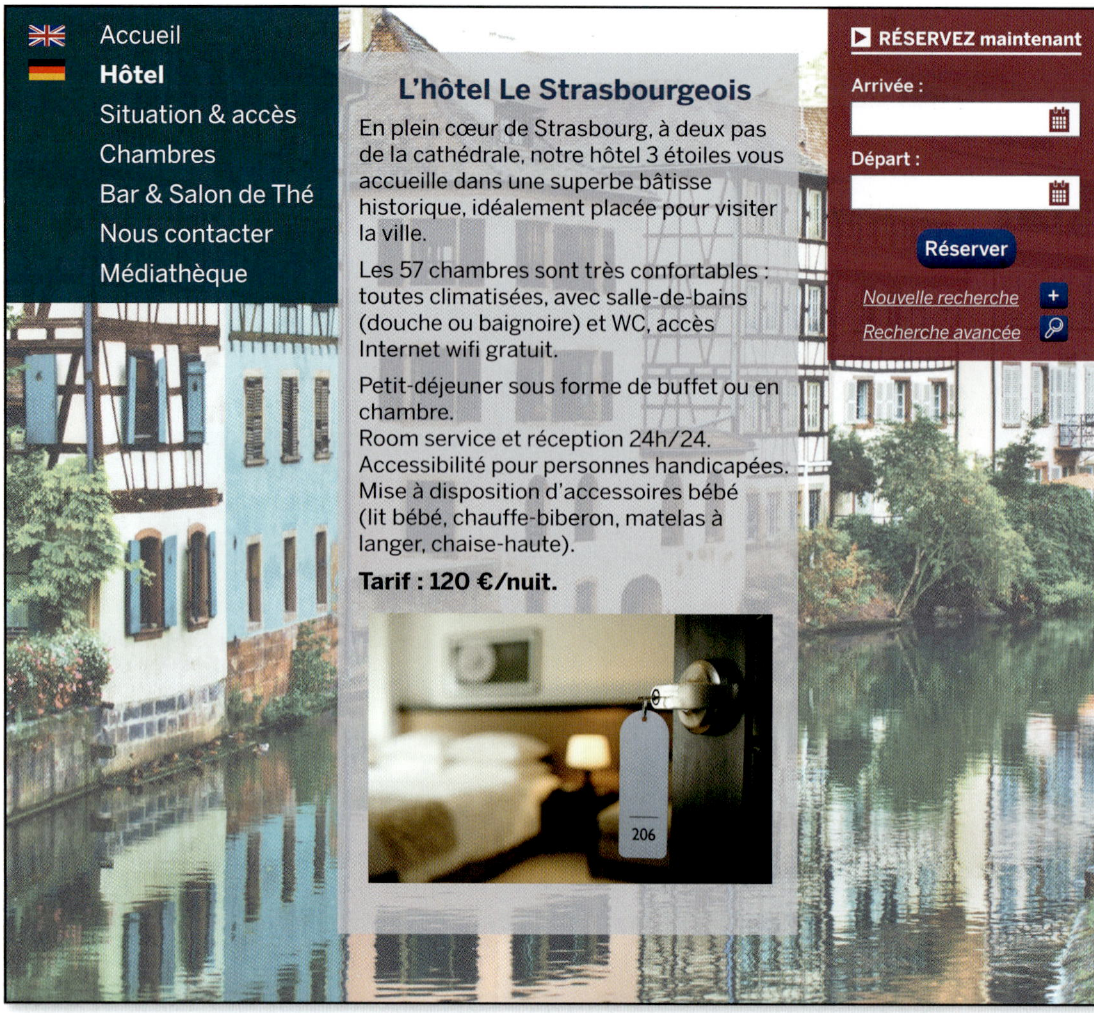

Document 5 • **Site Internet d'un hôtel.**

	DOCUMENT 1	DOCUMENT 2	DOCUMENT 3	DOCUMENT 4	DOCUMENT 5
Situation géographique					
Logement proposé					
Durée minimum de location					
Activités possibles					

[FICHE ACTIVITÉ 2]

Le logement des vacances

À l'aide des informations données dans le tableau, réponds aux questions de ton enseignant.

TYPE D'HÉBERGEMENT	TOTAL DES NUITÉES	NUITÉES DES TOURISTES ÉTRANGERS	DURÉE D'OCCUPATION (moyenne en jours)
Campings	93	29	5,7
Hôtels	67	28	1,8
Résidences de tourisme, villages vacances, autres modes d'habitat	36	7,2	4,9

Source : Insee, 2015.

La fréquentation dans les hôtels, campings et autres hébergements touristiques (en millions, au 3e trimestre 2015).

[FICHE ACTIVITÉ 2]

Le logement des vacances

À l'aide des informations données dans le tableau, réponds aux questions de ton enseignant.

TYPE D'HÉBERGEMENT	TOTAL DES NUITÉES	NUITÉES DES TOURISTES ÉTRANGERS	DURÉE D'OCCUPATION (moyenne en jours)
Campings	93	29	5,7
Hôtels	67	28	1,8
Résidences de tourisme, villages vacances, autres modes d'habitat	36	7,2	4,9

Source : Insee, 2015.

La fréquentation dans les hôtels, campings et autres hébergements touristiques (en millions, au 3e trimestre 2015).

[FICHE ACTIVITÉ 2]

Le logement des vacances

À l'aide des informations données dans le tableau, réponds aux questions de ton enseignant.

TYPE D'HÉBERGEMENT	TOTAL DES NUITÉES	NUITÉES DES TOURISTES ÉTRANGERS	DURÉE D'OCCUPATION (moyenne en jours)
Campings	93	29	5,7
Hôtels	67	28	1,8
Résidences de tourisme, villages vacances, autres modes d'habitat	36	7,2	4,9

Source : Insee, 2015.

La fréquentation dans les hôtels, campings et autres hébergements touristiques (en millions, au 3e trimestre 2015).

SÉANCE 12

Quels loisirs pour mes vacances ?

L'ESSENTIEL À SAVOIR POUR L'ENSEIGNANT

Avoir des pratiques touristiques, cela implique changer de lieu de résidence, aller du quotidien vers le hors-quotidien, mais aussi avoir des **activités déroutinisantes** qui peuvent être classées en trois catégories : jouer, se reposer, découvrir, et être soit individuelles, soit sociales. Il s'agit d'explorer le lieu de vacances, de le regarder et d'y pratiquer des activités « non routinières », différentes de celles du quotidien.

Selon Philippe Violier, professeur de géographie à l'université d'Angers[1], le temps des loisirs est un temps de recréation, un temps de reconstitution, après le travail, du corps et de l'esprit. Le tourisme est une pratique sociale qui se réalise à la fois hors du temps et hors de l'espace du quotidien. Le tourisme est donc un déplacement qui a pour objet de se recréer dans un ailleurs plus efficace que le lieu de résidence habituel. Cette recréation s'effectue selon quatre modalités principales : le repos, la découverte, le jeu et le shopping. Les lieux de séjour sont alors choisis en fonction de ces objectifs. Ainsi, il existe de plus en plus une **adéquation entre pratiques et lieux touristiques**.

Deux activités non routinières de vacances : le char à voile et le kitesurf.

QUE FONT LES FRANÇAIS PENDANT LEURS VACANCES ?

Un sondage effectué en juin 2015 par l'institut CSA[2] sur les activités préférées des Français pendant leurs vacances révèle que 33 % d'entre eux s'adonnent à **la promenade**, 15 % préfèrent **se reposer** et 15 % **visiter** un site culturel ; les autres partageant leurs loisirs entre différentes activités, comme faire du sport ou bronzer. Les balades sont choisies par toutes les tranches d'âge comme activité préférée, le repos vient en seconde position pour les plus jeunes (18-24 ans) alors que les catégories les plus âgées préfèrent les sorties culturelles.

QUELLE TENDANCE POUR LES LOISIRS ?

Face à une demande croissante, les régions et les stations de vacances multiplient les offres d'activités : développement d'un réseau de vélo-routes et de voies vertes dans les zones rurales, essor du tourisme industriel (visites d'entreprises, de cave à vins et spiritueux, de métiers d'art, d'artisanat…). Le tourisme culturel progresse également, avec la découverte des traditions et du patrimoine des régions qui mettent en valeur leurs édifices religieux, leurs musées, leurs lieux de mémoire, etc., et qui organisent des spectacles, des festivals musicaux, etc., très fréquentés par les touristes. Ainsi, de nombreuses villes ont obtenu le label « Ville et pays d'Art et d'Histoire ».

L'**offre d'activités touristiques** est donc de plus en plus **diversifiée**.

1. VIOLIER Ph., *Tourisme et médias : regards d'un géographe*, Le Temps des médias, 2007/1 (n° 8).

2. Sondage de l'institut CSA pour le journal *Direct-Matin*, « Les activités préférées des Français pendant les vacances », juin 2015.

DÉROULEMENT DE LA SÉANCE

Compétences, capacités, attendus
- *Lier loisirs et lieux touristiques.*
- *Localiser un lieu dans un espace géographique.*
- *Identifier un document.*
- *Extraire des informations pertinentes pour répondre à des questions.*
- *Mobiliser et réinvestir le vocabulaire.*

DURÉE : 60 minutes environ.

ÉTAPE 1 RECENSER LES LOISIRS DE VACANCES

DURÉE 10 minutes
ORGANISATION en collectif

INTERROGER LES ÉLÈVES pour recenser leurs loisirs en vacances. Rappeler que les vacances offrent un lieu de vie différent du lieu quotidien d'habitation et mentionner qu'elles permettent aussi de faire d'autres activités.

> **Quelles activités pratiquez-vous pendant vos vacances ?**

Les réponses seront certainement diverses : vélo, baignade, marche, trampoline, handball, football, jeux, découverte nature, kayak, pédalo, escalade...
Noter les réponses au tableau et constater leur diversité.

CE QUE NOUS AVONS APPRIS

En vacances, nous changeons de lieu de vie et nous pouvons y pratiquer de nombreux loisirs. En fonction du lieu et des saisons, les activités touristiques peuvent être différentes.

ÉTAPE 2 LIER LOISIRS ET LIEUX TOURISTIQUES

DURÉE 30 minutes
ORGANISATION en groupes de 3 à 5 élèves, en collectif
MATÉRIEL
- fiche activité 1 : les loisirs au Touquet-Paris-Plage
- vidéo (ou fiche activité 2) : les activités touristiques d'une station alpine en hiver
- fiche activité 3 : les activités touristiques d'une station alpine en été
- fiche activité 4 : les activités touristiques en bords de Loire
- fiche activité 5 : un tableau à compléter (et son corrigé)

1) **ANALYSER LES DOCUMENTS ET COMPLÉTER LE TABLEAU.** Chaque groupe étudie une fiche sur une station de vacances et complète les colonnes du tableau correspondantes.
Pour chaque document, identifier le lieu étudié : la station balnéaire Le Touquet-Paris-Plage sur la côte d'Opale, en bordure de la Manche ; la station Contamines-Montjoie, en Haute-Savoie dans les Alpes, au pied du Mont-Blanc, en hiver et en été ; la vallée de la Loire, en Touraine.
Pour compléter le tableau, les élèves doivent observer leur document, identifier les activités proposées par les stations touristiques, et distinguer les loisirs spécifiques à l'environnement et à la saison des loisirs « communs ».

2) METTRE EN COMMUN. Chaque secrétaire présente les résultats de son groupe. Échanger, débattre afin de remplir la grille d'analyse. Chaque groupe rectifie sa grille si nécessaire et la complète. L'objectif est de montrer que l'offre des activités de loisirs en vacances est diversifiée, qu'elle dépend de l'environnement (mer, montagne, campagne), mais aussi de la saison. Elle constitue donc un choix déterminant du lieu de séjour.

CE QUE NOUS AVONS APPRIS

Je choisis la région de mes vacances en fonction des loisirs qui m'y sont proposés : des activités spécifiques au milieu littoral (baignade, char à voile, etc.), au milieu montagnard (ski, luge, etc., en hiver ; alpinisme, randonnées, etc., en été), à la campagne (balade à vélo, en bateau sur un fleuve, pêche...). Ces stations proposent aussi des loisirs sans relation avec le milieu spécifique comme la piscine, le golf, le tennis...

ÉTAPE 3 CONNAITRE LES LOISIRS PRÉFÉRÉS DES FRANÇAIS

DURÉE 15 minutes
ORGANISATION en collectif
MATÉRIEL • fiche activité 6 : un schéma et un texte sur les activités des Français en vacances

1) OBSERVER LE SCHÉMA collectivement. L'enseignant questionne les élèves :

> **Que font les Français pendant leurs vacances ?** *Ils se baladent, ils se reposent, ils visitent des sites culturels, ils font de bons repas, ils bricolent, ils font la fête...*
L'enseignant précise que ces loisirs leur permettent de découvrir leur lieu de vacances.

> **Quelles sont leurs 3 activités préférées ?** *Se promener, se reposer et visiter un site culturel.*

> **Et celles qu'ils font le moins ?** *Faire du shopping, jouer aux cartes, regarder la TV.*
Constater que ces activités font davantage partie du quotidien. Conclure qu'en vacances, nous changeons de lieu de vie et nous choisissons des loisirs que nous ne pratiquons pas dans notre quotidien.

2) LIRE LE TEXTE collectivement, puis demander aux élèves de surligner les activités culturelles qui y sont citées : *découvrir une ville, visiter un musée, une exposition, un monument ou un site historique, assister à un festival, un concert*. À partir de ces éléments, construire collectivement une définition d'une « activité culturelle ».

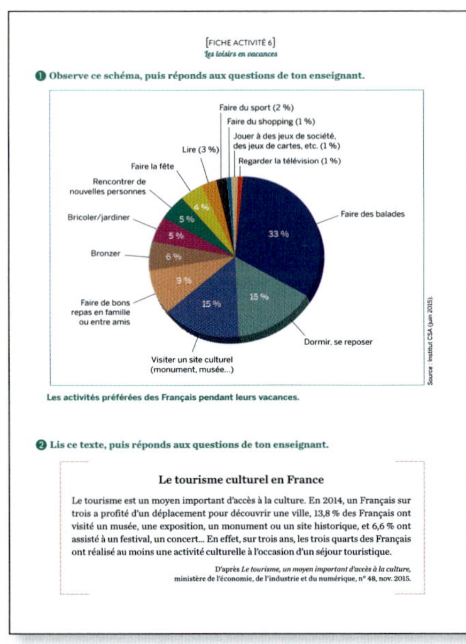
[FICHE ACTIVITÉ 6]
Les loisirs en vacances

❶ **Observe ce schéma, puis réponds aux questions de ton enseignant.**

Les activités préférées des Français pendant leurs vacances.

❷ **Lis ce texte, puis réponds aux questions de ton enseignant.**

Le tourisme culturel en France

Le tourisme est un moyen important d'accès à la culture. En 2014, un Français sur trois a profité d'un déplacement pour découvrir une ville, 13,8 % des Français ont visité un musée, une exposition, un monument ou un site historique, et 6,6 % ont assisté à un festival, un concert... En effet, sur trois ans, les trois quarts des Français ont réalisé au moins une activité culturelle à l'occasion d'un séjour touristique.

D'après *Le tourisme, un moyen important d'accès à la culture*, ministère de l'économie, de l'industrie et du numérique, n° 48, nov. 2015.

CE QUE NOUS AVONS APPRIS

En vacances, les touristes préfèrent se promener, se reposer et pratiquer le tourisme culturel pour enrichir leurs connaissances.

ÉTAPE 4 SYNTHÈSE

DURÉE 10 minutes
ORGANISATION en collectif

Exemple de trace écrite :

Pendant les vacances, nous pouvons pratiquer de nombreuses activités en fonction du lieu et de la saison à laquelle nous partons.
Les loisirs pratiqués en vacances sont souvent spécifiques à la région (littoral, montagne, campagne), même si, dans les stations, on retrouve des activités communes, comme le vélo, la piscine, les promenades en poneys…
En vacances, les touristes aiment se promener, se reposer et se cultiver. Ils enrichissent leurs connaissances en pratiquant de plus un plus un tourisme culturel à la découverte du patrimoine et des traditions de la région où ils se rendent.

Lexique :

Activité culturelle : qui permet de développer ses connaissances, par exemple en découvrant le patrimoine, un artiste, etc.

Observe ce document sur la station balnéaire Le Touquet-Paris-Plage, au bord de la Manche, puis complète le tableau.

LE Paradis des Sports

Au Touquet-Paris-Plage, le sport est roi : tennis, golf, voile, char à voile, équitation, pirogue, hockey sur gazon, polo, beach volley, catamaran... De nombreux sports se pratiquent toute l'année dans des équipements d'exception. En activité de loisirs, en individuel ou en équipe, découvrez nos offres sportives adaptées, du débutant au confirmé. Inspirez, expirez, respirez, et surtout ressourcez-vous : Le Touquet-Paris-Plage est LE paradis des sports.

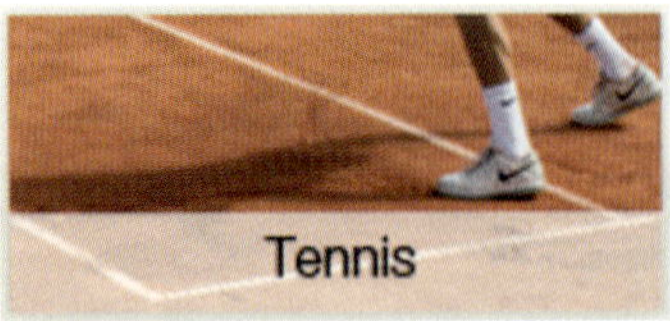
Tennis

Piscine des Tennis

Padel

Char à voile

Activités nautiques

LE TOUQUET WAKE PARK
Wake Park

Equitation

Golf

Les parcours sportifs

Loisirs et détente

Station balnéaire touristique avant tout, Le Touquet Paris-Plage vous accueille tout au long de l'année, de janvier à décembre, et vous invite à découvrir son *way of life* avec ses bars chaleureux, ses discothèques, ses casinos... Un rendez-vous branché où la joie de vivre est de mise !

Aqualud

Plagistes

Mini golf

Petit Train Touristique

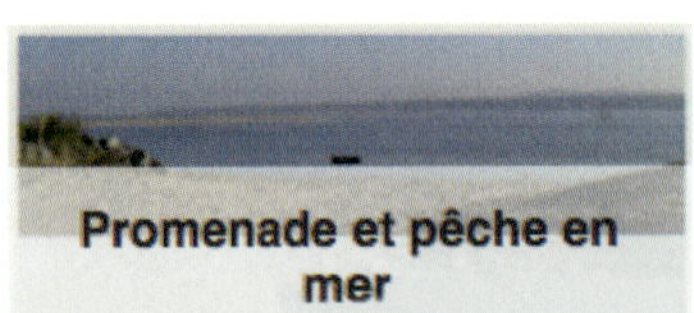
Promenade et pêche en mer

Balades en calèche

Extrait du site Internet : http://www.letouquet.com

Observe ces documents sur les activités de la station de ski Contamines-Montjoie, dans les Alpes, puis complète le tableau.

Extraits du clip vidéo disponible sur http://be.france.fr/fr/a-decouvrir/Alpes-Mont-Blanc-Contamines-Montjoie
© PVS COMPANY/Les Contamines Tourisme.

Observe ce document sur la station estivale de Contamines-Montjoie, dans les Alpes, puis complète le tableau.

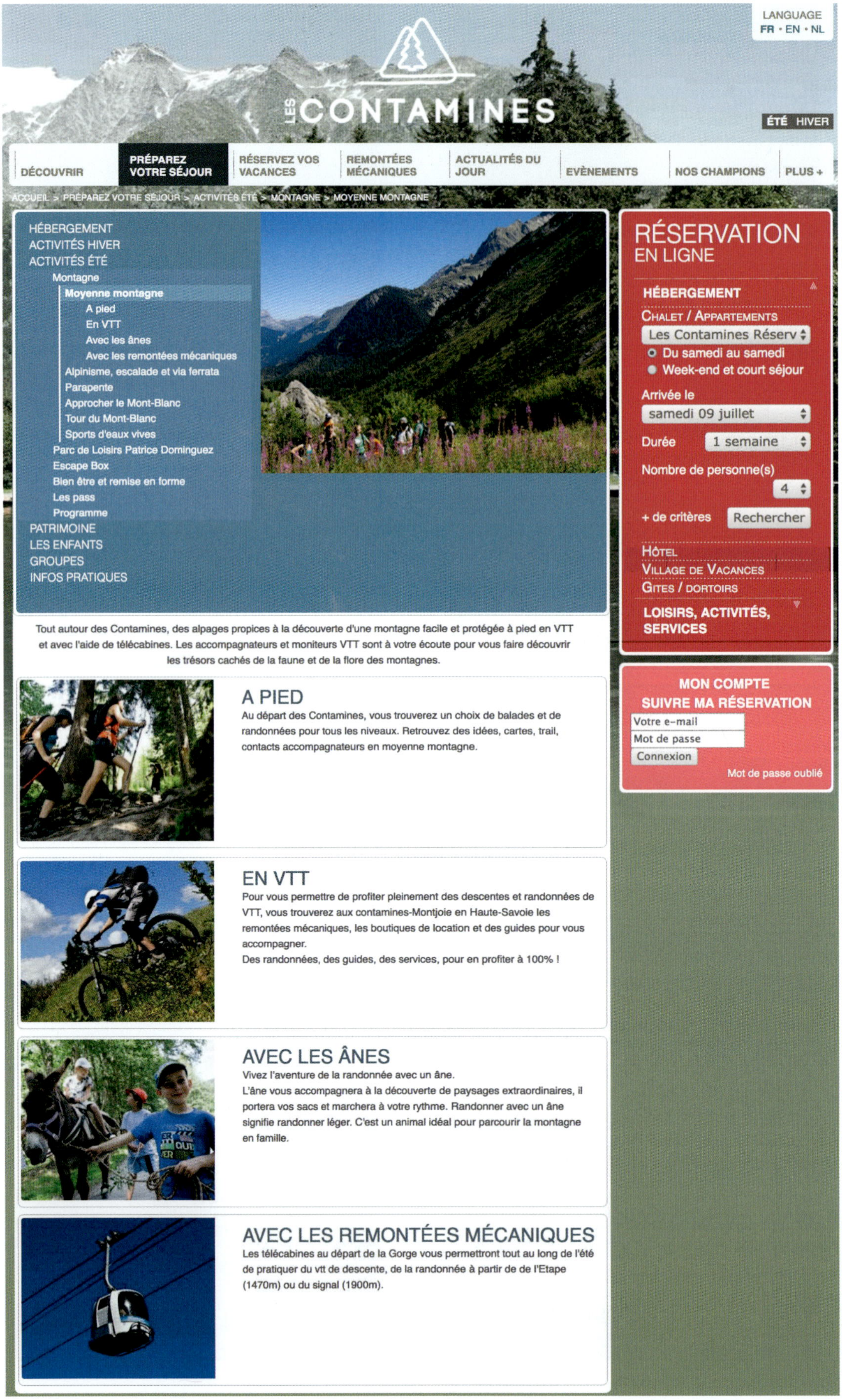

LANGUAGE
FR • EN • NL

LES CONTAMINES

ÉTÉ HIVER

DÉCOUVRIR | PRÉPAREZ VOTRE SÉJOUR | RÉSERVEZ VOS VACANCES | REMONTÉES MÉCANIQUES | ACTUALITÉS DU JOUR | EVÈNEMENTS | NOS CHAMPIONS | PLUS +

ACCUEIL > PRÉPAREZ VOTRE SÉJOUR > ACTIVITÉS ÉTÉ > MONTAGNE > MOYENNE MONTAGNE

- HÉBERGEMENT
- ACTIVITÉS HIVER
- ACTIVITÉS ÉTÉ
  - Montagne
    - Moyenne montagne
      - A pied
      - En VTT
      - Avec les ânes
      - Avec les remontées mécaniques
    - Alpinisme, escalade et via ferrata
    - Parapente
    - Approcher le Mont-Blanc
    - Tour du Mont-Blanc
    - Sports d'eaux vives
  - Parc de Loisirs Patrice Dominguez
  - Escape Box
  - Bien être et remise en forme
  - Les pass
  - Programme
- PATRIMOINE
- LES ENFANTS
- GROUPES
- INFOS PRATIQUES

RÉSERVATION EN LIGNE

HÉBERGEMENT
CHALET / APPARTEMENTS
Les Contamines Réserv
Du samedi au samedi
Week-end et court séjour
Arrivée le
samedi 09 juillet
Durée 1 semaine
Nombre de personne(s)
4
+ de critères Rechercher
HÔTEL
VILLAGE DE VACANCES
GITES / DORTOIRS
LOISIRS, ACTIVITÉS, SERVICES

MON COMPTE
SUIVRE MA RÉSERVATION
Votre e-mail
Mot de passe
Connexion
Mot de passe oublié

Tout autour des Contamines, des alpages propices à la découverte d'une montagne facile et protégée à pied en VTT et avec l'aide de télécabines. Les accompagnateurs et moniteurs VTT sont à votre écoute pour vous faire découvrir les trésors cachés de la faune et de la flore des montagnes.

A PIED

Au départ des Contamines, vous trouverez un choix de balades et de randonnées pour tous les niveaux. Retrouvez des idées, cartes, trail, contacts accompagnateurs en moyenne montagne.

EN VTT

Pour vous permettre de profiter pleinement des descentes et randonnées de VTT, vous trouverez aux contamines-Montjoie en Haute-Savoie les remontées mécaniques, les boutiques de location et des guides pour vous accompagner.
Des randonnées, des guides, des services, pour en profiter à 100% !

AVEC LES ÂNES

Vivez l'aventure de la randonnée avec un âne.
L'âne vous accompagnera à la découverte de paysages extraordinaires, il portera vos sacs et marchera à votre rythme. Randonner avec un âne signifie randonner léger. C'est un animal idéal pour parcourir la montagne en famille.

AVEC LES REMONTÉES MÉCANIQUES

Les télécabines au départ de la Gorge vous permettront tout au long de l'été de pratiquer du vtt de descente, de la randonnée à partir de de l'Etape (1470m) ou du signal (1900m).

Extrait du site Internet : www.lescontamines.com/randonnees-mont-blanc.htm

Observe ce document sur les activités en bords de Loire, en Touraine, puis complète le tableau.

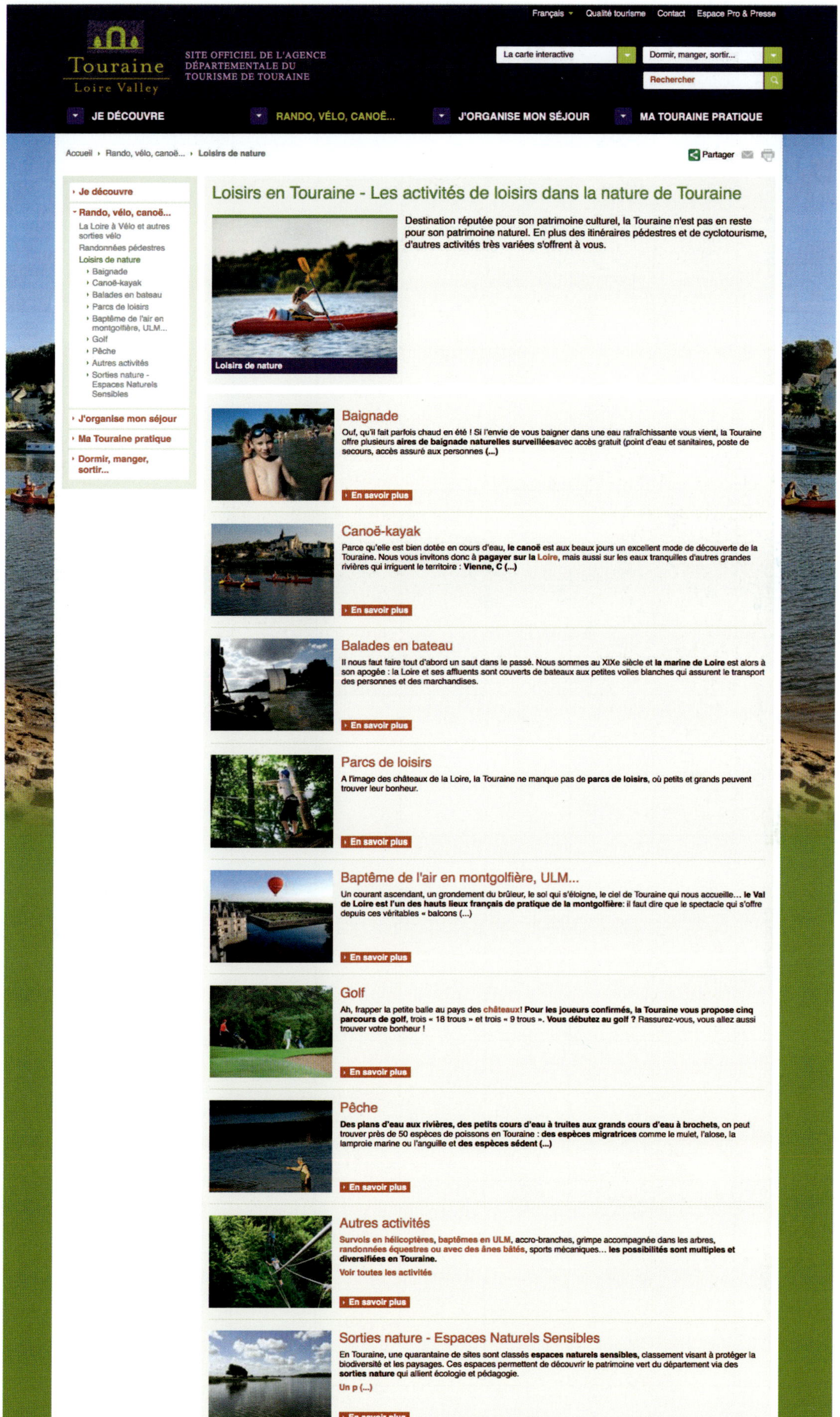

Français Qualité tourisme Contact Espace Pro & Presse

Touraine Loire Valley

SITE OFFICIEL DE L'AGENCE DÉPARTEMENTALE DU TOURISME DE TOURAINE

La carte interactive | Dormir, manger, sortir... | Rechercher

JE DÉCOUVRE | RANDO, VÉLO, CANOË... | J'ORGANISE MON SÉJOUR | MA TOURAINE PRATIQUE

Accueil › Rando, vélo, canoë... › Loisirs de nature

Partager

- Je découvre
- Rando, vélo, canoë...
  - La Loire à Vélo et autres sorties vélo
  - Randonnées pédestres
  - Loisirs de nature
    - Baignade
    - Canoë-kayak
    - Balades en bateau
    - Parcs de loisirs
    - Baptême de l'air en montgolfière, ULM...
    - Golf
    - Pêche
    - Autres activités
    - Sorties nature - Espaces Naturels Sensibles
- J'organise mon séjour
- Ma Touraine pratique
- Dormir, manger, sortir...

Loisirs en Touraine - Les activités de loisirs dans la nature de Touraine

Loisirs de nature

Destination réputée pour son patrimoine culturel, la Touraine n'est pas en reste pour son patrimoine naturel. En plus des itinéraires pédestres et de cyclotourisme, d'autres activités très variées s'offrent à vous.

Baignade

Ouf, qu'il fait parfois chaud en été ! Si l'envie de vous baigner dans une eau rafraîchissante vous vient, la Touraine offre plusieurs **aires de baignade naturelles surveillées**avec accès gratuit (point d'eau et sanitaires, poste de secours, accès assuré aux personnes **(...)**

› En savoir plus

Canoë-kayak

Parce qu'elle est bien dotée en cours d'eau, **le canoë** est aux beaux jours un excellent mode de découverte de la Touraine. Nous vous invitons donc à **pagayer sur la** Loire, mais aussi sur les eaux tranquilles d'autres grandes rivières qui irriguent le territoire : **Vienne, C (...)**

› En savoir plus

Balades en bateau

Il nous faut faire tout d'abord un saut dans le passé. Nous sommes au XIXe siècle et **la marine de Loire** est alors à son apogée : la Loire et ses affluents sont couverts de bateaux aux petites voiles blanches qui assurent le transport des personnes et des marchandises.

› En savoir plus

Parcs de loisirs

A l'image des châteaux de la Loire, la Touraine ne manque pas de **parcs de loisirs**, où petits et grands peuvent trouver leur bonheur.

› En savoir plus

Baptême de l'air en montgolfière, ULM...

Un courant ascendant, un grondement du brûleur, le sol qui s'éloigne, le ciel de Touraine qui nous accueille... **le Val de Loire est l'un des hauts lieux français de pratique de la montgolfière**: il faut dire que le spectacle qui s'offre depuis ces véritables « balcons (...)

› En savoir plus

Golf

Ah, frapper la petite balle au pays des châteaux! **Pour les joueurs confirmés, la Touraine vous propose cinq parcours de golf**, trois « 18 trous » et trois « 9 trous ». **Vous débutez au golf ?** Rassurez-vous, vous allez aussi trouver votre bonheur !

› En savoir plus

Pêche

Des plans d'eau aux rivières, des petits cours d'eau à truites aux grands cours d'eau à brochets, on peut trouver près de 50 espèces de poissons en Touraine : **des espèces migratrices** comme le mulet, l'alose, la lamproie marine ou l'anguille et **des espèces sédent (...)**

› En savoir plus

Autres activités

Survols en hélicoptères, baptêmes en ULM, accro-branches, grimpe accompagnée dans les arbres, randonnées équestres ou avec des ânes bâtés, sports mécaniques... **les possibilités sont multiples et diversifiées en Touraine.**

Voir toutes les activités

› En savoir plus

Sorties nature - Espaces Naturels Sensibles

En Touraine, une quarantaine de sites sont classés **espaces naturels sensibles,** classement visant à protéger la biodiversité et les paysages. Ces espaces permettent de découvrir le patrimoine vert du département via des **sorties nature** qui allient écologie et pédagogie.

Un p (...)

› En savoir plus

Extrait du site www.taurainelooirevalley.com/rando-velo-canoe/loisirs-de-nature

[FICHE ACTIVITÉ 5]

Les loisirs en vacances

Complète ce tableau avec les informations que tu as relevées dans ton document.

LE TOUQUET		CONTAMINES-MONTJOIE EN HIVER		CONTAMINES-MONTJOIE EN ÉTÉ		TOURAINE	
Loisirs	en lien avec la mer	**Loisirs**	en lien avec la montagne	**Loisirs**	en lien avec la montagne	**Loisirs**	en lien avec la campagne

❶ Observe ce schéma, puis réponds aux questions de ton enseignant.

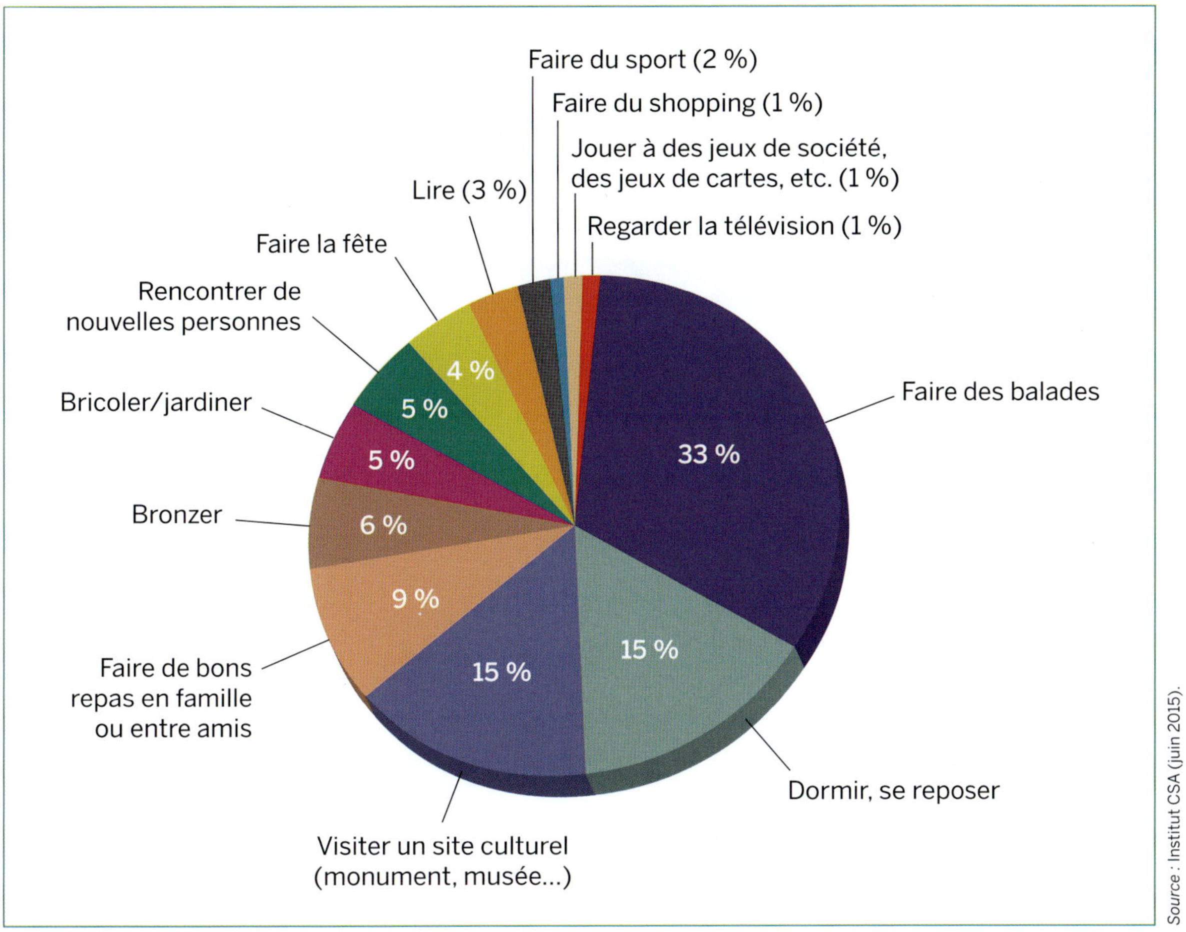

Les activités préférées des Français pendant leurs vacances.

❷ Lis ce texte, puis réponds aux questions de ton enseignant.

Le tourisme culturel en France

Le tourisme est un moyen important d'accès à la culture. En 2014, un Français sur trois a profité d'un déplacement pour découvrir une ville, 13,8 % des Français ont visité un musée, une exposition, un monument ou un site historique, et 6,6 % ont assisté à un festival, un concert... En effet, sur trois ans, les trois quarts des Français ont réalisé au moins une activité culturelle à l'occasion d'un séjour touristique.

D'après *Le tourisme, un moyen important d'accès à la culture,* ministère de l'Économie, de l'industrie et du numérique, n° 48, nov. 2015.

SÉANCE 13

Qui travaille pour mes vacances ?

L'ESSENTIEL À SAVOIR POUR L'ENSEIGNANT

Le tourisme, très développé en France, est un secteur professionnel qui crée de nombreux emplois. Il comprend plus de 4 % des actifs occupés, soit plus d'1,2 million de personnes en 2015. La France est au 4e rang des créateurs d'emplois liés au tourisme. Ceux-ci sont de deux types : les emplois à plein temps et les emplois saisonniers, dits précaires. Lors des pics de fréquentation touristique, les offres d'emploi sont deux fois plus élevées qu'en basse saison. Toutes les régions de France sont concernées, surtout l'Ile-de-France.

QUELS TYPES D'EMPLOI DANS LE TOURISME ?

On distingue les secteurs dont l'activité principale relève du tourisme (organisation de voyages, réception des touristes, hébergements) de ceux dont une part seulement de l'activité en dépend (restauration, transports, loisirs).

Au croisement de nombreux secteurs d'activité, le tourisme recrute surtout des employés et peu de cadres. Plus des deux tiers des emplois concernent la restauration, et un quart l'hôtellerie, où les emplois sont polyvalents dans les petits établissements et très spécialisés dans les établissements de standing. En revanche, les agences et les centres d'appel recherchent davantage des profils commerciaux.

Les effectifs des métiers de la conception des activités touristiques, proposés surtout par les voyagistes et les collectivités locales, ainsi que ceux des métiers de la commercialisation des produits touristiques sont en baisse, notamment parce qu'Internet propose une alternative et les clients adoptent de nouveaux comportements.

Les métiers traditionnels de l'accueil, de la promotion et de l'animation proposent des activités aux vacanciers dans les offices du tourisme, les centres de vacances, les aéroports…

QUELLE EST LA PLACE DES RÉGIONS FRANÇAISES ?

Les milieux les plus porteurs d'emplois touristiques sont urbains, notamment Paris et les villes du littoral : dans les communes littorales méditerranéennes et bretonnes, ils représentent 20 à 25 % des emplois locaux. Les régions rurales et les régions de montagne arrivent en troisième et quatrième positions.

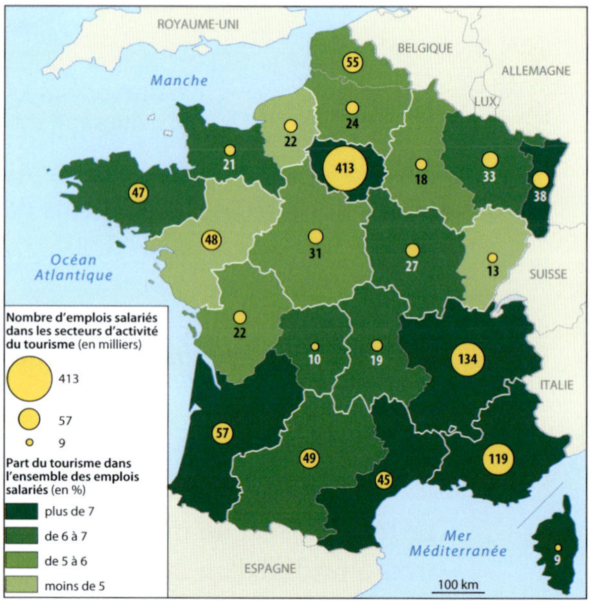

Source : DGE, *Chiffres-clés du tourisme*, 2015.

Les effectifs salariés dans les secteurs du tourisme au 1er janvier 2015. On voit bien la prééminence de l'Ile-de-France.

QUELLES PERSPECTIVES POUR LES EMPLOIS LIÉS AU TOURISME ?

L'écologie et le développement durable font l'objet d'une demande croissante, c'est pourquoi les créations d'emplois dans les secteurs du tourisme équitable et de l'écotourisme progressent.

Le secteur touristique est aussi en pleine mutation numérique : l'informatique apparait comme un outil de gestion important des offres touristiques (disponibilités, réservations, tarifications). Ainsi, de nouveaux métiers apparaissent, comme ceux de « yeld manager » qui travaille sur les tarifs en fonction du volume des réservations, d'« animateur numérique de territoire », ou de « responsable webmarketing »...

DÉROULEMENT DE LA SÉANCE

Compétences, capacités, attendus

- ***Connaitre la diversité des emplois liés au tourisme.***
- ***Comprendre le sens général d'un document.***
- ***Écrire pour communiquer et échanger.***
- ***Extraire des informations pertinentes pour répondre à une question.***
- ***Travailler en équipe pour produire.***
- ***S'approprier un lexique géographique.***
- ***Mobiliser et réinvestir le vocabulaire.***

DURÉE : 60 minutes environ.

ÉTAPE 1 OBSERVER LES VARIATIONS DE POPULATION

DURÉE 20 minutes
ORGANISATION en collectif
MATÉRIEL • fiche activité 1 : un tableau et un texte sur la variation de population dans deux endroits touristiques

1) **ANALYSER LE TABLEAU** sur la variation de population dans deux espaces touristiques : le bassin d'Arcachon sur la côte atlantique et Val d'Isère dans les Alpes. Définir ce qu'est un habitant « permanent » : celui qui vit à cet endroit toute l'année ; il se distingue d'un habitant « temporaire » qui y séjourne pour une durée limitée. Interroger les élèves :

> **Combien y a-t-il d'habitants permanents à Arcachon ?** *140 000.*
L'enseignant précise que, pour ces personnes, le bassin d'Arcachon est un lieu de vie quotidienne et non un lieu de vacances.

> **Combien y a-t-il d'habitants à Arcachon en saison touristique ?** *400 000.*
L'enseignant indique que la population est presque multipliée par 3.
Poser les mêmes questions pour la station Val d'Isère, où la population passe de 1 700 habitants permanents à 20 000 personnes en saison touristique. La population est alors multipliée par 12, environ.

> **À votre avis, quelles sont les conséquences pour ces stations ?** *Il faut qu'elles s'équipent pour accueillir les visiteurs (hébergements, loisirs, commerces, animations...) et qu'elles emploient du personnel pour répondre aux besoins des touristes.*

> **Calculer combien il y a d'habitants en plus à Arcachon en saison touristique.** *260 000.*

> **Et à Val d'Isère ?** *18 300.*
L'enseignant précise que ces chiffres englobent le nombre de touristes, mais aussi le nombre de personnes qui viennent travailler pour la saison touristique.

2) LIRE LE TEXTE pour appuyer le propos. Relever les informations importantes en demandant aux élèves :

> **Quelle est la part des emplois touristiques à Val d'Isère ?** *La moitié des emplois sont liés au tourisme.*

> **Comment appelle-t-on la main d'œuvre supplémentaire ?** *Les saisonniers.*
Expliquer que ce nom vient du fait que les personnes travaillent uniquement pendant la saison touristique. Souligner que ces emplois saisonniers sont deux fois plus nombreux en hiver qu'en été à Val d'Isère. Remarquer que le même phénomène se produit sur le littoral, mais en été.

CE QUE NOUS AVONS APPRIS

En saison touristique, la population des stations augmente de manière importante. Pour répondre à la présence des nombreux touristes, des emplois supplémentaires sont nécessaires. La station accueille donc à la fois des touristes et du personnel qu'on appelle les « saisonniers ».

ÉTAPE 2 IDENTIFIER QUI TRAVAILLE POUR NOS VACANCES

DURÉE 20 minutes
ORGANISATION en collectif, en binômes, puis de nouveau en collectif
MATÉRIEL • fiche activité 2 : 4 offres d'emplois liés au tourisme et un tableau à compléter (et son corrigé)

1) INTERROGER LES ÉLÈVES :

> **Lorsque vous êtes en vacances, qui travaille pour vos vacances ?** *Le maitre nageur, le moniteur de ski, le serveur du restaurant…*
Les élèves citent surtout les personnes qui les encadrent pendant leurs activités. Leur faire remarquer qu'il existe d'autres types d'emploi ; distribuer la fiche activité avec les offres d'emploi.

2) LIRE LA PREMIÈRE OFFRE collectivement, puis demander aux élèves :

> **De quel type de document s'agit-il ?** *Une annonce d'offre d'emploi.*

> **De qui provient-elle ?** *Du musée de plein air de Villeneuve d'Ascq.*
L'enseignant indique que cette ville appartient à la métropole lilloise.

> **Que demande ce musée ?** *Il cherche un(e) guide conférencier.*

> **Pour quelle période ?** *Du 1er mai au 31 juillet.*
L'enseignant rappelle que ce type d'emploi, à durée limitée, lors de la période touristique, s'appelle un emploi saisonnier. Il explique qu'il est à distinguer du CDI (contrat à durée indéterminée) dont la durée n'est pas limitée.

> **Quel est le travail demandé (les missions) ?** *Faire des visites guidées, faire découvrir le patrimoine culturel de la région, accueillir les visiteurs, s'occuper du musée, animer des ateliers…*
À l'aide de toutes ces informations, compléter collectivement la première ligne du tableau.

3) ÉTUDIER LES 3 AUTRES OFFRES. En binômes, les élèves lisent les autres offres d'emplois et complètent le tableau de synthèse. Lors de la mise en commun, constater que, pendant nos vacances, beaucoup de personnes travaillent pour le tourisme et qu'elles ont des métiers très diversifiés.

CE QUE NOUS AVONS APPRIS

Il existe de nombreux emplois liés au tourisme. La plupart sont saisonniers : emplois de courte durée, lors de la période touristique.

ÉTAPE 3 ÉTUDIER UN CAS PARTICULIER

DURÉE 15 minutes
ORGANISATION en collectif
MATÉRIEL • une vidéo : agriculteur et moniteur de ski dans les Alpes
ou fiche activité 3 : deux photos et un texte sur « Agriculteur et moniteur de ski dans les Alpes »

REGARDER LA VIDÉO collectivement, puis questionner les élèves :

> **Dans quelle région ce reportage a-t-il été tourné ?** *En montagne, dans les Alpes, plus précisément dans la région du Beaufortin. L'enseignant indique que c'est une région des Alpes du Nord, située en Savoie.*

> **Quel est le sujet de ce reportage ?** *La particularité du moniteur de ski, qui donne des cours la journée mais qui exerce en réalité un autre métier : ici, il est agriculteur-éleveur.*

> **Pourquoi a-t-il deux métiers ?** *Le métier de moniteur de ski ne peut pas s'exercer toute l'année, mais uniquement sur la période hivernale, et surtout pendant la saison touristique. Il permet à cet éleveur de compléter ses revenus (les cours de ski lui apportent la moitié de ses revenus annuels).*

> **Pourquoi aime-t-il cette activité ?** *Il donne des cours de ski, mais il fait aussi découvrir les paysages et les ressources de la région à ses élèves.*

> **Quels autres métiers pratiquent les moniteurs de ski de la région ?** *Charpentiers, maçons.*

La fiche activité 3 est à disposition de ceux qui ne pourraient lire la vidéo en classe ; elle leur permettra de mener cette étape et d'aboutir aux mêmes conclusions.

CE QUE NOUS AVONS APPRIS

Dans certaines régions, les habitants complètent leurs revenus avec un emploi temporaire lié au tourisme.

Le tourisme permet alors de faire vivre la région.

ÉTAPE 4 SYNTHÈSE

DURÉE 10 minutes
ORGANISATION en collectif

Exemple de trace écrite :

En haute saison, la population des stations touristiques augmente de manière importante.
La présence de nombreux touristes nécessite du personnel, donc des emplois supplémentaires.
Les emplois liés au tourisme sont divers et souvent saisonniers (pour une période déterminée).
Pour mieux vivre, certains habitants des zones touristiques pratiquent deux métiers.

Lexique :

Emploi saisonnier : un emploi saisonnier est une activité professionnelle qui se répète chaque année et dont la pratique dépend du rythme des saisons ou du tourisme. Il correspond à une augmentation d'activité limitée dans le temps.

❶ Observe ce tableau, puis réponds aux questions de ton enseignant.

	BASSIN D'ARCACHON	VAL D'ISÈRE
NOMBRE D'HABITANTS « PERMANENTS »	140 000	1 700
POPULATION EN SAISON TOURISTIQUE	400 000	20 000

❷ Lis ce texte, puis réponds aux questions de ton enseignant.

En région Rhône-Alpes, 119 000 emplois sont directement liés à la présence de touristes sur leur lieu de séjour. Dans une station de ski de haute montagne, comme Val d'Isère, la moitié des emplois sont des emplois touristiques, principalement dans les secteurs de la restauration et de l'hébergement.

Le tourisme de montagne étant particulièrement développé durant les hautes saisons d'hiver et d'été, les employeurs ont un besoin de main-d'œuvre temporaire supplémentaire et font appel à des saisonniers. Les emplois saisonniers sont deux fois plus nombreux l'hiver que l'été.

En région Aquitaine, 54 000 emplois sont liés au tourisme. Le littoral est l'espace qui bénéficie le plus du tourisme estival : sur le littoral breton-atlantique, l'emploi local touristique est deux à trois fois plus important en aout qu'en janvier.

Source : Insee, 2011.

Val d'Isère en hiver.

Arcachon, l'été.

Lis ces offres d'emploi, puis complète le tableau de synthèse.

1. Offre d'emploi pour le musée de plein air à Villeneuve-d'Ascq (59)

Le musée de plein air recrute un(e) guide conférencier, pour une durée de trois mois, du 1er mai au 31 juillet 2016.

Mission principale : assurer des visites guidées (interpréter et commenter le patrimoine culturel régional)

Autres missions : accueil des visiteurs ; participation aux tâches quotidiennes du musée (mise en place du matériel, entretien du site...) ; ateliers proposés au jeune public...

Maitrise de plusieurs langues souhaitée : anglais et néerlandais en priorité.

2. Recherche d'un responsable pour le service technique du Château de Nantes

Dans le cadre de l'ouverture, en juin 2016, de la nouvelle version du musée d'histoire de Nantes, axe essentiel du Château des ducs de Bretagne, en plein cœur de Nantes, nous recherchons un(e) responsable du service technique du Château.

Type de contrat : CDI.

Missions : encadrer les équipes techniques (superviser la réalisation des projets et des dossiers techniques, garantir le respect des règles de sécurité et le contrôle des accès pour les visiteurs...).

3. Offre d'emploi : vendeurs sur les plages de Montpellier

Nous recherchons des personnes pour assurer la vente de nos produits biologiques sur les plages cet été (juillet/aout/septembre). Le salaire est calculé en fonction des ventes.

4. Recherche d'un manager pour une agence de tourisme

Nous recherchons un manager service clients pour notre site de Lyon, afin de diriger les équipes qui assurent les réservations de voyages de nos clients servis en France.

EMPLOIS	LIEU	MISSION	DURÉE	EMPLOI (saisonnier ou définitif)

Observe ces deux photos puis lis le texte.

J.-M. Viallet, moniteur de ski.

J.-M. Viallet, agriculteur-éleveur.

Agriculteur et moniteur de ski dans les Alpes

Les journalistes ont passé une journée avec Jean-Michel Viallet, qui a deux métiers : éleveur et moniteur de ski, dans les Alpes, plus précisément dans la région du Beaufortin.

Il commence ses journées à 6 h, avec les activités de la ferme, puis il se rend sur les pistes pour donner des cours de ski, en ce moment, à des adolescents en colonie de vacances. Il leur apprend à skier, mais son métier d'éleveur lui permet aussi de leur faire découvrir les paysages et les ressources de la région.

En fin de journée, de retour dans sa ferme, il s'occupe de ses bêtes. Il aime ses deux métiers, comme beaucoup d'autres moniteurs de ski de la région qui exercent en réalité un autre métier (charpentier, maçon...). Son activité de moniteur lui apporte la moitié de ses revenus annuels. Cela permet de faire vivre la région.

Extrait vidéo du journal TV de France 3 du 24/02/2015.

DOSSIER INTERDISCIPLINAIRE

Pas de vacances pour les déchets !

GÉOGRAPHIE, MATHÉMATIQUES, SCIENCES ET ENSEIGNEMENT MORAL ET CIVIQUE

ENSEIGNEMENT MORAL ET CIVIQUE

Ce dossier permet de traiter principalement l'engagement : agir individuellement et collectivement. Dans le cadre des nouveaux programmes d'EMC, la partie « engagement » nous invite à faire réfléchir les élèves sur la responsabilité de l'individu et du citoyen dans le domaine de l'environnement. Cela peut se concevoir dans différents types d'espaces, comme ici, dans les espaces touristiques.

SCIENCES

En sciences, on pourra « décrire les états et la constitution de la matière à l'échelle macroscopique ».

OBJECTIFS DU DOSSIER

Utiliser des outils mathématiques et scientifiques pour sensibiliser les élèves à la gestion des déchets et à la pollution des littoraux et des océans.

MISE EN ŒUVRE GÉNÉRALE

La classe est devenue pour l'occasion le conseil municipal de la petite commune de Belledune-sur-mer sur la côte atlantique[1]. Lors de la dernière réunion, le maire et ses conseillers municipaux se sont inquiétés de la gestion des déchets et de leur recyclage, pendant la période estivale. Statistiques à l'appui, ils délibèrent et élaborent des solutions pour sensibiliser les touristes. Cette année, il n'y aura pas de vacances pour les déchets !

1. Commune imaginaire dont les caractéristiques sont celles de la commune d'Hossegor dans les Landes.

ÉTAPE 1 RÉSOUDRE UN PROBLÈME SIMPLE

Objectif : calculer la quantité de déchets cumulés pendant la période estivale
Organisation : individuelle, puis collective

1) **METTRE LES ÉLÈVES EN SITUATION** en exposant le problème auquel la commune de Belledune-sur-mer est confrontée tous les étés (décrit ci-dessus).

2) Demander aux élèves de **CALCULER LA MASSE DE DÉCHETS** que doit gérer cette commune en période estivale :

> **La population de la commune de Belledune-sur-mer est de 3 935 habitants. L'été, ce nombre est multiplié par 11. Sachant qu'une personne produit 1 kilogramme de déchets par jour, quelle est la masse de déchets que la commune devra collecter et recycler pendant la période d'été ?**

Lors de la mise en commun, insister sur la masse obtenue : 43 285 kilogrammes de déchets soit 43,285 tonnes.

L'enseignant (qui joue le rôle du maire) rappelle à ses conseillers que de nombreux touristes indélicats n'utilisent pas les poubelles de recyclage mises à leur disposition et que les 7 km de plage « accueillent » trop de déchets.

ÉTAPE 2 DÉCOUVRIR LA DURÉE DE VIE DES DÉCHETS

Objectif : faire des observations et des expériences pour caractériser un échantillon de matière.

Organisation : collective, puis en groupes

Matériel : • fiche activité : un graphique sur la durée de vie des déchets
• des bocaux avec du sable ou de la terre, échantillons de déchets (épluchures, coquilles d'œuf, mouchoirs, canettes, chewing-gums...), étiquettes.

1) **FAIRE LA LISTE DES DÉCHETS** que les touristes indélicats laissent parfois sur la plage : *canettes, sacs plastique, chewing-gums, mégots, mouchoirs en papier, journaux, bouteilles en plastique, bouteilles en verre, épluchures de fruits ou de légumes, coquilles d'œuf...*
Au tableau, les classer selon qu'ils sont biodégradables ou non. Puis, à partir de la fiche activité 1, indiquer en face de chacun le temps de dégradation estimé.

2) **MENER UNE EXPÉRIENCE.** Chaque groupe choisit un échantillon de déchet, qu'il place dans un bocal avec du sable ou de la terre. Il écrit sur une étiquette le nom du groupe, le matériau choisi et le temps estimé de dégradation ; il colle l'étiquette sur le bocal. Au bout de quelques semaines, valider ou infirmer les estimations. Constater que les épluchures, la coquille d'œuf, les mouchoirs en papier ont changé d'aspect contrairement au chewing-gum, à la canette ou au morceau de sac plastique.

ÉTAPE 3 SENSIBILISER AU RAMASSAGE ET AU TRI DES DÉCHETS

Objectif : identifier des impacts humains sur l'environnement et proposer des solutions.

Organisation : en groupes

Matériel : affiches de couleur, feutres...

1) **FAIRE RÉFLÉCHIR LES ÉLÈVES** sur les conséquences de la pollution des plages et des sols en général, suite au constat de la très lente dégradation des déchets. L'enseignant apporte des informations : 100 000 mammifères marins tués, des fonds marins qui étouffent, un cinquième continent de déchets à la surface des océans, des particules de plastique dans la chaine alimentaire...
Cette réflexion peut être menée à partir du site surfrider.eu, association de protection de l'environnement fondée dans les années 1980 aux États-Unis, puis en Europe, par le surfer Tom Curren, plusieurs fois champion du monde. C'est une association financée par l'Union européenne et agréée par les ministères de l'Environnement et de l'Éducation nationale.

2) **RÉALISER DES AFFICHES** pour inciter les touristes à ne pas jeter leurs déchets au sol et à utiliser les poubelles de tri mises à disposition en ville et sur la plage. Les élèves travaillent en binômes.
Exposer les photos des bocaux et les affiches réalisées, dans l'école.

Papier toilette	2 semaines à 1 mois
Trognon de pomme	1 à 5 mois
Mouchoir en papier	3 mois
Pelure de fruit, brique de lait et allumette	6 mois
Journal (quotidien)	3 à 12 mois
Ticket (bus de métro), gant ou chaussette en laine	environ 1 an
Mégot de cigarette	1 à 5 ans
Papier de bonbon, chewing-gum	5 ans
Huile de vidange	5 à 10 ans
Récipient alimentaire en polystyrène, boite de conserve	50 ans
Objet en polystyrène	80 ans
Canette (aluminium ou acier), pneu	jusqu'à 100 ans
Sac en plastique, couche jetable	400 à 450 ans
Boite en aluminium	100 à 500 ans
Bouteille en plastique	100 à 1 000 ans
Filet de pêche, cartouche d'encre	400 à 1 000 ans
Carte téléphonique, forfait de ski	1 000 ans
Verre	jusqu'à 5 000 ans

Durée de vie des déchets dans la nature (temps de dégradation estimé).

THÈME 3
CONSOMMER EN FRANCE

« Comme la société du Moyen Âge s'équilibre sur Dieu et le diable, ainsi la nôtre s'équilibre sur la consommation et sur sa dénonciation. » C'est ainsi que Jean Baudrillard décrit notre monde dans un ouvrage analysant et dénonçant la société de consommation[1] au sein de laquelle nous vivons. L'enjeu de ce thème n'est pas de faire de l'école une fabrique de consommateurs, mais plutôt d'enseigner aux élèves ce que sont nos actes de consommation au quotidien, ce qui les structure et les organise afin de les amener dans leur vie future à faire des choix éclairés : de quoi avons-nous réellement besoin ? Comment préserver ce qui est vital ?

De manière globale, et étymologiquement, consommer quelque chose c'est en faire usage jusqu'à sa disparition complète. Ici, le verbe renvoie à des réalités géographiques et spatiales qui sont autant individuelles que collectives et qui questionnent notre mode de vie contemporain. Il s'agit des actes de consommation qui sont les plus visibles et les plus banals, comme l'achat et la consommation de nourriture, mais aussi ceux qui le sont moins, comme la consommation de gaz, d'électricité ou d'eau.

L'objectif de ce thème est d'aborder la **notion de ressource** – renouvelable et non renouvelable – et de comprendre qu'à l'échelle de notre planète, certaines ressources seront un jour entièrement consommées au sens propre ; les hydrocarbures par exemple.

La **notion de réseau** est aussi initiée dans ce thème au travers de l'étude des réseaux de production, d'acheminement et de distribution d'eau, d'électricité, de pétrole ou de nourriture.

1. BAUDRILLARD J., *La Société de consommation*, Denoël, Paris, 1970.

SÉANCE 14

Comment satisfaire les besoins en eau ?

L'ESSENTIEL À SAVOIR POUR L'ENSEIGNANT

QUELS SONT NOS BESOINS EN EAU ?

L'eau est une **ressource naturelle** et **renouvelable** qui répond d'abord à des besoins vitaux de l'homme (le corps, constitué à 70 % d'eau, a besoin de 2,5 à 3 litres d'eau par jour apportés par la boisson et les aliments) et ensuite à des besoins économiques et récréatifs. Pour éviter une situation de pénurie, les besoins ne doivent jamais être supérieurs aux ressources disponibles.

On distingue, pour évaluer ces besoins, les prélèvements des consommations. L'eau prélevée est utilisée, puis traitée pour être assainie, et enfin restituée au milieu naturel grâce à de vastes réseaux de canalisation ; c'est le cas des eaux à usage domestique ou à usage industriel. L'eau consommée n'est pas restituée au milieu, on en fait usage jusqu'à sa disparition ; c'est le cas de l'eau utilisée pour l'agriculture – en effet, l'eau prélevée pour l'irrigation est presque entièrement utilisée par les plantes pour leur croissance ou évaporée.

QUELLES SONT NOS RESSOURCES ?

À l'échelle de la planète, la moitié de l'eau douce prélevée se présente sous forme solide (glaciers, icebergs) et constitue une ressource potentielle. Le reste est disponible sous forme liquide dans les nappes souterraines ou les eaux de surface alimentées par les précipitations.

En France, les ressources en eau sont abondantes. Le territoire français reçoit en moyenne 440 milliards de m^3 de précipitations en un an (soit 900 litres de pluie par m^2) : 61 % s'évaporent, 16 % alimentent les cours d'eau et 23 % s'infiltrent dans les réserves souterraines. 18 % de l'eau que nous prélevons proviennent des nappes souterraines. Le reste est prélevé dans les eaux de surface (lacs, étangs, rivières…).

Cependant, ces ressources sont variables dans le temps et dans l'espace, selon le niveau et la régularité des précipitations (qui varient de 0,5 à 2 mètres par an selon les régions) ou la présence ou non d'aquifères souterrains ou encore par la nature des prélèvements. La Bretagne a de faibles ressources souterraines à cause

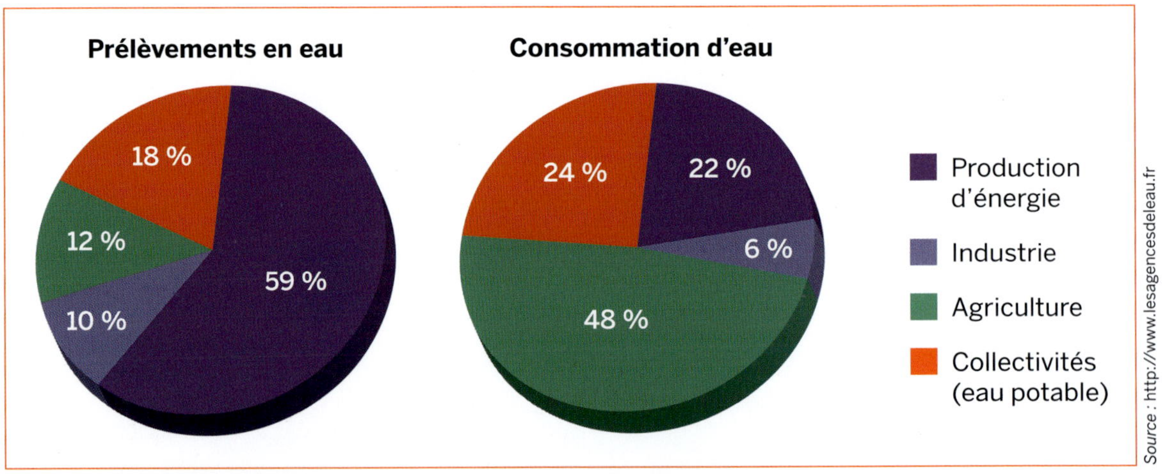

Prélèvements et consommation d'eau en France (moyenne nationale).

de son sol granitique et a donc recours aux ressources superficielles pour sa production d'eau potable. Sur le pourtour méditerranéen, le climat est à la fois sec et sujet à de violentes variations de pluviométrie. Dans un grand quart sud-ouest du pays, les besoins liés à l'irrigation ont augmenté à cause du développement de la culture du maïs, ce qui entraine des risques de sècheresse.

LE RÉSEAU D'EAU POTABLE

Une fois pompée et captée dans des eaux de surface ou des nappes souterraines, l'eau est acheminée par des canalisations vers des usines où elle subit des traitements physiques, chimiques et biologiques. Une fois potable, l'eau est distribuée aux consommateurs. Après usage, l'eau est versée dans les égouts, puis recueillie pour être traitée, afin d'être remise dans la nature.

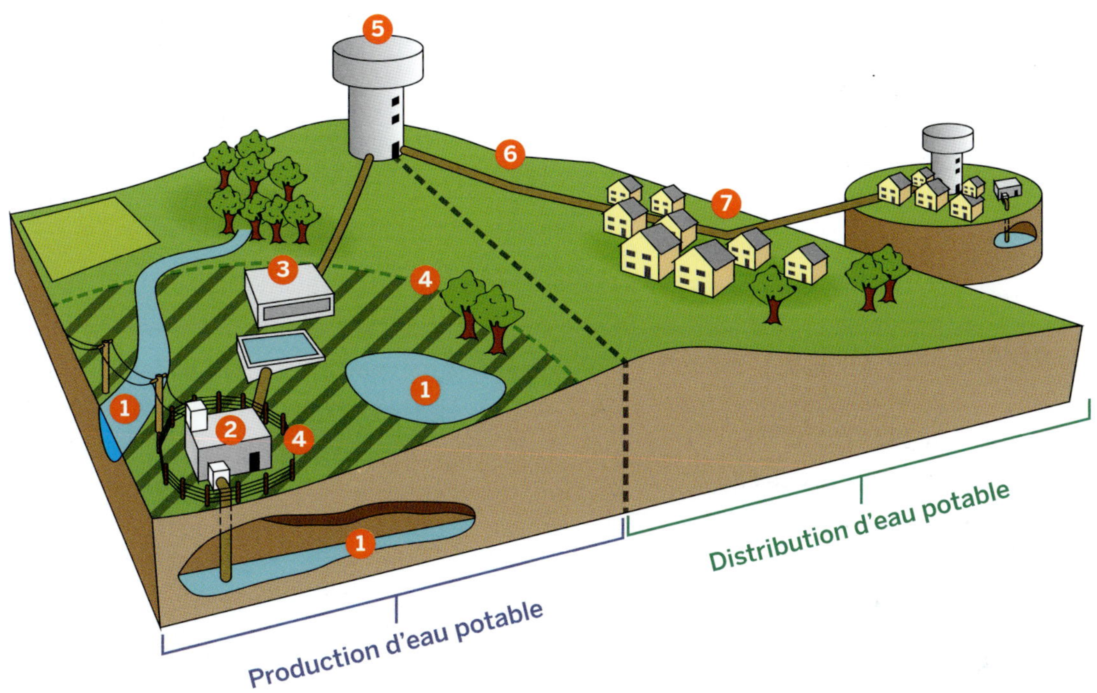

1. Ressources
2. Captage
3. Traitement
4. Périmètre de protection des captages
5. Stockage (château d'eau)
6. Réseau de distribution
7. Réseau d'interconnexions (permettant de relier ponctuellement une collectivité à une autre en cas de panne ou de sècheresse par exemple)

Source : http://www.syded-lot.fr/_/content/view/98/34/

Le réseau d'eau potable.
Le réseau français d'eau potable s'étend sur 920 000 km ; il comprend tous les équipements et les services qui permettent de produire et de distribuer une eau conforme aux normes de potabilité.

DÉROULEMENT DE LA SÉANCE

Compétences, capacités, attendus
- *Identifier le document et savoir pourquoi il doit être identifié.*
- *Extraire des informations pertinentes pour répondre à une question.*
- *Formuler des hypothèses et les vérifier.*
- *Réaliser ou compléter des productions graphiques.*
- *Travailler en commun pour faciliter les apprentissages individuels.*

DURÉE : 60 minutes environ.

ÉTAPE 1 CONSOMMER DE L'EAU AU QUOTIDIEN

DURÉE 15 minutes
ORGANISATION en collectif
MATÉRIEL • fiche activité 1 : un graphique sur la consommation quotidienne d'eau

1) **INTERROGER LES ÉLÈVES** sur leur propre consommation d'eau :

> **À la maison, à la cantine, buvez-vous de l'eau du robinet ou de l'eau en bouteille ?**

> **À quelles autres occasions utilisez-vous de l'eau dans une journée ?** *Quand on prend une douche, quand on tire la chasse d'eau, quand on se lave les mains... Noter les réponses des élèves au tableau.*

2) **OBSERVER LE GRAPHIQUE** de la consommation moyenne d'eau, en une journée, par personne. Au préalable, donner une explication sur ce qu'est une « consommation moyenne » : la consommation est la quantité d'eau utilisée en une journée par chaque habitant, mais cette quantité peut varier d'une personne à l'autre (certains n'ont pas de jardin à arroser, par exemple) ; on calcule alors la moyenne, c'est-à-dire la quantité d'eau utilisée en une journée par l'ensemble des habitants divisée par le nombre de consommateurs ; on obtient donc un chiffre « moyen » de quantité d'eau consommée par habitant, par jour.
Puis demander aux élèves :

> **D'après ce graphique, quels sont les gestes quotidiens pour lesquels nous avons besoin d'eau ?** *Pour boire, faire la cuisine, se laver, laver le linge et la vaisselle, arroser le jardin, laver la voiture, les sanitaires.*
Comparer ces éléments avec les réponses données précédemment par les élèves.

> **D'après le graphique, pour quelles actions du quotidien consommons-nous le plus d'eau ?** *Les bains et les douches, les sanitaires.*

> **Quels sont les gestes qui consomment le moins d'eau ?** *Boire et cuisiner.*
Faire remarquer qu'en France, on peut utiliser l'eau du robinet pour boire et cuisiner car elle est potable.

> **Combien de litres d'eau sont consommés en une journée ? Additionner les chiffres par rubrique pour trouver la consommation d'eau moyenne journalière.** *148 litres.*
Remarquer que c'est beaucoup : 148 litres, c'est environ 98 bouteilles d'eau. Dans certains pays d'Afrique, on ne dispose que de 5 litres d'eau par jour et par personne.

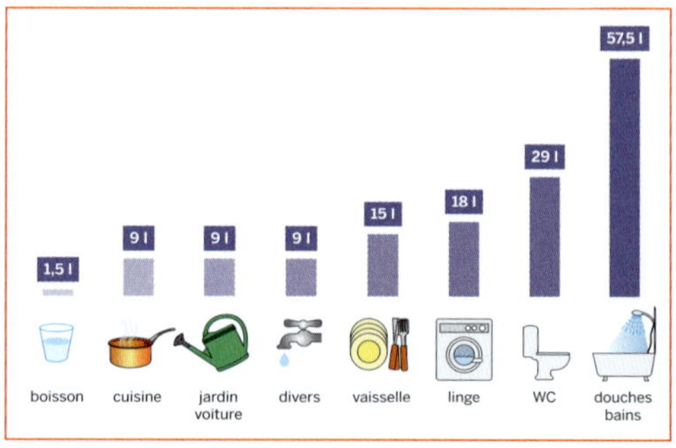

Source : www.cieau.com

CE QUE NOUS AVONS APPRIS

Chaque jour, nous utilisons de l'eau. Aujourd'hui un Français consomme environ 148 litres d'eau par jour pour se laver, faire la cuisine, laver le linge, arroser son jardin et boire. Nous pouvons boire l'eau du robinet qui est potable.

Afin d'introduire l'étape suivante, demander aux élèves :

> **À votre avis, d'où vient l'eau du robinet qu'on utilise au quotidien ?**

ÉTAPE 2 D'OÙ VIENT L'EAU DU ROBINET ?

DURÉE 25 minutes
ORGANISATION en collectif
MATÉRIEL
- animation : le cycle de l'eau
  ou fiche activité 2 : un schéma et un texte sur le cycle de l'eau
- fiche activité 3 : un schéma sur les cycles de l'eau à légender (et son corrigé)
- voir aussi l'animation : le schéma des cycles de l'eau à légender
- animation : la station d'épuration (facultatif)

1) **INTERROGER LES ÉLÈVES** pour amorcer la réflexion :

> **Où trouve-t-on de l'eau dans la nature ?** *Dans la mer, les fleuves, les lacs, les rivières, la pluie, les sources.*
Expliquer qu'il existe aussi des rivières souterraines et des nappes phréatiques.
Faire remarquer également que notre planète est composée d'eau à 70 % (planète bleue), mais que 97 % de cette eau est salée et qu'il n'y a que 3 % d'eau douce.

> **Selon vous, la France dispose-t-elle d'importantes ressources en eau ?** *Oui, il y a la mer et les fleuves et, selon la région, il pleut souvent !*
Faire remarquer que l'eau qui coule de notre robinet ne provient pas directement de la mer ou de la rivière. Elle doit être filtrée avant.

> **Dans notre région, d'où vient l'eau que nous consommons ?**
En fonction de sa région, l'enseignant trouvera des informations en ligne ; il peut aussi utiliser la carte de la région de l'école construite en séance 3 (repérer les fleuves, rivières, lacs).

2) **DÉCOUVRIR LES CYCLES DE L'EAU** grâce à l'animation et au schéma. Visionner l'animation et interroger les élèves sur le chemin parcouru par l'eau ; l'enseignant apporte le vocabulaire spécifique :

> **D'où vient l'eau des nuages ?** *Elle vient de l'océan qui s'évapore ; on parle d'évaporation. Elle se transforme en nuage ou en brouillard ; on parle de condensation.*

> **En quoi se transforme-t-elle ?** *Elle se transforme en précipitations (pluie, neige, grêle, rosée).*

> **Où repart-elle ?** *Ensuite elle s'infiltre ou ruissèle pour repartir vers l'océan.*
Préciser qu'il s'agit du grand cycle de l'eau.

Demander aux élèves d'observer le schéma vierge. Les questionner sur les éléments de l'image facilement identifiables (nuages, pluie, rivière, ruisseau, mer ou océan) ; de nouveau l'enseignant apporte le vocabulaire spécifique :

> **Combien de cycles distingue-t-on sur ce schéma ?** *Deux : un rouge (grand) et un bleu (petit).*

> **Quel cycle correspond à ce qu'on voit sur l'animation ?** *Le rouge, qui représente le grand cycle de l'eau.*

> **Pour le cycle bleu, d'où vient l'eau ?** *Elle provient d'une rivière ou d'une nappe phréatique.*

> **Où va-t-elle ?** *Elle va vers l'usine de production d'eau potable ; puis vers la ville, dans un réseau de canalisations ; elle est stockée dans un château d'eau et arrive enfin au robinet. Elle va aussi vers les usines et est utilisée par les agriculteurs pour arroser les champs.*

> Où vont les eaux usées (sales) ? *Elles vont dans une station d'épuration (ou de dépollution) et retournent « propres », mais pas forcément potables, dans la mer ou la rivière.*
Pour aller plus loin, on peut projeter l'animation sur la station d'épuration.

Démarche à suivre pour ceux qui ne peuvent pas utiliser les animations :

2 bis DÉCOUVRIR LES CYCLES DE L'EAU grâce à deux schémas et à un texte. Observer le premier schéma ; l'expliquer et le commenter grâce à la lecture du texte. Puis interroger les élèves sur le chemin parcouru par l'eau ; l'enseignant apporte le vocabulaire spécifique :

> D'où vient l'eau des nuages ? *Elle vient de l'océan qui s'évapore ; on parle d'évaporation. Elle se transforme en nuage ou en brouillard ; on parle de condensation.*

> En quoi se transforme-t-elle ? *Elle se transforme en précipitations (pluie, neige, grêle, rosée).*

> Où repart-elle ? *Ensuite elle s'infiltre ou ruissèle pour repartir vers l'océan.*
Préciser qu'il s'agit du grand cycle de l'eau.

Demander aux élèves d'observer le deuxième schéma, qui est vierge. Les questionner sur les éléments de l'image facilement identifiables (nuages, pluie, rivière, ruisseau, mer ou océan) ; de nouveau l'enseignant apporte le vocabulaire spécifique :

> Combien de cycles distingue-t-on sur ce schéma ? *Deux : un rouge (grand) et un bleu (petit).*

> Quel cycle correspond à ce qu'on voit sur l'animation ? *Le rouge, qui représente le grand cycle de l'eau.*

> Pour le cycle bleu, d'où vient l'eau ? *Elle provient d'une rivière ou d'une nappe phréatique.*

> Où va-t-elle ? *Elle va vers l'usine de production d'eau potable ; puis vers la ville, dans un réseau de canalisations ; elle est stockée dans un château d'eau et arrive enfin au robinet. Elle va aussi vers les usines et est utilisée par les agriculteurs pour arroser les champs.*

> Où vont les eaux usées (sales) ? *Elles vont dans une station d'épuration (ou de dépollution) et retournent « propres », mais pas forcément potable, dans la mer ou la rivière.*

3) LÉGENDER LE SCHÉMA. Inviter les élèves à :

> Colorier en rouge les flèches qui correspondent au grand cycle de l'eau et placer au bon endroit les éléments suivants : évaporation, condensation, précipitations, retour à la mer.

> Colorier en bleu les flèches qui correspondent au petit cycle de l'eau et placer au bon endroit les éléments suivants : captage, usine d'eau potable, château d'eau, distribution et usine de dépollution.

> Compléter la légende.
Pour la mise en commun, projeter le schéma animé des cycles de l'eau ou légender avec les élèves le schéma de la fiche activité 3 agrandie et affichée au tableau.

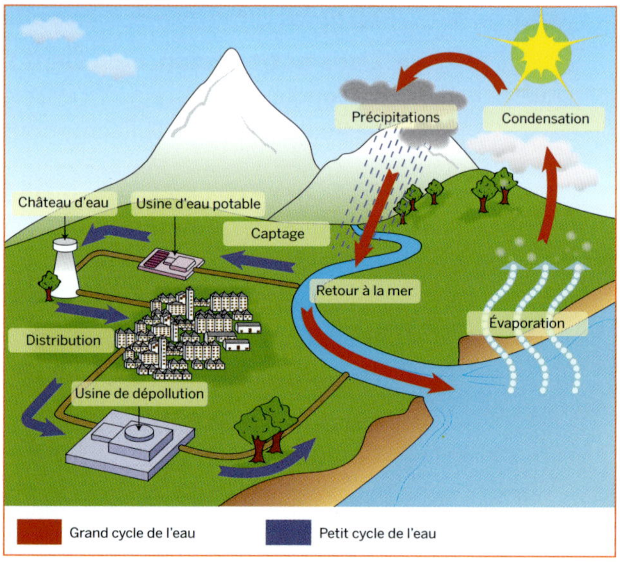

CE QUE NOUS AVONS APPRIS

Le grand cycle de l'eau est un cycle naturel. Le petit cycle de l'eau est un cycle domestique : l'eau que l'on trouve dans la nature est captée, traitée (ou nettoyée) puis distribuée. Elle est potable et peut être consommée sans danger. Les eaux sales sont dépolluées dans des usines avant de retourner dans la nature.

ÉTAPE 3 PRENDRE CONSCIENCE QUE L'EAU EST PRÉCIEUSE

DURÉE 15 minutes
ORGANISATION en individuel, puis en binômes et de nouveau en individuel
MATÉRIEL • fiche activité 4 : un questionnaire sur l'eau (et son corrigé)
• une affiche et des feuilles A4

1) Demander aux élèves de **RÉPONDRE AU QUESTIONNAIRE SUR L'EAU** individuellement. Lors de la mise en commun, argumenter les réponses (voir la fiche corrigée) et montrer aux élèves que l'eau est une ressource renouvelable, mais qu'il ne faut pas la gaspiller.

2) Demander aux élèves, répartis en binômes, de **TROUVER UNE OU PLUSIEURS IDÉE(S) POUR PRÉSERVER L'EAU** en répondant à ces questions :

> **Que puis-je faire pour ne pas gaspiller l'eau ?** *Prendre une douche, couper l'eau quand je me brosse les dents, récupérer les eaux pluviales pour arroser le jardin, faire réparer les fuites…*

> **Que puis-je faire pour ne pas polluer l'eau ?** *Ne rien jeter dans les toilettes (médicaments, lingettes, produits toxiques), réduire les doses de lessive et de produit vaisselle…*

Lors de la mise en commun, noter les propositions les plus pertinentes sur une affiche.

3) À partir de ces éléments, demander à chaque binôme de **CRÉER UNE AFFICHE POUR LA PROTECTION DE L'EAU** avec un slogan de type : « L'eau est précieuse, préservons-la ! ».

CE QUE NOUS AVONS APPRIS

Nos besoins en eau sont importants et nous la consommons de plus en plus. Même si l'eau est une ressource normalement renouvelable à l'infini, c'est aussi une ressource précieuse qu'il ne faut ni gaspiller, ni polluer. Des gestes simples du quotidien nous permettent de la préserver.

ÉTAPE 4 SYNTHÈSE

DURÉE 10 minutes
ORGANISATION en classe entière

Exemple de trace écrite :

En France, chaque jour, nous utilisons environ 150 litres d'eau par personne. L'eau est captée dans les rivières ou les nappes souterraines puis elle est traitée pour devenir potable. Elle est ensuite distribuée par un immense réseau de canalisations. Elle peut être consommée en toute sécurité. C'est le petit cycle de l'eau.
Dans la nature, l'eau se renouvèle en permanence, c'est le grand cycle de l'eau.
Même si l'eau est une ressource inépuisable, elle est précieuse et il ne faut pas la gaspiller.
Chacun, par des gestes simples, peut aider à la préserver.

Lexique :

Eau potable : une eau potable est une eau que l'on peut boire sans risque pour la santé.
Nappe phréatique : une nappe phréatique est une nappe d'eau souterraine que l'on rencontre à une faible profondeur (contrairement aux nappes dites profondes).

PROLONGEMENT POSSIBLE

Montrer que l'industrie, l'agriculture et le tourisme sont des activités grandes consommatrices d'eau.

[FICHE ACTIVITÉ 1]

Les besoins en eau

Observe ce graphique et réponds aux questions de ton enseignant.

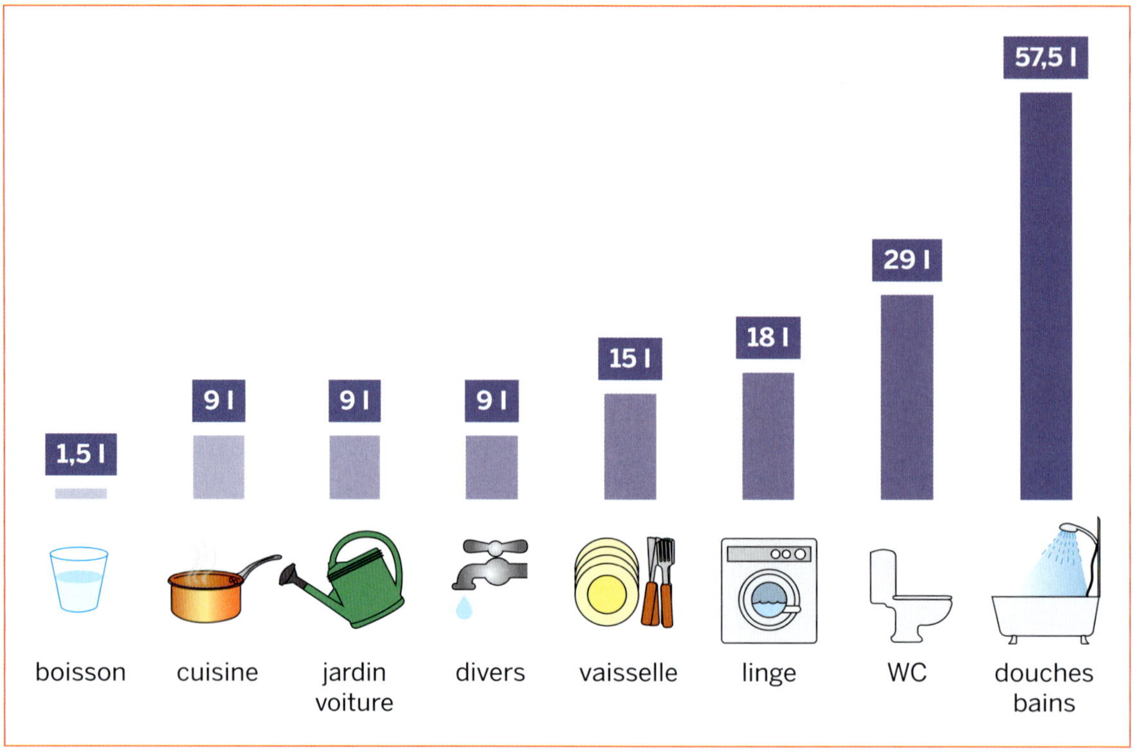

Source : www.Cieau.com.

La consommation quotidienne d'eau, en moyenne, en France.

[FICHE ACTIVITÉ 1]

Les besoins en eau

Observe ce graphique et réponds aux questions de ton enseignant.

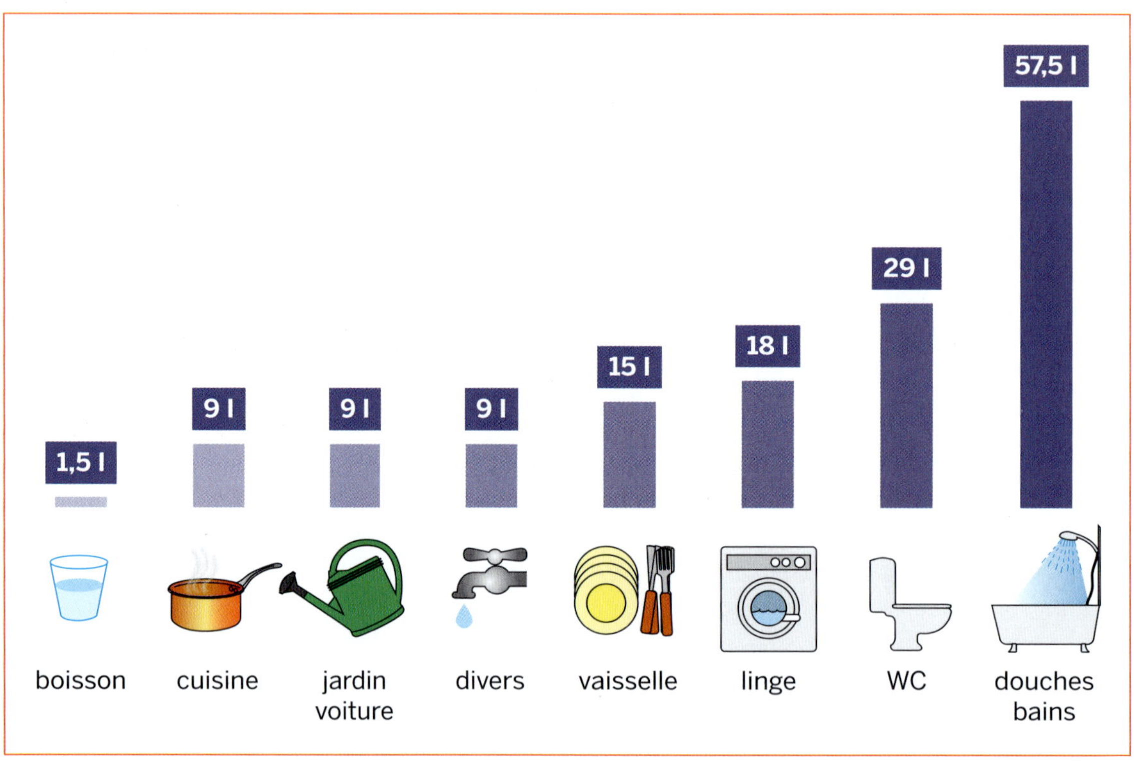

Source : www.Cieau.com.

La consommation quotidienne d'eau, en moyenne, en France.

Observe ce schéma et lis le texte.

Le cycle de l'eau.

Le cycle de l'eau

Sous l'effet de la chaleur du soleil, l'eau des mers et des océans, mais aussi des lacs et des rivières, s'évapore. La **vapeur d'eau** monte en altitude, puis **se condense** en refroidissant. C'est ainsi que se forment les nuages. La vapeur d'eau dans l'air est également due à la transpiration des plantes dans les forêts.

Les nuages provoquent des **précipitations** : de la pluie, mais aussi de la neige ou de la grêle, selon les conditions atmosphériques et selon l'altitude. Cette eau qui vient des nuages forme des lacs ou des sources qui deviendront des ruisseaux et des fleuves qui se jettent dans la mer. On dit que leur eau est « douce » car elle n'est pas salée.

L'eau qui tombe du ciel remplit aussi, dans le sous-sol, les **nappes phréatiques**. C'est dans ces nappes souterraines que nous puisons l'eau dont nous nous servons tous les jours pour boire, nous laver, cuisiner…

L'eau issue des nuages est ainsi de **retour dans la mer** d'où elle s'évaporera à nouveau. Le phénomène se reproduit indéfiniment. C'est le cycle de l'eau.

Légende ce schéma sur les cycles de l'eau :

❶ Colorie en rouge les flèches qui correspondent au grand cycle de l'eau et place au bon endroit les éléments suivants :

évaporation, condensation, précipitations, retour à la mer.

❷ Colorie en bleu les flèches qui correspondent au petit cycle de l'eau et place au bon endroit les éléments suivants :

captage, usine d'eau potable, château d'eau, distribution et usine de dépollution.

❸ Complète la légende.

Les cycles de l'eau.

 ....

 ....

[FICHE ACTIVITÉ 4]

Les besoins en eau

Réponds à ce questionnaire, en entourant la bonne réponse.

1) L'eau n'est pas une ressource renouvelable. Vrai – Faux

2) Un robinet qui fuit peut perdre 120 litres d'eau par jour. Vrai – Faux

3) Je peux jeter les médicaments périmés dans les toilettes. Vrai – Faux

4) Il vaut mieux arroser son jardin le soir. Vrai – Faux

5) Un bain consomme cinq fois moins d'eau qu'une douche. Vrai – Faux

6) Les vieilles machines à laver consomment plus d'eau que les machines récentes. Vrai – Faux

[FICHE ACTIVITÉ 4]

Les besoins en eau

Réponds à ce questionnaire, en entourant la bonne réponse.

1) L'eau n'est pas une ressource renouvelable. Vrai – Faux

2) Un robinet qui fuit peut perdre 120 litres d'eau par jour. Vrai – Faux

3) Je peux jeter les médicaments périmés dans les toilettes. Vrai – Faux

4) Il vaut mieux arroser son jardin le soir. Vrai – Faux

5) Un bain consomme cinq fois moins d'eau qu'une douche. Vrai – Faux

6) Les vieilles machines à laver consomment plus d'eau que les machines récentes. Vrai – Faux

[FICHE ACTIVITÉ 4]

Les besoins en eau

Réponds à ce questionnaire, en entourant la bonne réponse.

1) L'eau n'est pas une ressource renouvelable. Vrai – Faux

2) Un robinet qui fuit peut perdre 120 litres d'eau par jour. Vrai – Faux

3) Je peux jeter les médicaments périmés dans les toilettes. Vrai – Faux

4) Il vaut mieux arroser son jardin le soir. Vrai – Faux

5) Un bain consomme cinq fois moins d'eau qu'une douche. Vrai – Faux

6) Les vieilles machines à laver consomment plus d'eau que les machines récentes. Vrai – Faux

SÉANCE 15

D'où vient l'essence qu'on met dans la voiture ?

L'ESSENTIEL À SAVOIR POUR L'ENSEIGNANT

Facile à stocker et à transporter, le pétrole est au cœur de notre économie contemporaine. La quasi-totalité des carburants liquides (essence) est fournie par le pétrole. Le pétrole, énergie fossile, est la **première source d'énergie consommée** dans le monde (30 % de la demande mondiale), mais c'est une ressource très inégalement répartie, qui implique des flux de transports entre les pays producteurs et les pays consommateurs. En France, notre production permet de couvrir 1 % de nos besoins, par conséquent, nous importons l'essentiel du pétrole que nous consommons selon la répartition suivante :

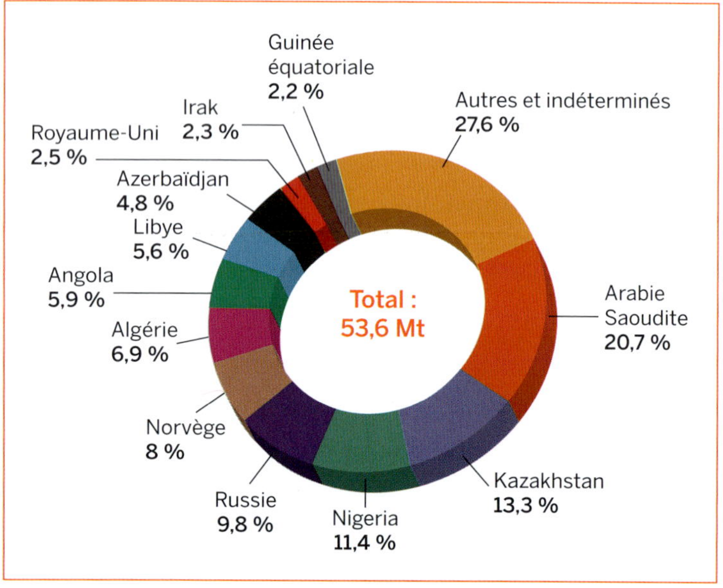

Source : http://www.connaissancedesenergies.org/

Origine des importations françaises de pétrole brut.

Le pétrole est un liquide qui se forme dans le sous-sol, suite à la décomposition de matière organique. Ce processus est très lent – plusieurs millions d'années – et, d'un point de vue géologique strict, le pétrole est « renouvelable ». Le pétrole est pourtant considéré aujourd'hui comme une ressource non renouvelable car nous produisons et consommons cette ressource naturelle bien plus vite que le temps nécessaire pour que la ressource se régénère. On estime que la nature crée environ 100 000 à 300 000 barils de pétrole par an. La consommation actuelle se situe autour de 91,3 milliards de barils par jour (environ 1 000 barils par seconde). Nous consommons donc théoriquement en moins de 5 minutes ce que la nature crée en un an.

QUELLES SONT NOS RESSOURCES ?

Pour estimer à l'échelle mondiale nos ressources en hydrocarbures (pétrole et gaz), les experts utilisent le terme de « réserve » qui désigne, dans le cas du pétrole, les réserves dites « prouvées », c'est-à-dire celles que l'on est sûr, aujourd'hui, étant donné nos capacités techniques, de pouvoir extraire d'un gisement. Ces réserves sont estimées à environ 1 700 milliards de barils soit 52 ans de production (au rythme actuel de consommation). Les cinq pays qui possèdent actuellement les réserves prouvées les plus importantes sont les suivants : Venezuela (17,5 %), Arabie Saoudite (15,7 %), Canada (10,2 %), Iran (9,3 %) et Irak (8,8 %).

LE CIRCUIT DU PÉTROLE, DES LIEUX DE PRODUCTION JUSQU'À LA POMPE À ESSENCE

Les lieux de production du pétrole sont souvent éloignés des lieux de consommation. Cette ressource est donc transportée selon deux modes principaux : l'**oléoduc** (ou pipeline) et le **navire pétrolier** (tanker) – la moitié du pétrole brut consommé est transportée par voie maritime.

Le pétrole brut ne peut pas être utilisé dans son état originel. Il est nécessaire de le transformer : c'est l'étape du **raffinage**. Il est ensuite acheminé vers les pompes à essence, grâce à des **camions citernes**.

Le transport du pétrole est, à toutes ces étapes, risqué (déversement d'hydrocarbures, piraterie, feu et explosion, échouement et naufrage). Chaque jour, environ 300 navires passent par des zones à risques où les flux se concentrent ; détroits et caps par exemple. La pointe de la Bretagne est ainsi une zone à haut risque. Le risque le plus grave est le déversement du pétrole en mer (marée noire), comme l'ont montré les accidents de l'*Amoco Cadiz* en 1978, de l'*Erika* en 1999 ou encore du *Prestige* en 2002.

Répartition des réserves prouvées de pétrole dans le monde à fin 2014.

DÉROULEMENT DE LA SÉANCE

Compétences, capacités, attendus

- *Nommer et localiser les grands repères géographiques.*
- *Situer des lieux et des espaces les uns par rapport aux autres.*
- *Appréhender la notion d'échelle géographique, de l'échelle locale à l'échelle mondiale.*
- *Formuler des hypothèses.*
- *Travailler en groupe.*
- *S'approprier un lexique géographique spécifique.*
- *Mobiliser et réinvestir le vocabulaire.*
- *Interpréter les données d'une photographie.*

DURÉE : 60 minutes environ.

ÉTAPE 1 DÉCRIRE UNE PHOTOGRAPHIE

DURÉE 15 minutes
ORGANISATION en groupes de 4 puis en collectif
MATÉRIEL • fiche activité 1 : une photo d'un navire pétrolier, avec un tableau à compléter (et son corrigé)
• le planisphère de la classe

1) **OBSERVER LA PHOTOGRAPHIE** et demander aux élèves, répartis en groupes de 4, de la décrire en quelques mots sur une feuille de brouillon. Désigner un secrétaire par groupe : il note les réponses de ses camarades et les rapportera à la classe lors de la mise en commun.

2) **METTRE LES RÉPONSES EN COMMUN.** Chaque groupe note les mots-clés dans la première colonne du tableau. Puis, lire la légende de la photo avec les élèves et compléter la deuxième colonne du tableau, en utilisant un vocabulaire approprié.

[FICHE ACTIVITÉ 1 CORRIGÉE]
D'où vient l'essence qu'on met dans la voiture ?

2 Un tanker dans le port du Havre

OBSERVATIONS – MOTS CLÉS	APPORT DE L'ENSEIGNANT
Bateau	Navire pétrolier, tanker transportant du pétrole brut
Eau, mer	La Manche
Quai	Port du Havre
Tuyaux	Pipelines qui acheminent le pétrole jusqu'à la raffinerie, oléoducs
Bacs	Citernes
...	...

[Comprendre le monde] Géographie CM1 © Éditions Retz

3) **SITUER** le port du Havre et la Manche sur le planisphère de la classe.

CE QUE NOUS AVONS APPRIS

Le pétrole brut est transporté dans des bateaux appelés tankers ou super tankers. Arrivés au port, ils déchargent leur cargaison dans des pipelines ou des oléoducs qui acheminent le pétrole jusqu'à la raffinerie.

ÉTAPE 2 SE DEMANDER D'OÙ PROVIENT LE PÉTROLE

DURÉE 15 minutes
ORGANISATION en collectif puis en individuel
MATÉRIEL • fiche activité 2 : planisphère des régions productrices de pétrole dans le monde
• fiche activité 2 : un planisphère vierge (et son corrigé)
• le planisphère de la classe

1) **OBSERVER LE PLANISPHÈRE** et interroger les élèves sur la lecture de cette carte :

> **Comment est représentée la production de pétrole sur la carte ?** *Elle est représentée par des bidons, des barils, plus ou moins grands ; plus la région du Monde produit de pétrole, plus le baril est grand (et inversement).*
Les interroger ensuite sur les lieux où l'on produit le pétrole à l'échelle mondiale. Nommer oralement les continents et faire remarquer la quantité produite : un peu en Afrique, beaucoup au Proche-Orient, etc. On peut classer les continents par ordre croissant de production : l'Europe, l'Extrême-Orient et l'Océanie, l'Afrique, l'Amérique latine, l'Amérique du Nord, la CEI et le Proche-Orient.

2) Indiquer aux élèves que le tanker sur la photo étudiée en étape 1 avait chargé sa cargaison de pétrole en Arabie Saoudite, au Proche-Orient. **REPÉRER L'ARABIE SAOUDITE** sur le planisphère vierge ; elle est représentée en orange sur la carte. Puis demander aux élèves :

> **Quelle route maritime ce tanker a pu emprunter pour aller jusqu'au Havre ?**
Recenser les hypothèses des élèves et trouver le chemin le plus court. Indiquer le lexique spécifique : *le tanker a emprunté une route maritime depuis l'Arabie Saoudite en passant par le détroit d'Ormuz, la mer Rouge, le canal de Suez, la mer Méditerranée, le détroit de Gibraltar, l'océan Atlantique puis La Manche pour arriver dans le port du Havre.*

3) **LOCALISER LES LIEUX CITÉS** sur le planisphère (écrire leur nom) et **TRACER** en rouge l'itinéraire repéré.

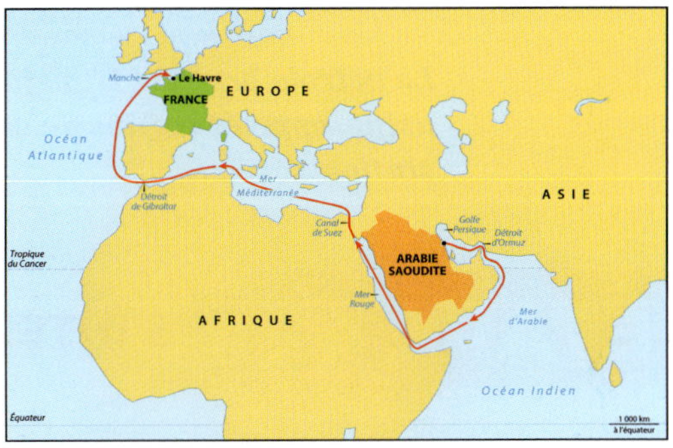

CE QUE NOUS AVONS APPRIS

Presque tout le pétrole consommé dans le monde est produit au Proche-Orient à plus de 6 000 km de la France. Les bateaux empruntent les routes maritimes les plus courtes pour l'acheminer jusqu'en France. Ils naviguent sur les océans et les mers pendant plusieurs jours et passent par des détroits et des canaux.

ÉTAPE 3 OBSERVER UN PAYSAGE INDUSTRIEL

DURÉE 15 minutes
ORGANISATION en collectif
MATÉRIEL • fiche activité 3 : une photo d'une raffinerie, avec le schéma de transformation du pétrole

1) **MONTRER LA PHOTO DE LA RAFFINERIE** et interroger les élèves :

> **Peut-on mettre du pétrole brut dans sa voiture ?** *Non.*

> **Selon vous, que fait-on dans cette usine ?**

Relever les hypothèses émises par les élèves, puis expliquer que le pétrole venu d'Arabie ne peut pas être utilisé tel quel et qu'il doit être transformé.
Sur la photo, nous pouvons voir :
– les **pipelines** pour acheminer le pétrole brut depuis le port ;
– les **citernes** appelées aussi **réservoirs** qui servent au stockage ;
– les tours de distillation ou « **fours** » (nouvel apport), les constructions les plus hautes sur l'image.
Aborder les notions de transformation et d'industrie : dans cette usine, le pétrole est chauffé et transformé en essence.
À la sortie de la raffinerie, l'essence est distribuée dans les stations-services par camion (citerne).

2) **OBSERVER LE SCHÉMA** de transformation du pétrole. Constater que, quand on chauffe le pétrole brut, on n'obtient pas seulement de l'essence. Selon la température à laquelle on le chauffe, on le transforme pour produire différentes matières.

> **Que fait-on du pétrole brut ?** *Il est chauffé dans un four.*

> **Qu'obtient-on comme matières à la sortie du four ?**

Les élèves identifient les différents dessins du schéma : *les routes faites en bitume (goudron) ; le fioul pour se chauffer ; l'huile pour les voitures ; le gazole, l'essence, le kérosène ; les matières plastiques.*
Le pétrole ne sert pas uniquement à faire de l'essence pour les voitures, il sert aussi à fabriquer bien d'autres produits. Constater que nous rencontrons ces produits dans notre vie quotidienne.

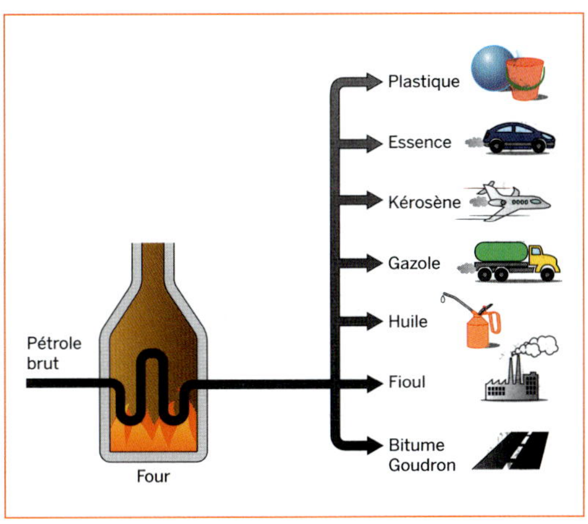

CE QUE NOUS AVONS APPRIS

Le pétrole brut est transformé en plusieurs produits (dont l'essence), dans une usine, appelée raffinerie. L'essence est ensuite acheminée par camion jusqu'à la station-service.

ÉTAPE 4 S'INTERROGER SUR LA POLLUTION

DURÉE 10 minutes
ORGANISATION en collectif
MATÉRIEL • fiche activité 3 : la photo de la raffinerie

1) **REPRENDRE LA PHOTOGRAPHIE DE LA RAFFINERIE** et demander aux élèves :

> **Que remarque-t-on à l'arrière-plan ?** *De la fumée, de la pollution.*
Constater que cette énergie est polluante à la production mais aussi à la consommation.

> **La voiture est-elle un mode de déplacement propre ?** *Pas toujours.*
Les gaz d'échappement des voitures à essence ou diesel sont dangereux pour la santé. On peut aussi citer en exemple l'usage des sacs plastiques, fabriqués à partir du pétrole, ils mettent plus de 450 ans à se dégrader dans la nature.
Conclure que le pétrole est une énergie polluante.

2) **ABORDER LA NOTION D'ÉNERGIE FOSSILE** à partir des pré-acquis des élèves.

> **Y aura-t-il du pétrole quand vous aurez 30 ans ?**

> **La ressource pétrole est-elle inépuisable ?**
À partir des réponses des élèves, mener un petit débat dans la classe. Expliquer que le pétrole est une ressource limitée, non renouvelable ; les experts prévoient la fin des ressources de pétrole d'ici 40 à 50 ans.

3) **ABORDER LA NOTION DE DÉVELOPPEMENT DURABLE** en demandant :

> **Est-ce que les voitures fonctionnent uniquement avec du pétrole ?** *Non, il existe aussi des voitures électriques.*
Il existe donc des solutions alternatives à l'utilisation du pétrole, qui est une énergie polluante et dont les ressources s'épuisent.

CE QUE NOUS AVONS APPRIS

Le pétrole est une énergie fossile polluante. Dans 50 ans, pour faire fonctionner les voitures, il faudra trouver d'autres sortes d'énergies, dites « propres ». Il existe déjà des voitures hybrides et électriques (mais leur autonomie n'est que d'environ 200 km alors qu'elle est de 700 km pour un véhicule à essence).

ÉTAPE 5 SYNTHÈSE

DURÉE 10 minutes
ORGANISATION en classe entière

Exemple de trace écrite :

Le pétrole qui arrive en France vient du Proche-Orient. Transporté par bateau sur plus de 6 000 kilomètres, il est ensuite transformé dans des usines et acheminé par camion jusqu'à la station-service. Le pétrole est une énergie fossile (qui ne se renouvèle pas) et polluante. Dans environ cinquante ans, les voitures devront fonctionner avec des énergies propres comme l'électricité ou l'eau.

Lexique :

Détroit : passage maritime étroit entre deux terres.
Canal : voie navigable creusée par l'homme pour aller d'un lieu à un autre, d'une mer à une autre et faciliter le transport des marchandises.

D'où vient l'essence qu'on met dans la voiture ?

1 Observe cette photographie et décris-la en quelques mots sur ton cahier.

Navire pétrolier déchargeant sa cargaison, dans le port du Havre, en France.

2 Puis complète ce tableau avec l'aide de tes camarades et de ton enseignant.

OBSERVATIONS – MOTS CLÉS	APPORT DE L'ENSEIGNANT

D'où vient l'essence qu'on met dans la voiture ?

❶ Observe ce planisphère et réponds aux questions de ton enseignant.

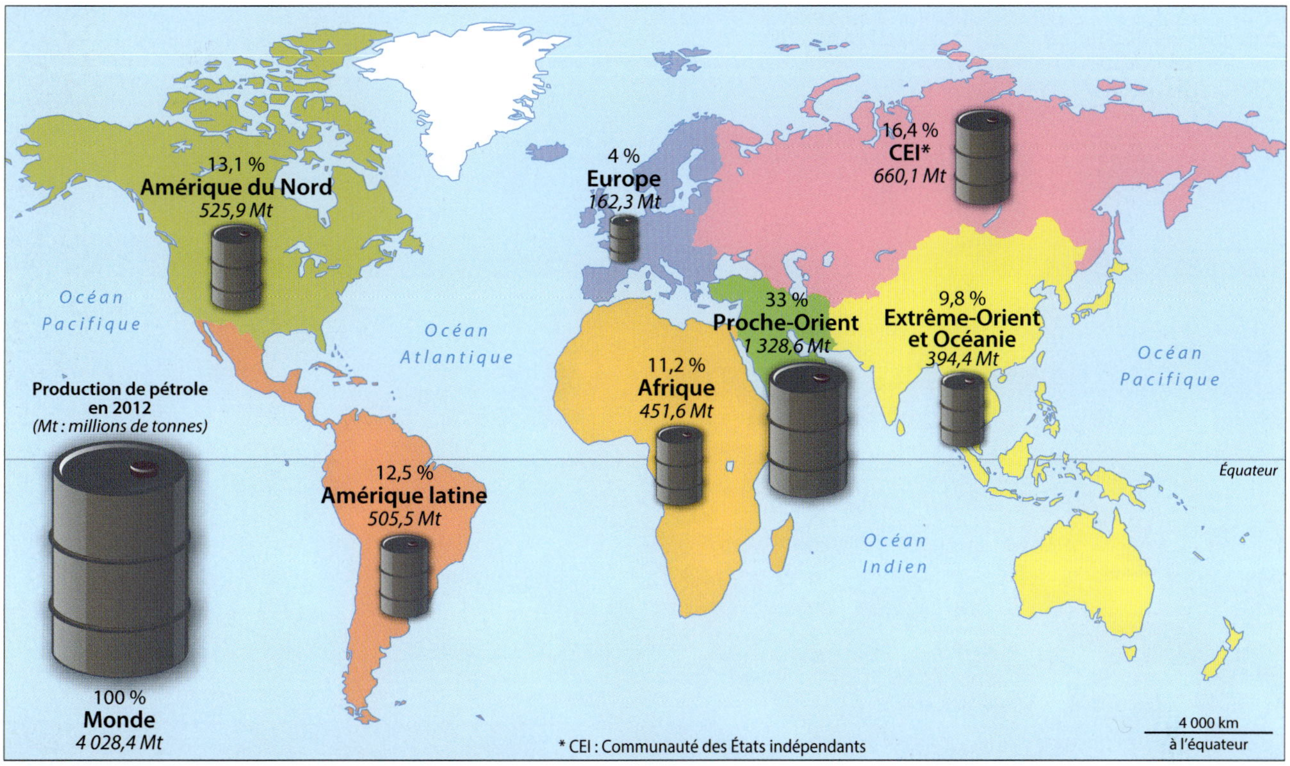

Les régions productrices de pétrole dans le monde.

❷ Complète ce planisphère : trace en rouge l'itinéraire pris par le tanker.

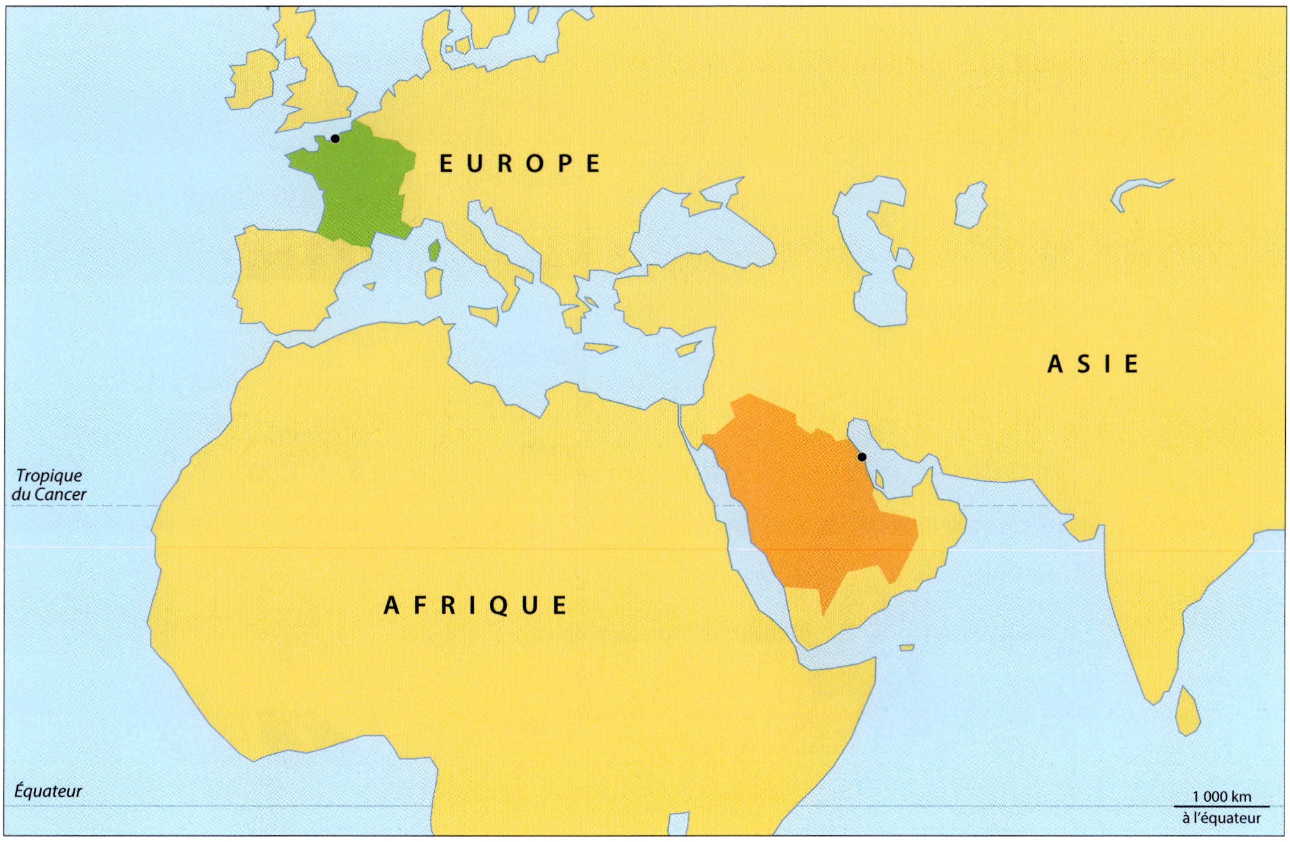

1 Observe cette photographie et réponds aux questions de ton enseignant.

La raffinerie Total de Gonfreville-l'Orcher, près du Havre.

2 Observe ce schéma et réponds aux questions de ton enseignant.

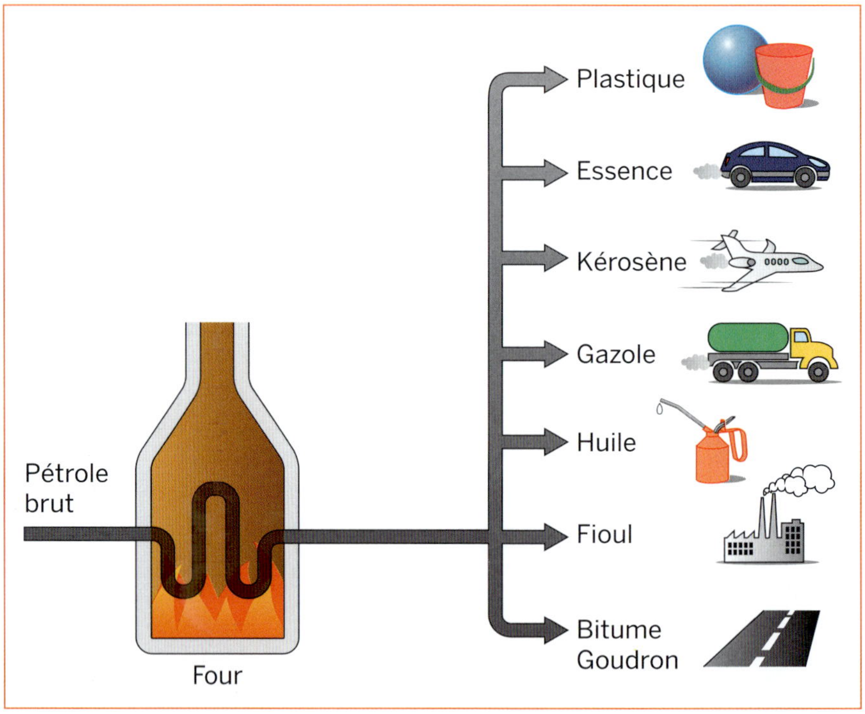

La transformation du pétrole brut.

SÉANCE 16

D'où vient l'électricité ?

L'ESSENTIEL À SAVOIR POUR L'ENSEIGNANT

QUELS SONT NOS BESOINS EN ÉLECTRICITÉ ?

Éclairage, chauffage, téléviseurs, ordinateurs, réfrigérateurs, téléphones, etc., autant d'objets de notre vie quotidienne qui fonctionnent grâce à l'énergie électrique. Cette énergie n'est maitrisée que depuis deux siècles, mais nous en faisons un usage croissant (voir graphique ci-dessous). En France, 33 millions de personnes consomment de l'électricité et, en 20 ans, la consommation totale a été multipliée par 1,5. Les secteurs les plus consommateurs sont l'habitat et les activités tertiaires : 68,6 % de la consommation finale en 2013.

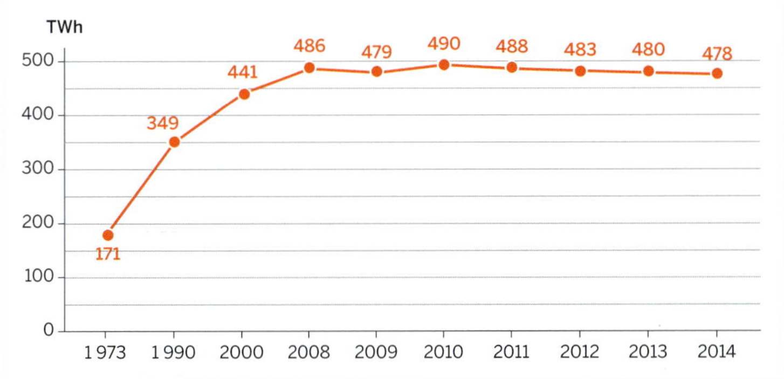

Source : https://www.edf.fr

Évolution de la consommation française d'électricité de 1973 à 2014 corrigée des aléas météorologiques d'hiver et d'été (statistiques de l'énergie électrique 2014 RTE – chiffres de consommation 2014).

LA PRODUCTION D'ÉLECTRICITÉ EN FRANCE

Pour produire de l'électricité, il faut **transformer une source d'énergie** fournie par la nature. On distingue la production industrielle d'électricité de la production individuelle (quand des consommateurs individuels produisent eux-mêmes leur propre électricité grâce au vent, au soleil ou à la chaleur du sous-sol).

Notre territoire possède peu de gaz et de charbon, il nous faut importer ces éléments pour produire de l'énergie. C'est donc grâce à la production d'origine nucléaire que nous assurons notre indépendance énergétique.

TYPE DE CENTRALE ÉLECTRIQUE	RESSOURCES NATURELLES		PART DE CHAQUE RESSOURCE DANS L'ÉLECTRICITÉ COMMERCIALISÉE
Nucléaire	Énergie fissile	Uranium	82,2 %
Thermique	Énergie fossile	Charbon	1,6 %
		Fioul (issu du pétrole)	1 %
		Gaz	1,3 %
Renouvelable	Énergie renouvelable	Eau	7,9 %
		Vent	6 %
		Soleil	
		Chaleur du sous-sol	
		Matières organiques (bois, déchets)	
		Énergie marine	

Source : EDF, 2014.

La production industrielle d'électricité en France.

LE TRANSPORT ET LA DISTRIBUTION DE L'ÉLECTRICITÉ EN FRANCE

L'électricité ne peut pas être stockée. L'énergie électrique produite dans les centrales se déplace donc sur des lignes électriques aériennes ou souterraines du lieu de production vers le lieu de consommation. L'électricité peut se déplacer ainsi partout en France et en Europe et s'adapter à la demande. Ces lignes sont organisées en réseau, comme le montre le schéma ci-après[1].

1. Dans la séance, ce schéma a été simplifié pour les élèves (voir fiche activité 4).

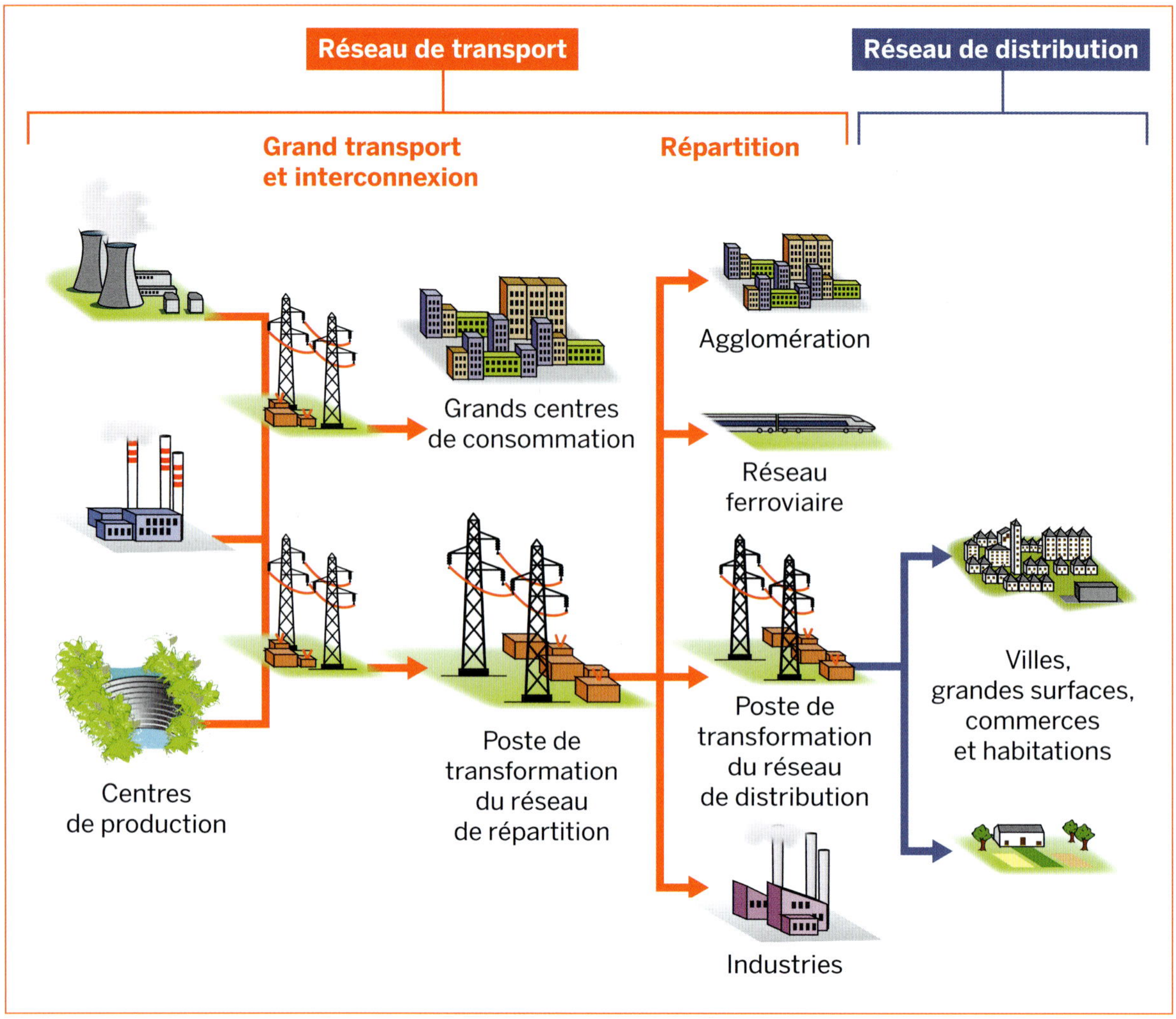

http://encyclopedie-electricite.edf.com/transport/reseau.html

Schéma du réseau de transport de l'électricité.

Le **transport et la distribution de l'électricité** sont assurés par deux filiales d'EDF :

– RTE (réseau de transport d'électricité) a pour mission de gérer les flux en fonction de l'offre et de la demande et assure donc la répartition du courant sur les 104 983 km de lignes haute tension et très haute tension de notre territoire ainsi que sur les 46 lignes transfrontalières qui permettent les interconnexions avec les réseaux des pays frontaliers. Elle assure également l'entretien et le développement de ces lignes.

– ENEDIS (Energie Distribution) doit assurer le transport et la distribution de l'électricité pour l'ensemble des fournisseurs d'énergie (Alterna, Direct Énergie, EDF, ENI...) à l'échelle locale pour tous les clients. La filiale assure une mission de service public et doit donner à tous un accès égal à l'électricité. Pour cela, elle gère un réseau de lignes basse et moyenne tensions d'environ 1,3 million de km.

DÉROULEMENT DE LA SÉANCE

Compétences, capacités, attendus
- *Formuler des hypothèses, vérifier, justifier.*
- *Comprendre le sens général d'un document.*
- *Extraire des informations pertinentes pour répondre à une question.*
- *Utiliser des cartes analogiques et numériques à différentes échelles, des photographies de paysages ou de lieux.*
- *Travailler en commun pour faciliter les apprentissages individuels.*

DURÉE : 60 minutes environ.

ÉTAPE 1 CONSOMMER DE L'ÉLECTRICITÉ AU QUOTIDIEN

DURÉE 10 minutes
ORGANISATION en collectif
MATÉRIEL • fiche activité 1 : photos de 4 appareils électriques

1) **AFFICHER LES PHOTOS DES DIFFÉRENTS OBJETS** et interroger les élèves :

> **Identifiez chacun de ces appareils.** *Il y a une lampe, un ordinateur, un aspirateur, une machine à laver.*

> **Quel est leur point commun ? De quoi ces appareils ont-ils besoin pour fonctionner ?** *D'électricité, d'énergie.*

> **Citez d'autres appareils qui fonctionnent à l'électricité.** *La télévision, un four, le chauffage, une voiture, etc.*
Faire remarquer aux élèves que la liste de tout ce qui fonctionne à l'électricité est longue.

2) Interroger les élèves sur la **PROVENANCE DE L'ÉLECTRICITÉ**.

> **Trouve-t-on de l'électricité dans la nature ?** *Oui.*

> **Sous quelle forme ?** *La foudre.*
L'enseignant ajoute qu'il y a aussi l'électricité statique.

> **La foudre peut-elle être utilisée pour faire fonctionner mon ordinateur ?** *Non, cela semble évident.*
L'enseignant précise que cette électricité naturelle est une énergie dite « primaire » ; l'électricité que nous consommons est créée de manière artificielle : on transforme d'autres sources d'énergie primaire en énergie secondaire, l'électricité ou le courant électrique.

CE QUE NOUS AVONS APPRIS

Pour fonctionner, l'ordinateur, la machine à laver, les ampoules ont besoin d'électricité. L'électricité que nous consommons ne se trouve pas dans la nature, elle est créée de manière artificielle.

ÉTAPE 2 PRODUIRE DE L'ÉLECTRICITÉ

DURÉE 20 minutes
ORGANISATION par groupes de 2
MATÉRIEL • fiche activité 2 : 7 photos de lieux de production d'électricité et 10 étiquettes (et son corrigé)

1) **OBSERVER LES PHOTOS** et faire repérer aux élèves les noms des différents lieux de production :

> **Comment appelle-t-on les usines qui « fabriquent » l'électricité ?** *Des centrales.*

> **Combien de types de centrales repérez-vous ?** *Cinq : les centrales géothermiques, les centrales thermiques à flamme, les centrales nucléaires, les centrales hydrauliques, les centrales biomasses.*

2) **IDENTIFIER LES SOURCES D'ÉNERGIE** pour chaque centrale ou installation.

> **Découpez les étiquettes et placez la source d'énergie face à la centrale ou à l'installation qui l'utilise pour produire de l'électricité.** *Centrale hydraulique : eau ; centrale nucléaire : uranium ; centrale thermique à flamme : gaz, pétrole, charbon ; centrale géothermique : chaleur de la terre ; centrales biomasses : déchets agricoles et ménagers, bois ; éoliennes : vent ; panneaux photovoltaïques : soleil.*

> **Entourez en vert les sources d'énergie renouvelable et en rouge les sources d'énergie fossile.** *Énergies renouvelables en vert : eau, vent, soleil, déchets agricoles et ménagers, bois, eau, chaleur de la terre. Énergies fossiles en rouge : pétrole, gaz, charbon, uranium.*

CE QUE NOUS AVONS APPRIS

L'électricité est produite dans des usines appelées « centrales ». On peut produire l'électricité en transformant différentes énergies primaires telles que le gaz, le pétrole, le charbon (énergies fossiles), mais aussi en utilisant l'eau, le soleil, la chaleur de la terre ou le vent, ces énergies sont dites « renouvelables ».

ÉTAPE 3 TRANSPORTER L'ÉLECTRICITÉ, DE LA CENTRALE À L'INTERRUPTEUR

DURÉE 20 minutes
ORGANISATION en individuel puis en collectif
MATÉRIEL • fiche activité 3 : un texte et une carte sur le réseau de distribution de l'électricité
• fiche activité 4 : un schéma et un texte à trous sur le réseau de transport de l'électricité (et son corrigé)

1) **LIRE LE TEXTE** individuellement puis questionner les élèves :

> **L'électricité peut-elle être stockée ?** *Non.*
L'enseignant précise cependant qu'elle peut l'être, en très faible quantité, dans des piles ou des batteries.

> **Selon vous, pourquoi dit-on que la demande des consommateurs varie en fonction de la saison ou de la météo ? Qu'est-ce que cela signifie ?** *La consommation est différente l'hiver et l'été, selon la météo et la température.*

> **À votre avis, à quels moments avons-nous le plus besoin d'électricité ?** *L'hiver. Comme les journées sont plus courtes, nous allumons la lumière plus tôt le matin et le soir ; et comme il fait froid, nous allumons le chauffage.*
L'enseignant ajoute que, quand il fait très froid, il y a des pics de consommation d'électricité.

> **Sur la carte, que représentent les lignes rouges ?** *Le réseau de transport de l'électricité.*

> **Que remarque-t-on en ce qui concerne certaines lignes au nord et au sud de la France ?** *On peut remarquer que certaines lignes vont au-delà du territoire (Belgique, Luxembourg, Italie, Espagne).*

> **D'après le texte, quelle est la longueur du réseau de transport d'électricité (celui qui est en rouge sur la carte) ?** *Le réseau de transport a une longueur de plus de 100 000 kilomètres.*

> **Et quelle est la longueur du réseau de distribution ?** *Il a une longueur de 1 305 000 kilomètres.*
L'enseignant précise que le réseau de distribution est 13 fois plus long que le réseau de transport ; il permet d'alimenter chacune de nos maisons, même dans des endroits difficiles d'accès (montagnes, maisons isolées en milieu rural…).

2) **OBSERVER LE SCHÉMA** et demander aux élèves d'expliquer le chemin parcouru par l'électricité avec leurs propres mots, en une (ou deux) phrase(s).
L'électricité est fabriquée dans une centrale puis transportée par des lignes électriques et des pylônes jusqu'à des transformateurs. Elle arrive ensuite jusqu'aux maisons.
Pour obtenir un texte plus précis, inviter les élèves à compléter le texte à trous, avec les mots proposés.

L'électricité est produite dans des **centrales**. Elle est ensuite transportée en très haute tension par des **lignes électriques** et des **pylônes**. Puis sa **tension** est abaissée plusieurs fois par des **transformateurs** pour arriver jusqu'aux **prises** de la maison.

CE QUE NOUS AVONS APPRIS

Comme on ne peut pas stocker l'électricité, la production est ajustée en fonction de la saison, du temps qu'il fait et de l'heure de la journée. À la sortie de la centrale, l'électricité est transportée par des lignes de haute, moyenne et basse tensions pour arriver jusque chez nous. Toutes ces lignes forment un réseau de transport et un réseau de distribution.

ÉTAPE 4 SYNTHÈSE

DURÉE 10 minutes
ORGANISATION en classe entière

Exemple de trace écrite :

L'électricité que nous consommons au quotidien est produite dans des usines appelées « centrales », à partir d'énergies fossiles ou renouvelables. L'électricité produite est ensuite distribuée par un important réseau de lignes électriques sur l'ensemble du territoire, pour environs 33 millions de consommateurs.

Lexique :

Énergies fossiles : c'est le nom donné aux énergies provenant de la décomposition très lentes d'éléments vivant il y a plusieurs millions d'années. Ces énergies sont le pétrole, le gaz et le charbon. Leur quantité sur Terre est limitée.
Énergies renouvelables : ce sont des énergies qui se reconstituent, se régénèrent naturellement et qui sont considérées comme inépuisables ; c'est le cas du soleil, de l'eau, du vent et de la biomasse. Ce sont des énergies dites propres.

Observe ces objets. Quel est leur point commun ?

D'où vient l'électricité ?

❶ Découpe les étiquettes et place la source d'énergie à côté de la centrale ou de l'installation qui l'utilise pour produire de l'électricité.

❷ Puis entoure en vert les sources d'énergie renouvelable et en rouge les sources d'énergie fossile.

Centrale géothermique.

Centrale thermique à flamme.

Centrale nucléaire.

Centrale hydraulique.

Centrale biomasse.

Panneaux photovoltaïques.

Éoliennes.

déchets agricoles et ménagers		
chaleur de la terre	bois	soleil
vent	uranium	pétrole
gaz	charbon	eau

Lis ce texte et observe la carte. Puis réponds aux questions de ton enseignant.

Le réseau de distribution de l'électricité

Une fois produite, l'électricité ne peut être stockée, elle doit donc être distribuée en fonction de la demande des consommateurs, c'est-à-dire nous.

La demande varie en fonction de la saison, de la météo, du jour et de l'heure ; des ajustements permanents sont nécessaires.

L'électricité circule depuis le lieu où elle est produite par l'intermédiaire d'un réseau de lignes électriques aériennes ou souterraines. Ce réseau représente plus de 100 000 kilomètres de lignes très haute et haute tensions pour les très longues distances (même vers des pays voisins), puis la tension est abaissée progressivement pour arriver jusqu'à l'interrupteur par l'intermédiaire du réseau de distribution (1 305 000 kilomètres).

Le réseau de distribution est ainsi organisé à la manière d'un réseau routier.

Source : www.edf.fr

Le réseau de distribution de l'électricité en France.

1 Observe ce schéma.

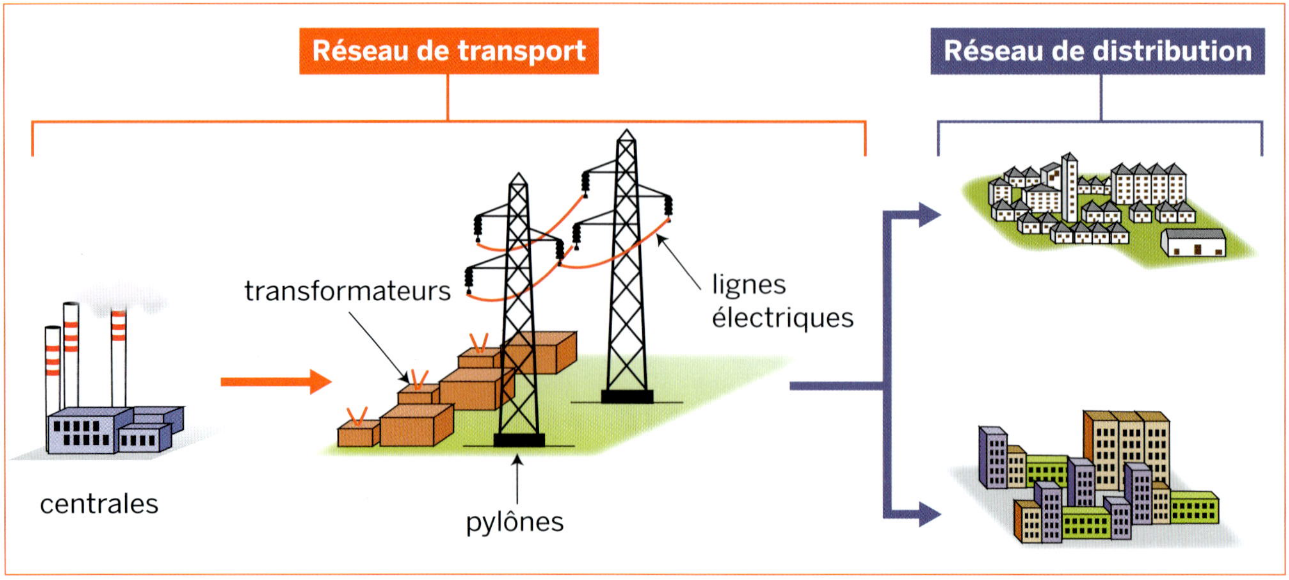

Le réseau de transport de l'électricité.

2 Puis, à partir des informations du schéma, complète le texte à trous, avec les mots suivants :

tension – pylônes – centrales – lignes électriques – prises – transformateurs

L'électricité est produite dans des .... Elle est ensuite transportée en très haute tension par des .... et des .... Puis sa .... est abaissée plusieurs fois par des .... pour arriver jusqu'aux .... de la maison.

SÉANCE 17

Comment produire de l'électricité avec le vent ?

L'ESSENTIEL À SAVOIR POUR L'ENSEIGNANT

QU'EST-CE QUE L'ÉNERGIE ÉOLIENNE ?

L'énergie éolienne désigne la transformation de l'énergie cinétique[1] du vent[2] en une énergie mécanique ou électrique. Strictement, cette énergie est solaire car le soleil, en chauffant la Terre de manière inégale, crée des zones climatiques sur l'ensemble du globe où les températures et les pressions atmosphériques sont différentes ; ces différences de pression entrainent des mouvements d'air : c'est le vent.

Les enfants, à travers l'usage des petits moulins en plastique ou en papier sous forme de jouets, en comprennent rapidement le principe puisqu'en soufflant sur les pales, ils peuvent déclencher un mouvement. Utiliser la force du vent pour produire de l'énergie est un principe connu depuis l'Antiquité. Au Moyen Âge, les moulins à vent servaient à pomper l'eau des cours d'eau, à moudre et à broyer des céréales ou des olives pour faire de la farine ou de l'huile. La première éolienne servant à produire de l'électricité fut fabriquée par Charles F. Brush en 1887. En France, la première éolienne (ou aérogénérateur) a été mise en service en 1990, à Dunkerque.

L'énergie éolienne peut être exploitée sur terre (*onshore*) ou sur mer (*offshore*). En mer, le vent est plus constant, par conséquent on peut y installer des éoliennes plus puissantes. Une éolienne démarre lorsque la vitesse du vent atteint 3 m/sec. et s'arrête à 25 m/sec. On distingue également les installations industrielles (on parle alors de « parc éolien » ou « fermes éoliennes ») des installations domestiques (des petites éoliennes installées chez des particuliers).

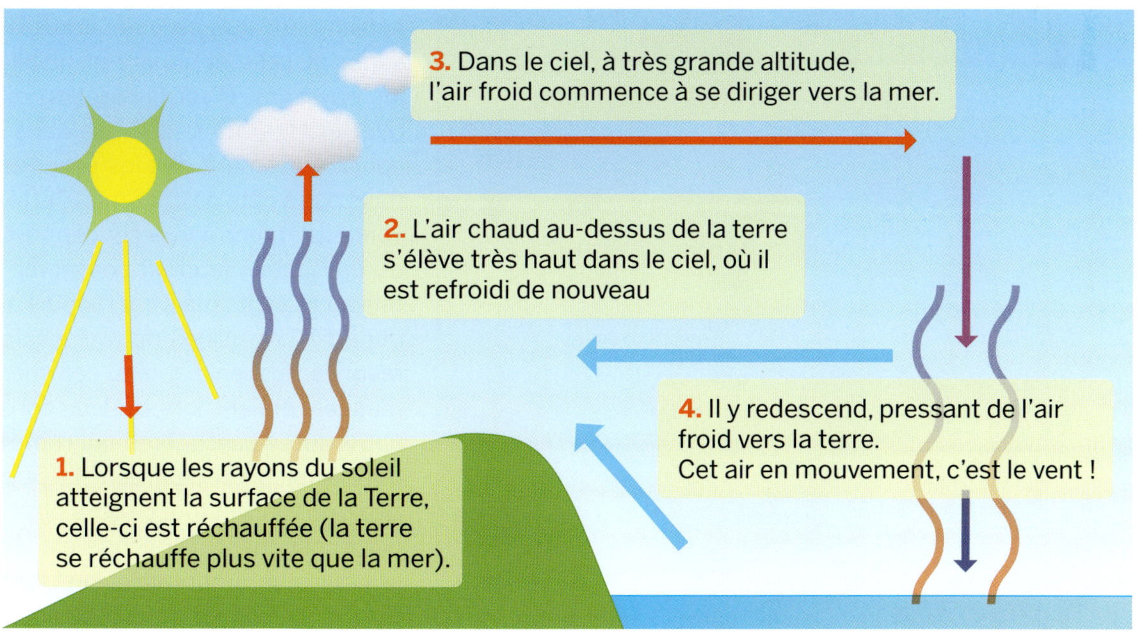

Qu'est-ce que le vent ?

1. Cinétique : « qui met en mouvement ».
2. Éole est, dans la mythologie grecque, le dieu des vents.

COMMENT FONCTIONNENT LES ÉOLIENNES ?

1 Le mât : il s'agit d'un poteau en métal fixé dans le sol grâce à une dalle en béton. Il supporte l'ensemble des éléments et assure la stabilité de l'éolienne. Il peut atteindre 80 m de haut.

2 Le rotor : il s'agit des pales de l'éolienne. La plupart des éoliennes possèdent 3 pales. Elles sont légères et rigides et mesurent entre 30 et 55 mètres.

3 La nacelle : elle contient le multiplicateur et le générateur qui produisent l'électricité. Celle-ci est ensuite transportée par des câbles électriques qui courent dans le mât puis sous la terre *via* le réseau électrique.

LE PARC ÉOLIEN FRANÇAIS

Le parc éolien mondial a doublé entre 2010 et 2015. Cependant, cette énergie ne représente que 3 % de la production électrique mondiale. La France possède le 4e parc éolien d'Europe, derrière l'Allemagne, l'Espagne et le Royaume-Uni. Ce parc est inégalement réparti. Les facteurs climatiques (régions les plus ventées) ne sont pas le seul fondement de cette répartition, car sont également pris en compte des facteurs économiques et sociaux. Ce sont les régions Alsace-Champagne-Ardenne-Lorraine et Hauts-de-France qui produisent près de la moitié de l'énergie éolienne (48 %).

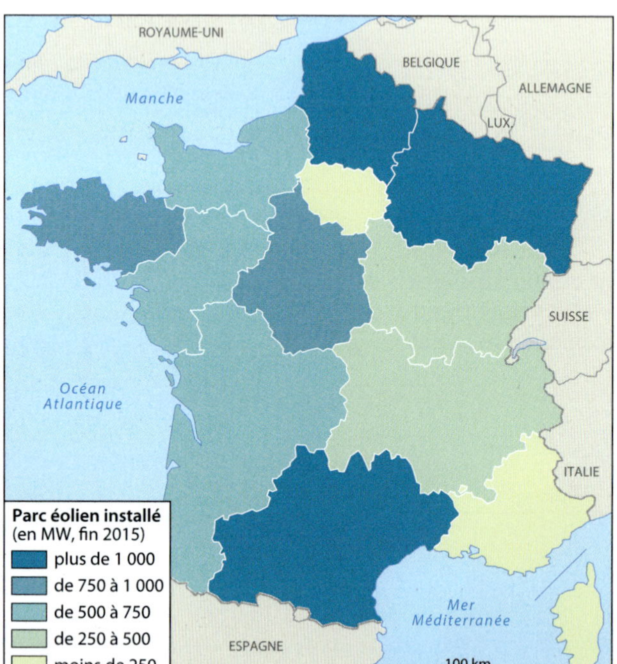

Source : www.connaissancedesenergies.org

Le parc éolien installé en France en 2015.

L'énergie éolienne est une **énergie renouvelable** et donc **durable**. Elle constitue aujourd'hui un enjeu important et est considérée actuellement comme l'énergie la plus écologique, la plus rentable et la plus économique après l'hydroélectricité. Cependant, des débats existent sur l'essor des éoliennes. Les opposants à l'installation des éoliennes (« anti-éoliennes »), bien qu'ils admettent la durabilité de la ressource, considèrent que celles-ci constituent une nuisance visuelle et sonore et qu'elles défigurent les paysages. C'est la réaction dite du NIMBY (*Not in My BackYard* = pas dans mon arrière-cour). Autrement dit : les éoliennes, c'est bien, mais pas à côté de chez moi. Cette réaction renvoie également à une conception patrimoniale du paysage. Il faudrait conserver les paysages tels qu'ils sont ; mais par rapport à quel point de départ ? Les usines du XIXe siècle, aujourd'hui reconverties en centres commerciaux ou en musées, étaient lors de leur construction des nouveautés paysagères qui rompaient avec ce qui existait précédemment. Le paysage, pour un géographe, c'est tout ce qui s'offre à son regard ; par conséquent, l'éolienne est un élément du paysage contemporain qui est l'expression spatiale d'une demande économique, politique et sociale.

DÉROULEMENT DE LA SÉANCE

Compétences, capacités, attendus
- *Nommer, localiser les grands repères géographiques.*
- *Situer des lieux et des espaces les uns par rapport aux autres.*
- *Mémoriser les repères géographiques liés au programme et savoir les mobiliser dans différents contextes.*
- *Formuler des hypothèses et les vérifier.*
- *Comprendre le sens général d'un document.*
- *Extraire des informations pertinentes pour répondre à une question.*
- *S'exprimer à l'oral pour communiquer et échanger.*

DURÉE : 60 minutes environ.

ÉTAPE 1 UTILISER LA FORCE DU VENT

DURÉE 15 minutes
ORGANISATION en collectif
MATÉRIEL • fiche activité 1 : photos de 3 éléments qui fonctionnent avec le vent et schéma d'une éolienne

1) **AFFICHER LES PHOTOS** afin de les observer attentivement et interroger les élèves :

> **Sur la première image, à quoi sert la force du vent ?** *Il fait tourner les ailes du moulin.* L'enseignant précise que les ailes du moulin entrainent la meule qui permet de moudre les grains de blé, pour faire la farine.

> **Sur la deuxième image, à quoi sert la force du vent ?** *Le vent permet au bateau d'avancer.*

> **En quoi le vent est-il un avantage pour les hommes ?** *Dans le premier cas, le travail du meunier est moins difficile ; dans le deuxième cas, les hommes n'ont plus besoin de ramer.* L'enseignant ajoute que cette énergie motrice se substitue à l'énergie humaine.

2) Questionner les élèves afin d'**IDENTIFIER LES DOCUMENTS 3 ET 4 :**

> **Comment s'appelle cette installation ?** *Des éoliennes.*

> **À quoi sert la force du vent ?** *Elle sert à produire de l'électricité.*

> **D'après le schéma, comment parvient-on à produire du courant électrique ?** L'enseignant laisse les élèves émettre des hypothèses, puis il explique que, sous l'effet du vent, l'hélice située en haut du mat se met en marche (les pales tournent), l'hélice entraine ainsi un axe (l'arbre) relié à un alternateur qui produit un courant électrique. On parle donc d'énergie éolienne.

3) **EXPLIQUER L'ORIGINE DU MOT ÉOLIEN.**

> **Savez-vous d'où vient le mot éolien, éolienne ?** L'enseignant explique que le mot « éolien » vient du nom du dieu grec des vents, Éole. Zeus lui confia les vents qu'il gardait dans une grotte ou qu'il déchainait à sa demande ou à celle de Poséidon, le dieu des mers et des océans.

CE QUE NOUS AVONS APPRIS

Depuis longtemps, la force motrice du vent aide les hommes. Aujourd'hui, on peut utiliser cette énergie pour produire de l'électricité grâce aux éoliennes.

ÉTAPE 2 INSTALLER DES ÉOLIENNES EN FRANCE

DURÉE 15 minutes
ORGANISATION en collectif puis en individuel
MATÉRIEL • fiche activité 2 : la carte des zones ventées en France

1) **PRÉSENTER LA CARTE DES ZONES VENTÉES EN FRANCE.** Expliquer aux élèves que les zones de cette carte ont été dessinées en fonction de la vitesse du vent ; préciser que la vitesse du vent indiquée a été mesurée à 50 mètres au-dessus du sol. Interroger les élèves pour s'assurer de la compréhension du document par tous :

> **Combien de zones sont dessinées sur cette carte ?** *Cinq.*

> **Comment sont-elles représentées ?** *Par des couleurs, du plus clair pour la zone 1 au plus foncé pour la zone 5.*

> **Quelle est la vitesse moyenne du vent dans la zone 1 ?** *Moins de 5,1 mètres par seconde soit 18,3 km/h.*

> **Quelle est la vitesse moyenne du vent dans la zone 5 ?** *Elle est supérieure à 8,5 mètres par seconde, soit 30,60 km/h.*

> **Que doit-on en conclure ?** *Plus la couleur est foncée, plus le vent est fort dans cette zone. Ajouter que ces zones ventées sont aussi appelées « gisement éolien ».*

2) **REPÉRER LES ZONES FORTEMENT VENTÉES** en demandant aux élèves :

> **À l'aide des points cardinaux, nommez les zones les plus ventées.** *Les zones les plus ventées en France sont le Nord, l'Ouest et le Sud.* Chaque fois, l'enseignant précise la situation géographique : les littoraux picard, normand et breton pour le Nord et l'Ouest ; le littoral méditerranéen et la vallée du Rhône pour le Sud.

En transition, poser la question suivante :

> **Pourquoi est-il intéressant de connaitre les zones où il y a beaucoup de vent ?**
Laisser les élèves faire des propositions et émettre des hypothèses. Valider les propositions qui font le lien entre efficacité des éoliennes et zones ventées.

3) **IDENTIFIER LES MEILLEURS EMPLACEMENTS** pour installer un parc éolien. À partir de l'analyse de la carte, l'enseignant demande aux élèves :

> **Si vous deviez installer des éoliennes, où le feriez-vous : dans les régions autour de Nantes, de Dunkerque, de Paris, de Marseille ou de Clermont-Ferrand ?** *Les régions les plus propices sont celles autour de Nantes, Dunkerque et Marseille. Le matérialiser sur la carte avec des croix.*
Conclure sur le fait que les zones les plus propices à l'installation de parcs éoliens sont les zones 3 à 5 sur la carte.
L'enseignant ajoute qu'on peut aussi installer des éoliennes en mer où il y a toujours du vent ; on parle alors de parc éolien offshore.

Un parc éolien offshore.

CE QUE NOUS AVONS APPRIS

La France possède un gisement éolien important. Les zones régulièrement et fortement ventées se situent sur la façade nord et ouest du pays, dans la vallée du Rhône et sur le littoral méditerranéen.

ÉTAPE 3 DÉBATTRE SUR LES ÉOLIENNES

DURÉE 20 minutes
ORGANISATION en groupes puis en collectif
MATÉRIEL • fiche activité 3 : trois articles de presse et un tableau (et son corrigé)

1) **IDENTIFIER AVANTAGES ET INCONVÉNIENTS DE L'ÉNERGIE ÉOLIENNE.** Distribuer aux élèves les trois articles de presse sur les avantages et les inconvénients de la production et de l'exploitation de l'énergie éolienne.
La classe est organisée en deux grands groupes. L'enseignant demande aux élèves d'un groupe de surligner dans chaque texte les avantages de ce type d'énergie ; aux élèves de l'autre groupe de repérer les inconvénients.

2) **METTRE EN COMMUN.** Les élèves de chaque groupe donnent tour à tour leurs arguments, qui sont classés dans le tableau.
Construire ensuite une synthèse de ce type : Selon ces articles, la production d'énergie éolienne présente plusieurs inconvénients, tels que le bruit, la modification du paysage, le non-respect de la faune, le fait que les éoliennes ne fonctionnent pas 24 h/24, les problèmes liés à leur transport. Cependant, des progrès ont été faits en ce qui concerne le bruit et les éoliennes sont installées selon certaines règles. Les Français sont favorables à ce nouveau type d'énergie propre et renouvelable, d'autant qu'ils savent que les énergies fossiles s'épuisent.

3) **ORGANISER ÉVENTUELLEMENT UN DÉBAT** en posant la question :

> **Selon vous, y a-t-il plus d'avantages ou d'inconvénients à utiliser l'énergie éolienne ?**

CE QUE NOUS AVONS APPRIS

L'énergie éolienne est une énergie propre et renouvelable. Même si elle présente des inconvénients, plus de 70 % des Français y sont favorables. Elle se présente comme une alternative aux énergies fossiles.

ÉTAPE 4 SYNTHÈSE

DURÉE 10 minutes
ORGANISATION en classe entière

Exemple de trace écrite :

Depuis longtemps, les hommes se servent de la force du vent. Aujourd'hui, l'énergie éolienne est utilisée pour produire de l'électricité.
Notre pays possède un important gisement éolien. La façade nord et ouest, la vallée du Rhône et le littoral méditerranéen sont des endroits propices à l'installation des éoliennes car ce sont des zones fortement et régulièrement ventées.
Cette énergie est renouvelable et propre. Malgré quelques oppositions, plus de 70 % des Français y sont favorables. C'est une des alternatives aux énergies fossiles.

Lexique :

Énergie éolienne : énergie produite grâce à la force du vent et à un dispositif adapté pour la récupérer et la transformer en électricité. Elle fait partie du groupe des énergies renouvelables.

Observe ces photos et réponds aux questions de ton enseignant.

Document 1 • Un moulin à vent.

Document 2 • Un voilier.

Document 3 • Des éoliennes.

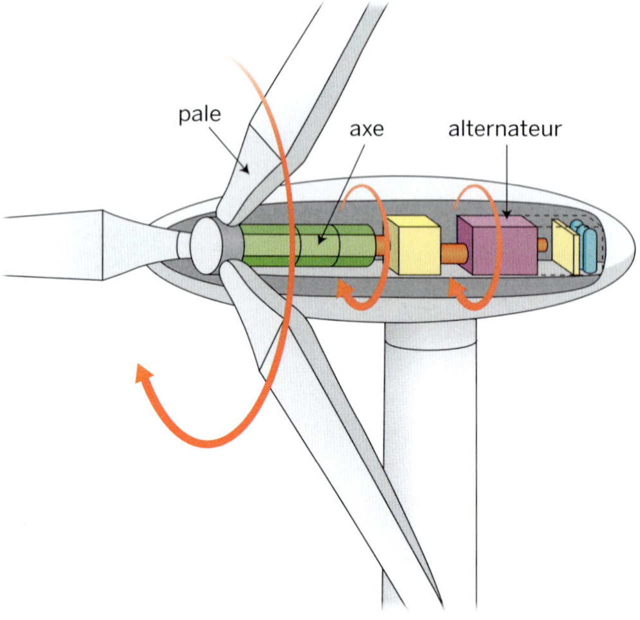

Document 4 • Schéma en coupe d'une éolienne.

Observe cette carte et réponds aux questions de ton enseignant.

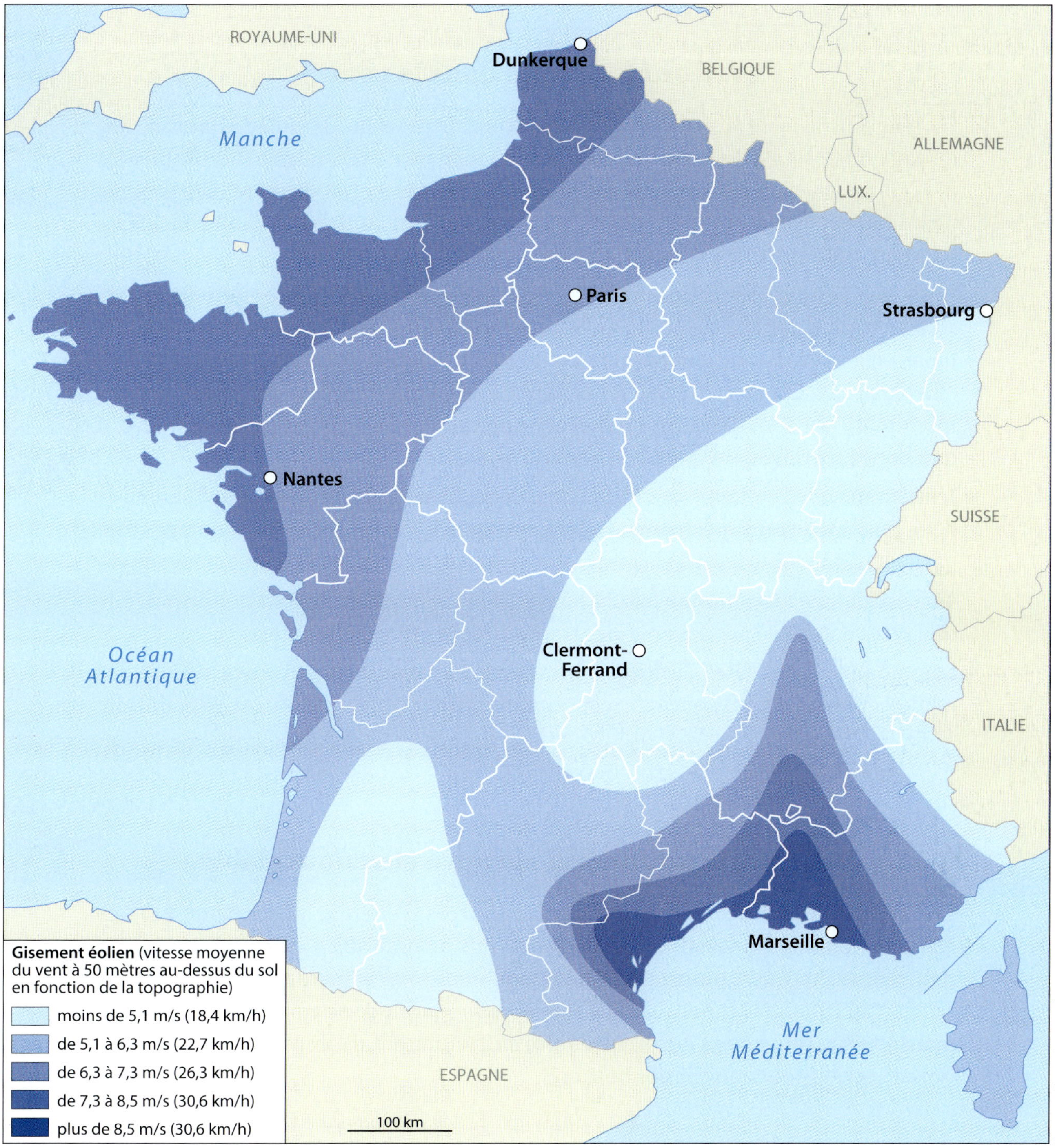

Source : Connaissancedesenergies.org

Les zones ventées en France.

❶ Lis ces textes, puis, selon ton groupe, surligne les avantages ou les inconvénients de l'énergie éolienne.

A. Une électricité dans le vent ?

On leur reproche de faire du bruit, de dénaturer le paysage, de gêner le passage des oiseaux migrateurs, de perturber la pêche en mer, de ne résoudre ni les problèmes liés à la production d'énergie, ni les problèmes de gaz à effet de serre. Les progrès techniques et le fait qu'elles soient de plus en plus hautes ont malgré tout considérablement diminué le bruit des éoliennes.

Alors que certains les admirent et les trouvent même jolies, de nombreuses personnes se plaignent de ce que les éoliennes modifient le paysage. Avant chaque installation, des études sont maintenant obligatoires et des paysagistes sont associés à chaque projet. On constate que les éoliennes peuvent gêner le passage des oiseaux migrateurs qui sont détournés dans leur parcours aérien. Avant de les installer, il doit donc être tenu compte de ces voies de passage.

L'implantation d'éoliennes en milieu marin déplace l'équilibre de vie de la faune et de la flore et certains pêcheurs se plaignent qu'elles empêchent le chalutage (filet que l'on traine sur le fond de la mer).

Une éolienne ne fonctionne pas 24 heures/24 et lorsqu'elle ne fonctionne pas, elle doit être remplacée par des énergies traditionnelles plus polluantes.

Les éoliennes sont assez difficiles à transporter à cause de la taille des pales et des mâts et demandent des convois exceptionnels routiers qui sont sources de pollution.

© Doc junior, Cité des sciences et de l'industrie, avril 2014.

B. Le vent : une énergie propre et renouvelable

Les énergies fossiles sont nos principales sources d'énergie aujourd'hui. (...) Les énergies dites renouvelables utilisent des flux inépuisables d'énergies d'origine naturelle (vent, soleil, biomasse...). Leur exploitation n'est pas ou peu polluante. Le recours aux énergies renouvelables et propres apparait donc comme une nécessité mais nous ne savons pas encore produire suffisamment d'électricité à partir de ce type d'énergie pour couvrir nos besoins.

© Doc junior, Cité des sciences et de l'industrie, avril 2014.

C. Ce qu'en pensent les Français...

La France compte plus de 5 500 éoliennes. Selon un sondage BVA-SER paru en juin 2015, « Vivre à proximité d'un site éolien », la plupart des riverains interrogés évoquent les avantages environnementaux et économiques et une minorité se déclare gênée par les nuisances paysagères et sonores.

© France Inter, 16 février 2016.

❷ Maintenant, classe, dans ce tableau, les avantages et les inconvénients de l'énergie éolienne.

AVANTAGES	INCONVÉNIENTS

SÉANCE 18

D'où vient la viande que je mange ?

L'ESSENTIEL À SAVOIR POUR L'ENSEIGNANT

LA CONSOMMATION DE VIANDE EN FRANCE

En France, la consommation moyenne de viande est en baisse depuis la fin des années 1990. Après la Seconde Guerre mondiale et dans la deuxième moitié du XXe siècle, notre consommation avait considérablement augmenté sous l'effet de la hausse des revenus et de la modernisation des techniques agricoles. Ainsi, en 1979, un habitant consommait en moyenne 33 kg/an de viande bovine alors qu'en 2013, il en consommait environ 24 kg. Les ovins, les caprins, les porcs et les équidés ont connu la même évolution. Seule la viande de volaille a connu une croissance entre 1970 et aujourd'hui passant de 12 kg/habitant en 1970 à 25 kg/habitant en moyenne en 2013. Ces évolutions concernent aussi nos habitudes alimentaires : d'une manière générale, nous consommons plus de charcuterie et de produits déjà préparés issus de l'industrie agroalimentaire que de viandes de boucherie (on achète des découpes de poulet plutôt qu'un poulet entier). Par ailleurs, cette baisse de la consommation s'explique aussi par une hausse générale des prix de la viande depuis le début des années 2000.

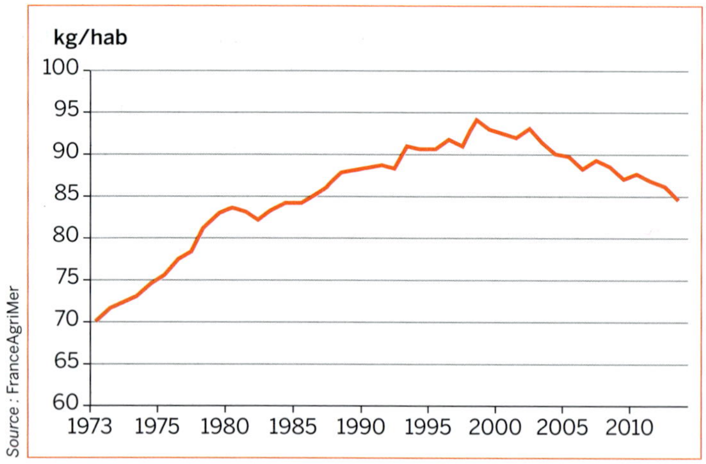

Évolution de la consommation individuelle de viandes en France.

L'ÉLEVAGE EN FRANCE

Au début des années 1980, l'élevage représentait en France 57 % de la valeur de la production agricole totale alors qu'aujourd'hui, il en représente environ 43 %. Trois secteurs y contribuent principalement : le lait, la viande bovine et la volaille. L'élevage bovin est concentré dans l'ouest de notre territoire, du Poitou à la Haute-Normandie. Les élevages de porcs et de volailles sont surtout situés en Bretagne et dans les Pays-de-la-Loire. Ces régions ont connu depuis les années 1960 des mutations agricoles brutales reposant sur les évolutions suivantes (on parle de « modèle agricole breton ») :

– spécialisation de l'élevage en filières (porcs et poulets, lait, légumes) ;

– élevage hors-sol sur de petites exploitations, souvent moins de 15 ha, afin d'obtenir de hauts rendements (voir texte ci-après) ;

– intégration des exploitations dans une chaine agroalimentaire qui comprend en amont les fournisseurs d'aliments pour les animaux et en aval les abattoirs, les industries agroalimen-

➲ *L'élevage intensif des poulets*

En France, environ 800 millions de poulets sont élevés chaque année et 80 % d'entre eux le sont dans un élevage intensif. Cela signifie que les volatiles y sont élevés dans des hangars où s'entassent des milliers d'oiseaux qui n'accèdent jamais à l'extérieur (17 à 24 par m², soit une volaille pour l'équivalent d'une feuille au format A4 environ). Les poulets sont sélectionnés génétiquement pour accroitre leur rythme de croissance : il faut 35 à 40 jours pour que le poussin devienne un poulet consommable, soit deux fois plus rapidement que les poulets Label Rouge ou Agriculture biologique dont la croissance dure au minimum 81 jours et qui sont élevés en plein air ou en liberté.

➔ La filière viande en Bretagne

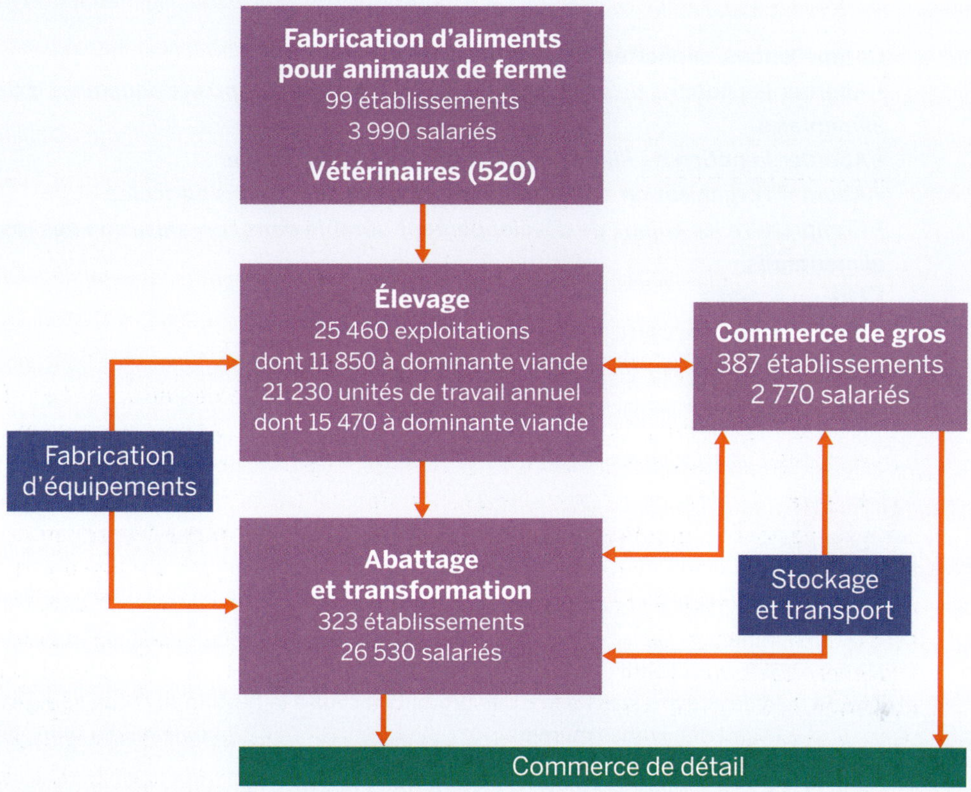

Source : http://www.insee.fr

taires et les grandes chaines de la distribution. Dans ce modèle, les agriculteurs ne sont qu'un maillon de la chaine et sont donc très dépendants (et vulnérables) des acteurs de la filière en amont et en aval.

VERS UNE AGRICULTURE DURABLE

Depuis le début des années 1990, des voix s'élèvent pour dénoncer l'agriculture intensive et productiviste qui épuise nos ressources et favorise la quantité au profit de la qualité ; par exemple, les poulets élevés en batterie ont souvent des problèmes de locomotion ainsi que des troubles cardiovasculaires et respiratoires car les muscles grandissent trop vite.

On distingue plusieurs voies pour améliorer la qualité, préserver nos ressources, mais aussi les emplois et les revenus des agriculteurs :

– l'**agriculture raisonnée**, qui consiste à limiter l'usage des produits chimiques et des intrants tout en essayant de maintenir un haut niveau de rendement ;

– l'**agriculture biologique** se caractérise par son refus d'utiliser des produits chimiques et sa volonté de renouer avec des pratiques plus « traditionnelles ». Les agriculteurs dits « bio » se regroupent autour de labels (Label Rouge, AB) qu'ils obtiennent en suivant des cahiers des charges précis et contraignants.

DÉROULEMENT DE LA SÉANCE

Compétences, capacités, attendus
• *Aborder les notions de production, d'exploitation et d'approvisionnement d'un produit alimentaire.*
• *Aborder la notion de filière courte et de production locale.*
• *Aborder l'organisation des différents types de productions agricoles.*
• *Comprendre les enjeux de développement durable dans l'organisation des ressources alimentaires.*
• *Lire un schéma.*
• *Localiser sur une carte.*

DURÉE : 60 minutes environ.

ÉTAPE 1 ABORDER LA NOTION DE PRODUCTION LOCALE

DURÉE 15 minutes
ORGANISATION en collectif
MATÉRIEL • fiche activité 1 : le texte « Des produits locaux à la cantine » (et son corrigé)
• la carte de France murale.

1) **LIRE LE TEXTE** collectivement. À l'issue de la lecture, l'enseignant demande :

> **Quel est le sujet de ce texte ?** *Les repas que les enfants mangent à l'école ; le contenu des menus des cantines pour la prochaine rentrée.*

> **Quelle est leur particularité ?** *Les menus proposeront des « recettes maison », à partir d'aliments frais.*
Si les élèves ne le relèvent pas, l'enseignant leur faire remarquer que certains produits sont « locaux », c'est-à-dire produits dans la région.

> **D'où viennent les produits ?** *Des Landes de Gascogne, du Bassin d'Arcachon et de Dordogne.*
L'enseignant précise que ces lieux se situent en région Nouvelle-Aquitaine.
Il les localise sur la carte de France murale. En déduire que la ville dont il est question dans le texte doit se situer dans cette région.

> **Relevez les termes importants de ce texte :** *recettes maison ; aliments frais ; filières courtes ou locales ; pain artisanal ; légumes et fruits locaux de saison ; volailles Label Rouge ; poissons du Bassin d'Arcachon ; esturgeons de Dordogne ; fromages à la coupe AOP.*
Inviter les élèves à surligner ces termes dans leur texte. Expliquer c'est que le « Label Rouge » (il indique la qualité supérieure des aliments et le respect d'un cahier des charges strict pour leur production) et le terme « AOP » (il indique que l'aliment a été produit dans une région précise, selon certaines règles).

2) **EXPLIQUER LA NOTION DE PRODUCTION LOCALE.** Revenir sur la notion de « filière courte ou locale » : la société qui prépare les repas des cantines des écoles achète des aliments (viande, poisson, légumes, fruits, fromages, pain) aux producteurs de la région. Souligner le fait que cette société se situe dans la ville, ce qui garantit des temps de transport très courts, donc une certaine fraicheur. Cela permet aussi de mettre en place des gestes écologiques.

CE QUE NOUS AVONS APPRIS

Dans les cantines de ses écoles, cette ville a choisi de proposer des repas réalisés à partir d'aliments frais dont certains sont produits localement. Cela permet un meilleur suivi, une meilleure traçabilité des aliments.

ÉTAPE 2 — TRAVAILLER SUR UN MENU DE CANTINE

DURÉE 20 minutes
ORGANISATION en collectif, en individuel, et de nouveau en collectif.
MATÉRIEL • fiche activité 2 : un menu de cantine (et son corrigé)
• fiche activité 1 : le texte « Des produits locaux à la cantine »

1) **OBSERVER LE MENU DE CANTINE** collectivement et interroger les élèves :

> **Quelle est la nature de ce document ?** *Un menu de cantine pour la semaine de la rentrée.*

> **Que peut-on y lire ?** *Les repas et les gouters proposés chaque jour de la semaine.*

> **Que signifient les logos que l'on voit en haut de ce menu ?** *L'un montre les aliments produits localement ; un autre ceux qui ont le Label Rouge ; un autre les « plats du chef »* (l'enseignant précise qu'il s'agit de recettes « originales ») *; enfin un dernier indique « Charolais »* (l'enseignant précise qu'il s'agit de viande d'une race de bœuf provenant à l'origine de Bourgogne).

2) **IDENTIFIER LES PRODUITS LOCAUX.** Les élèves remarqueront certainement que le logo « produit local » n'apparait pas sur le menu. L'enseignant donne la consigne suivante :

> **À partir des informations du texte, identifiez 3 produits locaux de ce menu, et tracez un L à côté de chacun.**

Le « L » est placé à côté de certains fruits et légumes, du poisson, du fromage et du pain.
Pour la mise en commun, valider les propositions des élèves avec le texte.

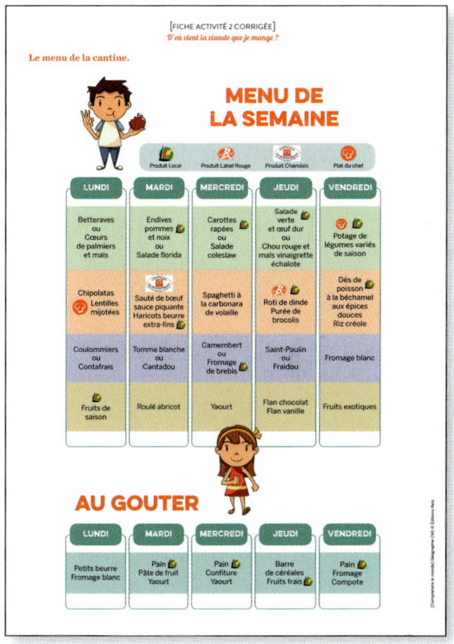
[FICHE ACTIVITÉ 2 CORRIGÉE]
D'où vient la viande que je mange ?

Le menu de la cantine.

MENU DE LA SEMAINE

Produit Local — Produit Label Rouge — Produit Charolais — Plat du chef

LUNDI	MARDI	MERCREDI	JEUDI	VENDREDI
Betteraves ou Cœurs de palmiers et maïs	Endives pommes et noix ou Salade florida	Carottes rapées ou Salade coleslaw	Salade verte et œuf dur ou Chou rouge et maïs vinaigrette échalote	Potage de légumes variés de saison
Chipolatas Lentilles mijotées	Sauté de bœuf sauce piquante Haricots beurre extra-fins	Spaghetti à la carbonara de volaille	Roti de dinde Purée de brocolis	Dés de poisson à la béchamel aux épices douces Riz créole
Coulommiers ou Contafrais	Tomme blanche ou Cantadou	Camembert ou Fromage de brebis	Saint-Paulin ou Fraidou	Fromage blanc
Fruits de saison	Roulé abricot	Yaourt	Flan chocolat Flan vanille	Fruits exotiques

AU GOUTER

LUNDI	MARDI	MERCREDI	JEUDI	VENDREDI
Petits beurre Fromage blanc	Pain Pâte de fruit Yaourt	Pain Confiture Yaourt	Barre de céréales Fruits frais	Pain Fromage Compote

[Comprendre le monde] Géographie CM1 © Éditions Retz

ÉTAPE 3 — ABORDER LA NOTION DE FILIÈRE AGRICOLE

DURÉE 20 minutes
ORGANISATION en collectif, en individuel
MATÉRIEL • fiche activité 2 : un menu de cantine
• fiche activité 3 : un schéma, un tableau et un questionnaire sur l'élevage de dindes (et son corrigé)

1) **ANALYSER LE SCHÉMA** collectivement. Laisser un temps d'observation puis interroger les élèves :

> **De quoi s'agit-il ?** *Un schéma sur la filière avicole.*

L'enseignant explique le terme « avicole » : ce qui est relatif à la volaille. Ce schéma montre les différentes étapes de production de volailles en France.

> **De quel aliment contenu dans le menu est-il question ?** *Le rôti de dinde.*

> **Quels sont les éléments dont nous avons parlé lors des étapes précédentes ?** *La volaille Label Rouge des Landes, l'acheminement des produits vers les cantines.*

> **Quels sont les éléments que nous n'avons pas encore évoqués ?** *Les accouveurs, l'élevage, les abattoirs et la transformation.*

À l'observation de ce schéma, constater avec les élèves qu'avant d'arriver dans nos assiettes, les aliments suivent un long parcours composé de différentes étapes qui font intervenir de nombreux métiers.

2) LIRE LE TABLEAU collectivement. Introduire le tableau auprès des élèves en expliquant qu'il détaille l'étape « élevage » du schéma étudié. Il existe 3 grands types d'élevage en France.

Demander aux élèves :

> **Quel est le titre de ce tableau ?** *Les différents types d'élevage de dindes.*

> **Quels sont ces différents types d'élevage ?** *Élevage intensif, élevage de plein air (Label Rouge), élevage biologique.*

> **Dans quel type d'élevage les animaux sont-ils enfermés toute la journée ?** *Élevage intensif.*

> **Quelle différence relevez-vous dans l'alimentation des animaux ?** *Dans un cas, ils consomment des aliments industriels ; dans les deux autres, ils mangent des céréales, issues de l'agriculture biologique ou non.*

> **Qu'ajoute-t-on systématiquement dans l'alimentation des dindes d'élevage intensif ?** *Des antibiotiques.*

> **Quels sont les animaux qui produisent le plus de viande ?** *Les animaux issus de l'élevage intensif.*

3) RÉPONDRE AU QUESTIONNAIRE. Demander aux élèves de répondre individuellement au questionnaire à partir des informations relevées dans les deux documents analysés.

Lors de la mise en commun, aboutir à deux constats principaux :

– plusieurs acteurs participent à la production, depuis la naissance de l'animal jusqu'au produit transformé, prêt à consommer ;

– le transport entre chaque étape de production se fait par la route (camion) ; dans le cadre du développement durable, il est donc préférable de privilégier les filières courtes.

[FICHE ACTIVITÉ 3 CORRIGÉE]

D'où vient la viande que je mange ?

1. Quelles sont les étapes indispensables à la production qui ne concernent pas directement les animaux ?

La production des céréales, qui est primordiale car elle permet de nourrir les animaux.

2. Combien de métiers différents sont nécessaires pour que les élèves puissent manger le rôti de dinde à la cantine ?

Au moins 5 : l'accouvage, l'élevage, l'abattage, la transformation et la distribution.

3. Quel moyen de transport utilise-t-on entre chaque étape de la production ?

Le transport routier (camion).

4. Quel est l'intérêt des filières courtes dans le cadre du développement durable ?

Les filières courtes permettent de diminuer les temps de transport, donc la consommation d'essence et la pollution.

5. Indique les avantages de l'élevage intensif et ceux des produits Label Rouge et biologiques.

L'élevage intensif permet de produire beaucoup à moindre cout.
Les produits Label Rouge et biologiques permettent d'avoir une viande de meilleure qualité.
Ces types d'élevage sont plus respectueux des animaux et de l'environnement.

L'enseignant termine sur le fait qu'il existe différents types d'élevage qui n'ont pas les mêmes modes de production. Certains sont destinés à produire en grande quantité une viande à bas prix, d'autres à produire une viande de meilleure qualité mais à un prix plus élevé.

CE QUE NOUS AVONS APPRIS

Il existe différents types d'élevage de volailles, qui ne suivent pas le même type de production. Les volailles labélisées sont élevées dans des exploitations plus petites, plus respectueuses des animaux et de l'environnement.

Plusieurs intervenants sont nécessaires pour la production des volailles, leur transformation et leur distribution.

La production locale permet de privilégier les filières courtes et de limiter ainsi le nombre de transports par camion aux différentes étapes de la production.

ÉTAPE 4 SYNTHÈSE

DURÉE 10 minutes
ORGANISATION en classe entière

Exemple de trace écrite :

Les modes de production de volailles sont variés et complexes. Ils font intervenir de nombreux acteurs.
Avant d'arriver dans nos assiettes la viande parcourt de nombreux kilomètres. L'utilisation de filières locales, donc courtes, permet une meilleure traçabilité et une diminution de l'impact sur l'environnement.

Lexique :

Production locale : La production locale est une production agricole de proximité ; elle permet donc de diminuer la pollution liée au transport entre le producteur et le consommateur. Le produit local est donc un produit de saison, forcément plus frais qu'un autre ayant parcouru des milliers de kilomètres.
Filière agricole : Il s'agit de l'ensemble des personnes et entreprises qui participent directement à l'élaboration d'un produit.

PROLONGEMENT POSSIBLE

S'intéresser aux filières locales de la région de l'école en répondant à la question : chez quels producteurs locaux pourrait-on acheter les produits pour préparer les repas de la cantine ?

Lis ce texte et surligne les mots importants.

Des produits locaux à la cantine

À la rentrée, pour les repas des écoles, la ville fera appel à une société qui s'est engagée sur la fabrication de recettes maison réalisées majoritairement à partir d'aliments frais, dont 35 % sont issus de filières courtes ou locales.

Les menus seront composés à base de pain artisanal, de légumes et fruits locaux de saison, de volaille Label Rouge des Landes de Gascogne, de poissons du Bassin d'Arcachon et d'esturgeons de Dordogne, de fromages à la coupe AOP[1]...

Les repas seront réalisés dans la cuisine centrale de cette société, qui est localisée sur la commune.

Ainsi, en matière de développement durable, les intermédiaires seront limités, les parcours des marchandises seront raccourcis, les déchets seront triés et les emballages réduits. La lutte contre le gaspillage alimentaire sera donc renforcée et l'ensemble du personnel sera formé aux écogestes.

1. L'appellation d'origine protégée (AOP) désigne un produit dont les principales étapes de production sont réalisées selon un savoir-faire reconnu, dans une même aire géographique, qui donne ses caractéristiques au produit. C'est un signe européen qui protège le nom du produit dans toute l'Union européenne.

[FICHE ACTIVITÉ 1]
D'où vient la viande que je mange ?

Lis ce texte et surligne les mots importants.

Des produits locaux à la cantine

À la rentrée, pour les repas des écoles, la ville fera appel à une société qui s'est engagée sur la fabrication de recettes maison réalisées majoritairement à partir d'aliments frais, dont 35 % sont issus de filières courtes ou locales.

Les menus seront composés à base de pain artisanal, de légumes et fruits locaux de saison, de volaille Label Rouge des Landes de Gascogne, de poissons du Bassin d'Arcachon et d'esturgeons de Dordogne, de fromages à la coupe AOP[1]...

Les repas seront réalisés dans la cuisine centrale de cette société, qui est localisée sur la commune.

Ainsi, en matière de développement durable, les intermédiaires seront limités, les parcours des marchandises seront raccourcis, les déchets seront triés et les emballages réduits. La lutte contre le gaspillage alimentaire sera donc renforcée et l'ensemble du personnel sera formé aux écogestes.

1. L'appellation d'origine protégée (AOP) désigne un produit dont les principales étapes de production sont réalisées selon un savoir-faire reconnu, dans une même aire géographique, qui donne ses caractéristiques au produit. C'est un signe européen qui protège le nom du produit dans toute l'Union européenne.

[FICHE ACTIVITÉ 2]

D'où vient la viande que je mange ?

Observe le menu de la cantine pour la semaine de la rentrée, dans les écoles de cette ville. Puis, à l'aide du texte, identifie 3 produits locaux et trace un L à côté de chacun.

MENU DE LA SEMAINE

Produit Local — Produit Label Rouge — Produit Charolais — Plat du chef

LUNDI	MARDI	MERCREDI	JEUDI	VENDREDI
Betteraves ou Cœurs de palmiers et maïs	Endives pommes et noix ou Salade florida	Carottes rapées ou Salade coleslaw	Salade verte et œuf dur ou Chou rouge et maïs vinaigrette échalote	Potage de légumes variés de saison
Chipolatas Lentilles mijotées	Sauté de bœuf sauce piquante Haricots beurre extra-fins	Spaghetti à la carbonara de volaille	Roti de dinde Purée de brocolis	Dés de poisson à la béchamel aux épices douces Riz créole
Coulommiers ou Contafrais	Tomme blanche ou Cantadou	Camembert ou Fromage de brebis	Saint-Paulin ou Fraidou	Fromage blanc
Fruits de saison	Roulé abricot	Yaourt	Flan chocolat Flan vanille	Fruits exotiques

AU GOUTER

LUNDI	MARDI	MERCREDI	JEUDI	VENDREDI
Petits beurre Fromage blanc	Pain Pâte de fruit Yaourt	Pain Confiture Yaourt	Barre de céréales Fruits frais	Pain Fromage Compote

[FICHE ACTIVITÉ 3]

D'où vient la viande que je mange ?

Production de céréales
Les aliments distribués aux volailles sont soit issus de l'exploitation, soit fournis par des fabricants d'aliments agréés...

Accouvage
Les accouveurs livrent des poussins aux éleveurs.

Élevage
Les modes de production et les exigences réglementaires en France garantissent un haut niveau de qualité sanitaire pour le consommateur.

Abattage et transformation
Les abattoirs de volaille sont agréés par les services vétérinaires officiels.

Circuits de distribution
La distribution est le maillon final de la chaine agroalimentaire. Il s'agit d'un secteur important et complexe, qui permet d'acheminer les produits vers les supermarchés, les boucheries et les volaillers, les restaurants, les cantines...

Transport routier par camion

La filière avicole.

	ÉLEVAGE INTENSIF	ÉLEVAGE PLEIN AIR (LABEL ROUGE)	ÉLEVAGE BIOLOGIQUE
ESPÈCE	Dinde à pattes blanches, espèce à croissance rapide, utilisée pour la découpe.	Dinde noire, espèce à croissance lente, utilisée pour la découpe ou vendue entière à rôtir.	Dinde noire, espèce à croissance lente, vendue entière.
POIDS MAXIMAL	15 kg	3 à 5 kg	3 à 5 kg
BÂTIMENTS D'ÉLEVAGE	Bâtiments ventilés et éclairés de manière artificielle, pouvant contenir 10 000 oiseaux.	Bâtiments clairs à lumière naturelle et de petite taille, pouvant contenir 2 500 oiseaux. Les animaux ont accès à un parcours herbeux et arboré en journée.	Bâtiments clairs à lumière naturelle et de petite taille. Les animaux ont accès à un parcours herbeux et arboré en journée.
ALIMENTATION	Aliments industriels + antibiotiques	Au moins 75 % de céréales souvent produites sur l'exploitation. Antibiotiques pour la santé si nécessaire.	Aliments issus de l'agriculture biologique. Pas d'antibiotiques.
ABATTAGE	Les dindes femelles sont abattues à 91 jours et les mâles à 105 jours.	Les dindes ne peuvent être abattues qu'après 98 jours et les mâles à 126 jours. La distance entre l'élevage et l'abattoir doit être inférieure à 100 km et ne pas excéder 3 h de transport.	Les dindes ne peuvent être abattues qu'après 100 jours. La distance entre l'élevage et l'abattoir doit être inférieure à 100 km et ne pas excéder 3 h de transport.

Les différents types d'élevage de dindes.

À partir des informations données par le schéma et le tableau, réponds au questionnaire.

1. Quelles sont les étapes indispensables à la production qui ne concernent pas directement les animaux ?

....

....

2. Combien de métiers différents sont nécessaires pour que les élèves puissent manger le rôti de dinde à la cantine ?

....

....

3. Quel moyen de transport utilise-t-on entre chaque étape de la production ?

....

4. Quel est l'intérêt des filières courtes dans le cadre du développement durable ?

....

5. Indique les avantages de l'élevage intensif et ceux des produits Label Rouge et biologiques.

....

....

....

....

SÉANCE 19

D'où viennent les fruits exotiques que je mange ?

L'ESSENTIEL À SAVOIR POUR L'ENSEIGNANT

LES IMPORTATIONS DE FRUITS EN FRANCE

La France est le **3e producteur européen de fruits et de légumes** derrière l'Italie et l'Espagne. Nous consommons une très grande variété de fruits et légumes, mais un grand nombre d'entre eux ne peut pas être cultivé sur notre territoire. 46 % des fruits et légumes consommés sont donc importés (dont 36 % qui ne peuvent pas être produits sur notre territoire). Durant les 10 dernières années, la consommation des fruits importés a été multipliée par 10. La France est le **4e pays importateur** après les États-Unis, les Pays-Bas et l'Inde pour la catégorie « dattes, figues, ananas, avocats, goyaves, mangues, mangoustans », et ce chiffre ne cesse de croitre : 266 713 tonnes importées en 2011 et 325 300 en 2015[1].

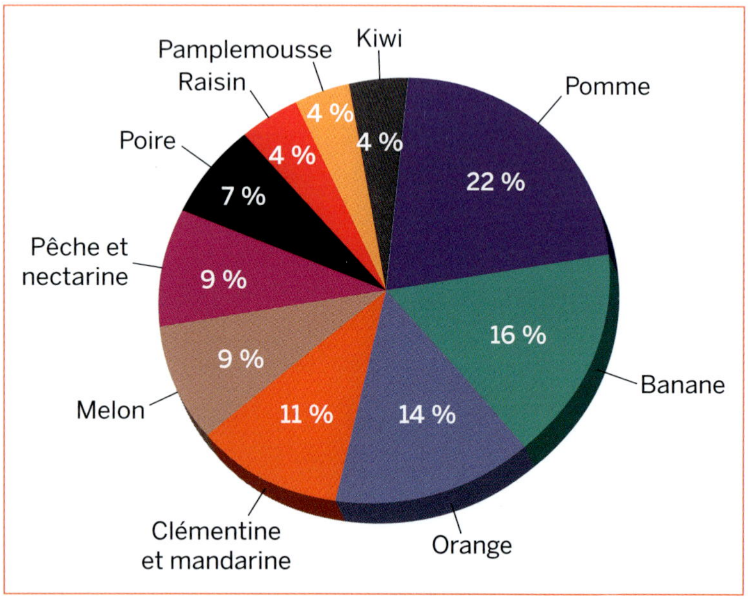

Part des fruits consommés dans le panier des ménages français.

1. http://www.trademap.org/tradestat/Country_SelProduct_TS.aspx

LA PRODUCTION DE FRUITS EXOTIQUES DANS LE MONDE

Parmi ces fruits, certains sont dits tropicaux[2] car ils ne peuvent croitre que sous un climat tropical ou subtropical ne supportant pas des températures inférieures à 4 °C. Pour pousser, ces fruits ont besoin d'un climat chaud (27 °C en moyenne), d'une température constante (une amplitude thermique faible) et d'une humidité forte. Certaines zones dans le monde au climat tropical[3] sont donc plus spécialisées dans la production de ces fruits. Cependant, si les conditions de chaleur et d'humidité sont remplies, ces fruits peuvent tout à fait pousser dans d'autres zones climatiques. Ainsi, le kiwi, qui pousse originellement sous un climat tropical montagnard, longtemps considéré comme un fruit exotique est devenu maintenant un fruit produit localement. En France, nous cultivons 68 000 tonnes de kiwis par an et nous sommes le 3e producteur de ce fruit en Europe, après l'Italie et la Grèce. Le « kiwi de l'Adour » est certifié Label Rouge. Les kiwis que nous consommons de novembre à mai sont généralement produits en France ; en revanche, durant les autres mois de l'année, ce fruit est importé, le plus souvent de Nouvelle-Zélande.

DU PRODUCTEUR À L'ASSIETTE : LE CIRCUIT DES FRUITS TROPICAUX

Qu'ils soient produits dans les DROM ou à l'étranger, les fruits tropicaux viennent de loin et sont importés, en fonction des saisons, des différentes zones du globe afin d'être disponibles sur les étals des marchés toute l'année. Ainsi, pour approvisionner la France en mangues

2. Le terme « exotique » désigne un fruit importé alors que le terme « tropical » désigne les fruits qui poussent sous un climat tropical.
3. Celles comprises entre les tropiques, jusqu'à 15° de latitude nord et sud.

➲ Compagnie Fruitière : de la production à la distribution

« La Compagnie Fruitière, depuis sa création en 1939 à Marseille, est spécialisée dans l'importation et la distribution de fruits et légumes. La Compagnie Fruitière est ainsi devenue successivement :
– producteur avec l'acquisition et le développement de plantations en Afrique (Cameroun en 1991, Côte d'Ivoire en 1997, Sénégal en 2001 et Ghana en 2003) ;
– puis transporteur de fruits et opérateur logistique avec, entre autres, une compagnie maritime intégrée (Africa Express Line, 2001) ;
– et enfin distributeur/ murisseur de fruits via ses filiales commerciales en Europe (Compagnie Fruitière France, Compagnie Fruitière UK, Compagnie Fruitière España, Compagnie Fruitière Hungary).

La Compagnie Fruitière est aujourd'hui le 1er producteur de fruits de la zone Afrique-Caraïbes-Pacifique, avec des volumes annuels de plus de 500 000 tonnes de fruits et légumes produits en Afrique de l'Ouest, principalement des bananes, des ananas et des tomates cerise.
Producteur, transporteur logisticien, importateur, murisseur et distributeur, la Compagnie Fruitière assure ainsi une traçabilité totale pour une sécurité alimentaire sans faille que ce soit pour les fruits issus de ses propres plantations en Afrique ou pour ceux de plantations de producteurs partenaires sélectionnés dans le monde entier. »

Source : http://www.compagniefruitiere.fr/groupe/index/index/id/2

toute l'année, les importateurs la font venir du Pérou de janvier à mars, puis d'Afrique et du Mexique au printemps et en été, et enfin depuis le Brésil à partir d'octobre.

Les fruits sont transportés par cargo ou par avion. Ce dernier mode garantit une très grande fraicheur des produits parce qu'il peut s'écouler seulement 48 heures entre la récolte et la consommation. Il est souvent favorisé par les importateurs car les produits conservent leurs propriétés et sont donc plus parfumés, plus sucrés, plus frais. Cependant, ce transport a un cout écologique et un impact sur le bilan carbone de la planète puisqu'ils sont transportés sur de très longues distances.

LE COMMERCE ÉQUITABLE

Pour garantir un développement durable, les règles du commerce mondial doivent et devront évoluer. C'est ainsi qu'il y a 40 ans est née l'idée d'un commerce équitable. Depuis, les filières de produits issus de ce commerce se sont structurées, diversifiées et spécialisées et des labels ont été créés pour les produits agricoles. Tous les fruits tropicaux peuvent donc être consommés sous un label « équitable ». Le plus courant est le label « Fairtrade Max Havelaar » attestant de l'équité des échanges Nord/Sud, interdisant l'usage des OGM et limitant les produits chimiques. 5 % des bananes produites en France ont obtenu ce label.

➲ La définition consensus du commerce équitable

Le commerce équitable est un partenariat commercial, fondé sur le dialogue, la transparence et le respect, dont l'objectif est de parvenir à une plus grande équité dans le commerce mondial. Il contribue au développement durable en offrant de meilleures conditions commerciales et en garantissant les droits des producteurs et des travailleurs marginalisés, tout particulièrement au sud de la planète. Les organisations du commerce équitable, soutenues par les consommateurs, s'engagent activement à soutenir les producteurs, à sensibiliser l'opinion et à mener campagne en faveur de changements dans les règles et pratiques du commerce international conventionnel.

Selon les organisations internationales du commerce équitable, en 2001 (http://www.adequations.org/spip.php?article1060).

DÉROULEMENT DE LA SÉANCE

Compétences, capacités, attendus
- *Aborder les notions de production, d'exploitation et d'approvisionnement d'un produit alimentaire.*
- *Aborder la notion de filière de production et de transport.*
- *Nommer, localiser et caractériser des espaces.*
- *Situer des lieux et des espaces les uns par rapport aux autres.*
- *Lire un schéma et un texte.*
- *Localiser sur une carte.*

DURÉE : 60 minutes environ.

ÉTAPE 1 — IDENTIFIER LES PRODUITS IMPORTÉS

DURÉE 5 minutes
ORGANISATION en collectif
MATÉRIEL • Le menu de cantine étudié en séance 18

REPRENDRE LE MENU DE CANTINE collectivement et demander aux élèves :

> **À votre avis, dans ce menu, quels sont les produits qui ne sont pas produits en France ?**
Les fruits exotiques, les épices (de la sauce piquante ou de la béchamel), la vanille (du flan), le chou rouge, le cœur de palmier.
L'enseignant précise que ces aliments ne peuvent pas être produits localement, en France (à cause des sols, du climat...). Ils sont produits et récoltés dans d'autres pays, puis ils sont acheminés vers la France.

CE QUE NOUS AVONS APPRIS

Dans le menu de cantine, certains aliments viennent d'autres pays. Il s'agit de produits importés.

ÉTAPE 2 — ABORDER LA NOTION D'IMPORTATION

DURÉE 25 minutes
ORGANISATION en collectif, puis en individuel, et de nouveau en collectif
MATÉRIEL • fiche activité 1 : un schéma, un texte et un questionnaire sur la production de bananes (et son corrigé)
• un planisphère

1) **INTERROGER LES ÉLÈVES** :

> **Quels fruits exotiques connaissez-vous ?** *L'ananas, le kiwi, la banane, la mangue...*

> **Selon vous, où ces fruits sont-ils produits ? D'où viennent les bananes que vous mangez à la cantine ?**
Laisser les élèves émettre des hypothèses, puis distribuer la fiche activité 1.

2) **OBSERVER LE SCHÉMA**, puis demander aux élèves :

> **Qu'indique ce schéma ?** *Les pays (ou départements et régions d'outre-mer) où sont produites les bananes que nous consommons en France.*

Les citer (Martinique, Côte d'Ivoire, Guadeloupe, Cameroun, Surinam et Ghana) et les situer sur le planisphère de la classe.

> **Quels sont les trois pays (ou régions) principaux producteurs de bananes consommées en France ?** *La Martinique, la Côte d'Ivoire et la Guadeloupe.*
Constater que ces régions d'outre-mer et ce pays se situent à des milliers de kilomètres de la France métropolitaine.

> **À votre avis, par quel moyen de transport les bananes sont acheminées vers la France ?** *Les élèves répondront certainement le bateau et l'avion.*

3) **LIRE LE TEXTE** collectivement, puis demander à chacun de répondre au questionnaire. Lors de la mise en commun, identifier les différentes étapes d'importation des bananes produites aux Antilles : les bananes cueillies vertes sont transportées par bateau des Antilles au port de Dunkerque, puis elles sont amenées à maturation avant d'être acheminées vers les commerçants. Conclure que les bananes que nous mangeons sont cueillies alors qu'elles ne sont pas mures, qu'elles sont acheminées en navire porte-conteneurs, qu'on les fait murir en France avant de les transporter (par camion) chez les commerçants.

CE QUE NOUS AVONS APPRIS

Les bananes sont des fruits exotiques. Celles que nous consommons en France proviennent principalement des Antilles. Elles sont transportées par bateau et arrivent en métropole au port de Dunkerque. Elles sont ensuite transportées par camion jusqu'aux zones de distribution (commerces).

ÉTAPE 3 LOCALISER LES PAYS PRODUCTEURS

DURÉE 20 minutes
ORGANISATION en binômes et en collectif
MATÉRIEL • fiche activité 1 : un texte et un graphique sur la production de bananes
• fiche activité 2 : un planisphère vierge (et son corrigé)

1) **DISTRIBUER LE PLANISPHÈRE VIERGE** et demander aux élèves de localiser les pays et régions d'outre-mer où sont cultivées les bananes que nous consommons en France :

> **Placez un point vert sur les pays ou régions d'outre-mer exportateurs de bananes vers la France et notez le nom de chacun sur le planisphère.**
Les élèves travaillent en binômes ; ils disposent de leur fiche activité 1 et de documents leur permettant de faire des recherches (atlas, Internet, dictionnaire...) et de localiser les pays et régions évoqués précédemment.
Procéder à une mise en commun immédiate. Faire remarquer que tous les pays producteurs sont situés entre les tropiques, car le climat y est favorable à la culture de la banane. Demander aux élèves de souligner le nom des trois pays (ou régions) principaux producteurs de bananes consommées en France (la Martinique, la Côte d'Ivoire et la Guadeloupe).

2) **TRACER L'ITINÉRAIRE** emprunté par le bateau qui transporte les bananes vers la France. Commencer par un rappel des informations données par le texte étudié précédemment :

> **Par quel moyen de transport les bananes sont acheminées vers la France ?** *Elles sont transportées par bateau.*

> **Dans quel port arrivent-elles ?** *À Dunkerque.*
Guider les élèves pour placer Dunkerque, au nord de la France, sur le planisphère.

> Maintenant, tracez sur votre planisphère la route maritime empruntée par les navires qui transportent les bananes de ces pays vers la France.

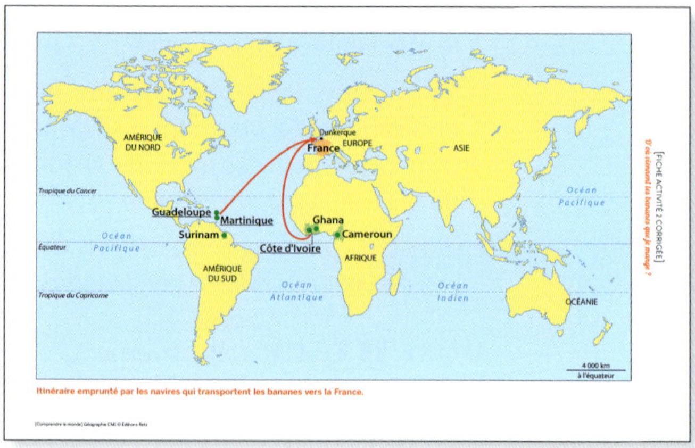

Lors de la mise en commun, trouver le chemin le plus court et indiquer le lexique spécifique : *le navire porte-conteneur a emprunté une route maritime depuis les Antilles vers la France : il a traversé l'océan Atlantique ; le bateau venant de Côte d'Ivoire a remonté l'océan Atlantique depuis l'Afrique. Chacun a traversé la Manche entre la France et l'Angleterre pour arriver dans le port de Dunkerque.*

Pour finir, l'enseignant peut demander aux élèves de tracer une flèche pour indiquer le trajet du camion qui transporte les fruits du port de Dunkerque vers la région de l'école.

CE QUE NOUS AVONS APPRIS

Les pays producteurs de bananes se situent en zone intertropicale, propice à la culture des fruits exotiques. Les fruits sont transportés par bateau réfrigéré, pour assurer leur conservation, car la route maritime empruntée est longue.

ÉTAPE 4 SYNTHÈSE

DURÉE 10 minutes
ORGANISATION en classe entière

Exemple de trace écrite :

Les fruits exotiques que nous mangeons à la cantine sont, par exemple, les kiwis, les ananas ou les bananes.
Ces fruits sont cultivés dans des pays lointains, situés en zone tropicale. Ils sont donc importés. Ils sont acheminés en France par bateau réfrigéré, pour une meilleure conservation, puis ils sont transportés par camion jusqu'aux commerçants.

Lexique :

Produit importé : matière première ou produit fabriqué à l'étranger que l'on fait venir en France ; par exemple : le pétrole acheté en Arabie Saoudite ou les ananas achetés en Côte d'Ivoire.
Importation : achat à un pays étranger de matières premières ou de biens de consommation.

❶ Observe le schéma et réponds aux questions de ton enseignant.

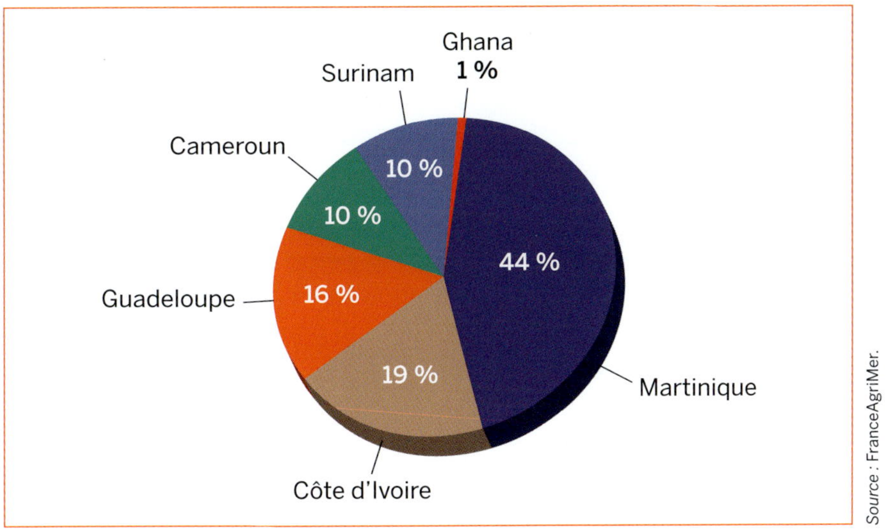

Origine des bananes débarquées sur les ports français en 2014.

❷ Lis ce texte, puis répond au questionnaire.

Du bananier au consommateur

Une fois cueillies aux Antilles après 8 à 13 mois de culture, les bananes vertes sont rangées dans des cartons, eux-mêmes placés dans des conteneurs réfrigérés maintenus à la température constante de 13,5 °C (cette température stoppe la maturation de la banane).

Les conteneurs, chargés sur les navires, mettent une dizaine de jours pour parvenir jusqu'au port de Dunkerque.

Après les avoir amenées à maturation dans des murisseries pendant 4 à 8 jours, les grossistes livrent les bananes devenues jaunes aux distributeurs et commerçants.

1. De quelle couleur sont les bananes cueillies aux Antilles ?

....

2. Dans quoi sont-elles rangées après la cueillette ?

....

3. Quel moyen de transport permet de les acheminer en France métropolitaine ?

....

4. Quelle étape est nécessaire avant de livrer les bananes chez les commerçants ?

....

5. Quelle est la couleur de la banane livrée chez les commerçants ?

....

D'où viennent les bananes que je mange ?

❶ Sur ce planisphère, place un point vert sur les pays ou régions d'outre-mer exportateurs de bananes vers la France, et note le nom de chacun.

❷ Souligne le nom des trois pays (ou régions) principaux producteurs de bananes consommées en France.

❸ Puis trace en rouge l'itinéraire pris par le bateau qui transporte les bananes de ces pays vers la France.

SÉANCE 20

Où mes parents font-ils les courses ?

L'ESSENTIEL À SAVOIR POUR L'ENSEIGNANT

LE COMMERCE, UN SECTEUR EN MUTATION

Le secteur du commerce connait depuis le début des années 2000 d'importantes mutations. Philippe Moati, professeur d'économie, désigne ainsi ces changements sous l'expression de « nouvelle révolution commerciale »[1]. Quels sont ces changements ? La première révolution commerciale, celle des Trente Glorieuses, avait fait de l'hypermarché et des centres commerciaux ses emblèmes. Le modèle de la consommation de masse (l'abondance se traduisant par les immenses rayons, le grand nombre de références et surtout la recherche du prix le plus bas) avait conduit les acteurs de la grande distribution à privilégier les installations d'immenses surfaces dans les espaces périphériques des villes. Aujourd'hui, un grand nombre d'indicateurs montrent que cette offre n'est plus vraiment adaptée au comportement des consommateurs qui ne recherchent pas seulement le prix le plus bas et qui intègrent dans leur choix d'autres critères, immatériels pour la plupart. Aussi, un nombre de plus en plus important de consommateurs se détourne du modèle de la consommation de masse et s'oriente vers des commerces plus spécialisés répondant à leurs aspirations sociales (des produits de meilleure qualité, de production durable...) et s'adaptant à chacun.

LA GÉOGRAPHIE DU COMMERCE S'ADAPTE

Le commerce, originellement, s'est développé dans le centre des villes. Avant l'avènement de l'automobile durant les Trente Glorieuses, du plus petit village à la ville petite ou moyenne, la faible mobilité des consommateurs (à pied, en vélo) impliquait une proximité du commerce et un renouvellement des achats quasiment quotidien, lié aux problèmes d'acheminement des grandes quantités ainsi que de stockage et de conservation. La grande distribution a transformé ce modèle. Un mouvement centrifuge vers la périphérie des villes s'est opéré après la Seconde Guerre mondiale pour construire de « grandes surfaces » et pour trouver également des terrains moins chers. Les commerces de centre-ville indépendants, dits « petits commerces », s'étiolent puis s'épuisent et sont souvent rachetés par des groupements de la grande distribution qui créent de nouvelles structures ; par exemple, en 2009, Carrefour City[2] a remplacé Shopi, 8 à Huit et Marché Plus de France).

À l'échelle des aires urbaines, les commerces se concentrent en périphérie, dans les pôles commerciaux dont l'attractivité est proportionnelle à la taille. La mobilité des consommateurs, grâce à l'automobile, permet des installations plus lointaines et à proximité des échangeurs routiers et autoroutiers.

Aujourd'hui, la révolution commerciale en cours remet en question le modèle centre-périphérie au profit d'une géographie du commerce marquée par la diversité et l'ubiquité des grands distributeurs qui cherchent à accompagner leurs clients partout et pour tous les types d'achats, des biens alimentaires aux services. Parallèlement, l'essor du e-commerce et le développement du commerce de précision (spécialisation dans un produit ou une gamme de produits) transforment les habitudes.

La baisse générale des achats dans les grandes surfaces pose pour l'avenir le problème d'un suréquipement en zones d'activités commerciales. Le risque est celui de l'émergence de friches commerciales, surtout dans les zones peu compétitives ou à la faible accessibilité.

1. MOATI Ph., *La nouvelle révolution commerciale*, Odile Jacob, Paris, 2011.

2. Selon le groupe Carrefour, Carrefour City est « le magasin-solution destiné à faciliter la vie des citadins, qu'ils vivent ou travaillent à proximité. »

➔ Quel avenir pour les friches commerciales de Calais ?

Avenue Saint-Exupéry, autrefois zone commerciale importante, les friches se concentrent. L'activité s'est déplacée zone des Cailloux et du Chemin-Vert, en bordure de l'A16.

Les friches commerciales sont une vraie problématique à Calais. Locaux vacants en centre-ville, grandes surfaces vides en périphérie, elles polluent le paysage et leur reconversion n'est pas évidente car la marge de manœuvre de la municipalité est mince. (...)

Un grand centre commercial, Cité Europe, à deux pas de l'A16, un centre-ville coupé en deux, héritage de la fusion de Calais et Saint-Pierre, l'absence d'un cœur ancien piétonnier, des axes routiers importants, Calais n'est pas la mieux lotie pour que le commerce de proximité s'épanouisse. Il suffit d'arpenter le boulevard Lafayette, ironiquement surnommé par certains commerçants boulevard La Faillite, pour s'en rendre compte.

L'avenue Saint-Exupéry, elle, accueille les plus grandes friches, autrefois occupées par les grandes enseignes nationales ou les cash&carry. La marque de meubles But ou encore La Foir'Fouille, pour ne citer qu'elles, ont abandonné le Beau-Marais pour une autre périphérie, proche de l'A16, les zones du Chemin-Vert et des Cailloux. Et pas de projet pour leurs anciens bâtiments. (...)

Ariane Delepierre, « Quel avenir pour les friches commerciales de Calais ? », *La Voix du Nord*, 5 janvier 2015. (http://www.lavoixdunord.fr)

Pour la plupart, les friches commerciales se situent surtout dans les centres-villes, mais nous en verrons probablement de plus en plus en périphérie.

« FAIRE SES COURSES » : QUELLES MUTATIONS ?

Selon l'INSEE, en 2010, les citadins passent en moyenne 2 h 41 par semaine (23 min./jour) à faire des courses. Ce chiffre est stable depuis 1974, mais, pour faire ses courses, on s'y rend la plupart du temps en voiture et on effectue plus de kilomètres.

En 1974, la majorité des trajets consacrés aux courses (53 %) s'effectuent à pied, alors qu'en 2010, ces trajets courts ne représentent plus que 17 %, et sont remplacés par des trajets en voiture (65 %). Les Français font leurs courses plus loin, dans de grandes surfaces, localisées pour la plupart dans les périphéries urbaines.

En 2011, les Français réalisent 72 % des dépenses alimentaires dans les grandes surfaces et 15 % dans les commerces de détail spécialisés (boulangeries, boucheries, épiceries...).

Les citadins font en majorité leurs courses dans les hypermarchés, puis dans les supermarchés et enfin dans les commerces de détail, sauf à Paris. Dans la capitale, en raison d'un niveau de vie plus élevé, du faible nombre d'hypermarchés et d'un plus grand nombre de commerces

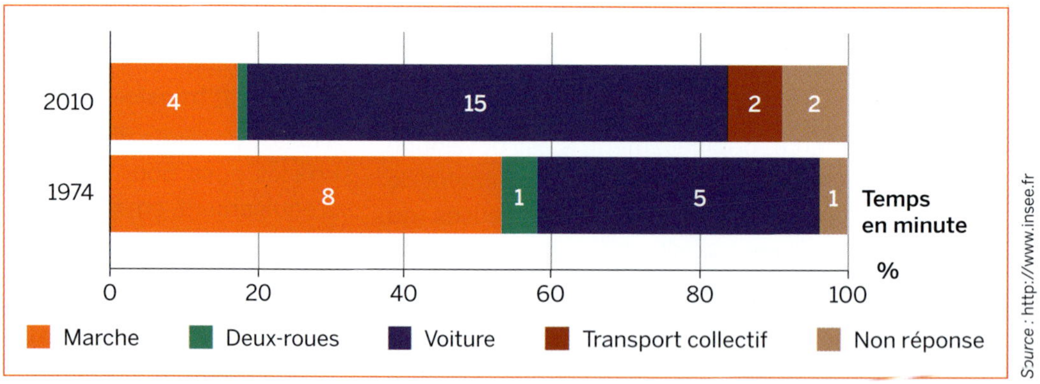

Évolution des temps de trajet pour faire les courses et choix du moyen de locomotion entre 1974 et 2010.

de détail, les habitants font moins leurs courses dans les grandes surfaces (49 %) et plus chez les petits commerçants (20 %) que la moyenne nationale.

Les ruraux font leurs courses plus loin que les citadins car l'offre est plus restreinte, notamment à cause de la disparition des commerces de détail dans la plupart des petites communes de France au profit des supermarchés et hypermarchés. Par conséquent, les ruraux utilisent davantage la voiture pour faire leurs courses (88 % des habitants des communes rurales utilisent la voiture pour faire leurs courses, contre 71 % au niveau national et 7 % des Parisiens).

DÉROULEMENT DE LA SÉANCE

Compétences, capacités, attendus

- ***Aborder les notions de production, d'exploitation et d'approvisionnement d'un produit alimentaire.***
- ***Nommer, localiser et caractériser des espaces.***
- ***Formuler des hypothèses.***
- ***Lire des photos.***
- ***Localiser sur un plan.***

DURÉE : 60 minutes environ.

ÉTAPE 1 IDENTIFIER LES COMMERCES DE CENTRE-VILLE

DURÉE 25 minutes
ORGANISATION en collectif, puis en individuel, et de nouveau en collectif
MATÉRIEL • fiche activité 1 : quatre photos du centre-ville de Dinard
• fiche activité 2 : le plan de Dinard (et son corrigé)
• la carte de France murale

1) **ANALYSER LES PHOTOS.** Au préalable, situer la ville de Dinard sur la carte de France de la classe (en Bretagne, en Ille-et-Vilaine, sur la côte face à Saint-Malo). Puis, après une observation silencieuse des deux photographies, interroger les élèves :

> **Quelle est la nature de ces documents ?** *Il s'agit de quatre photos de commerces et commerçants de la ville de Dinard, une ville historique, située sur la côte, au nord de la Bretagne.*

> **Quels sont les points communs de ces deux photos ?** *On y voit des commerces, un marché, des gens qui font leurs courses.*

> **Quels commerces voit-on sur ces deux images ?** *Sur les photos de centre-ville, on voit une pharmacie, un mini-market, une boulangerie, une cave à vin, une agence immobilière, un vendeur de cartes postales et de souvenirs... Sur les photos du marché, on voit un maraicher, un poissonnier, un fromager, un fleuriste, des vendeurs de vêtements...*
Les lister au tableau.

> **Voit-on des voitures ?** *Oui, mais peu.*

2) **LOCALISER LES PHOTOS** sur le plan de Dinard.

> **En vous aidant des informations données dans la légende de chaque image, tracez une croix sur le plan pour localiser chaque lieu photographié.**

Lors de la mise en commun, constater que le marché et cette rue commerçante se situent dans le centre-ville de Dinard. On parle alors de commerces de proximité : ils se situent près des habitations, on s'y déplace principalement à pied.

3) **INTERROGER LES ÉLÈVES** à partir de leur expérience et de leur vécu :

> **Quels autres commerces pourraient se situer en centre-ville ?**
Compléter la liste amorcée au tableau avec les réponses proposées par les élèves. Si nécessaire, relancer les idées en s'appuyant sur la ville de l'école.

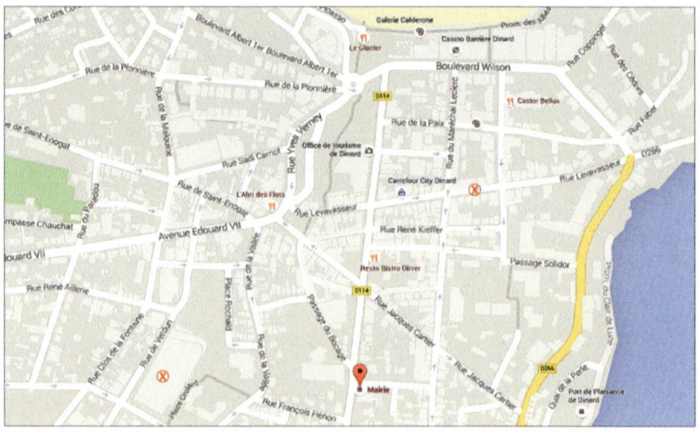

Le commerce de centre-ville à Dinard.

[Comprendre le monde] Géographie CM1 © Éditions Retz

[FICHE ACTIVITÉ 2 CORRIGÉE] *Où mes parents font-ils les courses ?*

CE QUE NOUS AVONS APPRIS

En centre-ville, on trouve différents commerces, appelés « commerces de proximité » car ils se situent au plus près des habitants qui peuvent faire leurs courses à pied.

ÉTAPE 2 TRAVAILLER SUR UN GRAND MAGASIN

DURÉE 20 minutes
ORGANISATION en collectif
MATÉRIEL • fiche activité 3 : une photo d'un supermarché à Dinard et un plan de la ville

1) **INTERROGER LES ÉLÈVES** pour élargir le champ d'analyse :

> **À part dans les commerces de proximité, où pouvons-nous faire les courses ?**
Les réponses des élèves peuvent être variées. Il s'agira d'introduire ici les termes de *supermarché, hypermarché, grands magasins*. Ces mots sont ajoutés à la liste notée au tableau.

2) **OBSERVER LA PHOTO**, puis demander aux élèves :

> **Quelle est la nature de ce document ?** *Il s'agit d'une photo d'un supermarché, dans la même ville que les photos étudiées précédemment, à Dinard.*

> **Que peut-on acheter dans ce type de magasin ?** *On peut y acheter plein de choses très différentes : de la viande, du fromage, des fruits, du café, du pain, mais aussi des vêtements, du shampoing, des livres…*
La liste ne sera évidemment pas exhaustive ; il s'agit de faire prendre conscience aux élèves que les supermarchés regroupent, dans un même lieu, différents types de produits alimentaires et non alimentaires.

> **Voit-on des voitures ?** *Oui, un parking est même réservé à la clientèle de ce magasin.*
L'enseignant précise que ces grands magasins ne sont généralement pas très accessibles pour les piétons et qu'il est nécessaire de prendre la voiture pour s'y rendre.

3) **LOCALISER LA PHOTO** sur le plan de Dinard.

> **En vous aidant des informations données dans la légende, surligner l'emplacement de ce supermarché.**
Lors de la mise en commun, constater que ce magasin se situe en périphérie de la ville de Dinard près de grands axes routiers et dispose d'un grand parking, on s'y déplace en voiture. En raison de leur superficie, ce type de magasin est appelé « grande surface ».

CE QUE NOUS AVONS APPRIS

Les supermarchés ou hypermarchés sont des magasins avec de grandes surfaces de vente. Ils sont situés en périphérie des villes, assez loin des habitations, mais à proximité des voies de circulation. On y vient en voiture.

ÉTAPE 3 SYNTHÈSE

DURÉE 10 minutes
ORGANISATION en classe entière

Exemple de trace écrite :

On peut faire ses courses dans deux sortes d'endroits commerciaux :
– en centre-ville, où l'on trouve les commerces de proximité qui sont de petites surfaces ; généralement, on y fait ses courses à pied.
– dans une grande surface (supermarché ou hypermarché), située en périphérie de la ville ; on y vient en voiture, ce qui suppose des aménagements importants (routes, ronds-points, parkings...).

Lexique :

Commerce : Le commerce regroupe les activités de vente de marchandises (boulangerie, boucherie...) ou de services (garage, salon de coiffure...). Il comprend aussi la vente à distance par l'intermédiaire d'internet.

Observe ces quatre photographies et réponds aux questions de ton enseignant.

Document 1 • Rue Levavasseur dans le centre-ville de Dinard, en Bretagne.

Document 2 • Place de la République, dans le centre-ville de Dinard.

Documents 3 et 4 • Le marché de Dinard, dans les halles de la Concorde et place Crolard.

[FICHE ACTIVITÉ 2]

Où mes parents font-ils les courses ?

Sur ce plan, trace une croix à l'emplacement de chaque photo étudiée.

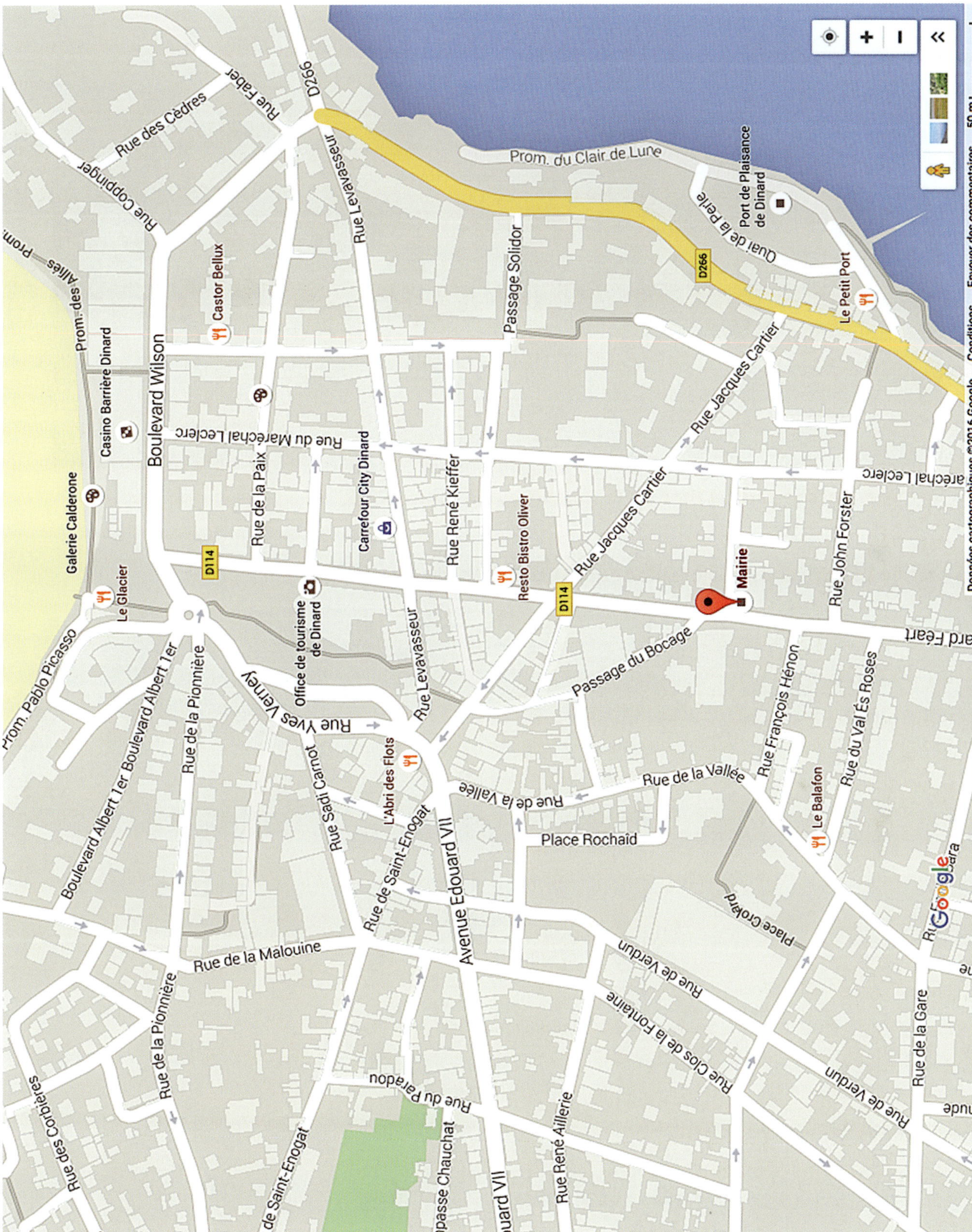

Le centre-ville de Dinard, en Bretagne.

1 Observe cette photo et réponds aux questions de ton enseignant.

Un supermarché dans la zone de la Jannais sur la route D266.

2 Sur ce plan, surligne l'emplacement du supermarché ci-dessus.

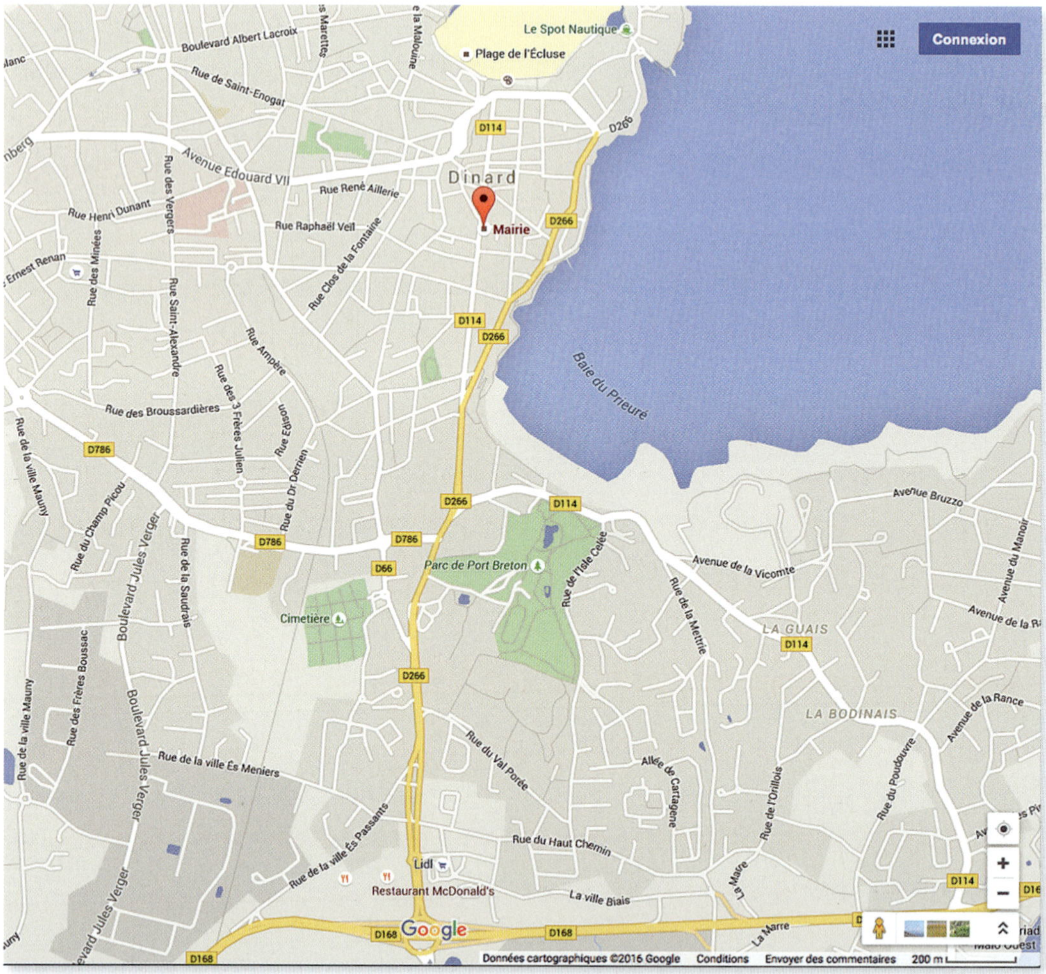

Dinard, en Bretagne.

DOSSIER INTERDISCIPLINAIRE

Et si notre école était dans un écoquartier ?

GÉOGRAPHIE ET SCIENCES

Un écoquartier est un quartier aménagé pour répondre aux exigences du développement durable (diversité de l'habitat, diversité sociale, transports non polluants, valorisation des déchets et utilisation des énergies renouvelables).

OBJECTIFS DU DOSSIER

Réaliser une carte heuristique pour faire un diagnostic sur le respect de l'environnement dans notre école et envisager des solutions à l'échelle de l'école.

MISE EN ŒUVRE GÉNÉRALE

Après avoir présenté les 5 critères d'un écoquartier, les élèves sont amenés à réfléchir sur la situation de leur école et à proposer des solutions pour répondre aux exigences du développement durable.

ÉTAPE 1 DÉCOUVRIR LES 5 CRITÈRES D'UN ÉCOQUARTIER

Objectif : comprendre ce qu'est un écoquartier
Organisation : collective
Matériel : fiche activité : schéma des 5 critères d'un écoquartier

1) **OBSERVER LE SCHÉMA** et interroger les élèves :

> **Combien y a-t-il de critères pour répondre aux exigences d'un écoquartier ?** *5 : ils concernent les habitations, les déplacements, les déchets, la propreté et l'eau, et les végétaux.*

2) **DONNER LE POINT DE DÉPART CENTRAL** de la carte heuristique (l'école) puis y relier les 5 domaines indiqués sur le schéma[1].

ÉTAPE 2 ÉTABLIR LE DIAGNOSTIC DE L'ÉCOLE

Objectif : faire un diagnostic
Organisation : en groupes
Matériel : affiches, étiquettes rouges et vertes

1. La carte peut être réalisée avec le logiciel XMind (téléchargement gratuit).

1) QUESTIONNER LES ÉLÈVES pour établir le diagnostic de l'école :

> **Comment venez-vous à l'école ?**
> **Comment l'école est-elle chauffée ?**
> **D'où vient l'électricité ?**
> **Y a-t-il un jardin, des végétaux ?**
> **Comment sont-ils arrosés ?**
> **Que fait-on des déchets ?**

Pour les réponses qu'ils ignorent, proposer aux élèves d'enquêter et d'interroger le personnel de l'école.

2) ÉCRIRE LES RÉPONSES sur les étiquettes vertes si elles correspondent à un critère de l'écoquartier, sinon les écrire sur les étiquettes rouges. Placer toutes les étiquettes sur la carte mentale, face au critère auquel elles correspondent.

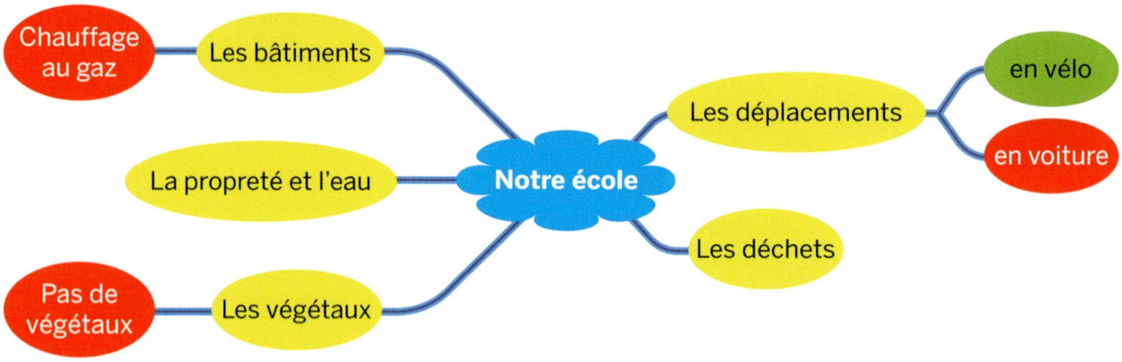

ÉTAPE 3 SYNTHÉTISER

Objectif : trouver des solutions pour répondre aux exigences de l'écoquartier
Organisation : collective
Matériel : la carte heuristique et les étiquettes vertes pour les solutions

1) IMAGINER DES SOLUTIONS DURABLES pour remplacer les étiquettes rouges par des vertes sur la carte heuristique, afin de répondre à toutes les exigences d'un écoquartier ; par exemple : créer un jardin ; trier les déchets dans les classes ; venir en vélo, à pied, en transports en commun ; installer une éolienne ou des panneaux photovoltaïques...

2) PRÉSENTER LA CARTE HEURISTIQUE aux autres classes. Les élèves peuvent aussi réaliser des panneaux ou des affichettes pour sensibiliser les autres élèves à un comportement éco-responsable.

ANNEXE

Consulter le site sur l'écoquartier de la prairie au Duc à Nantes :
www.iledenantes.com/files/documents/pdf/publications/nantes-ecoquartier.pdf

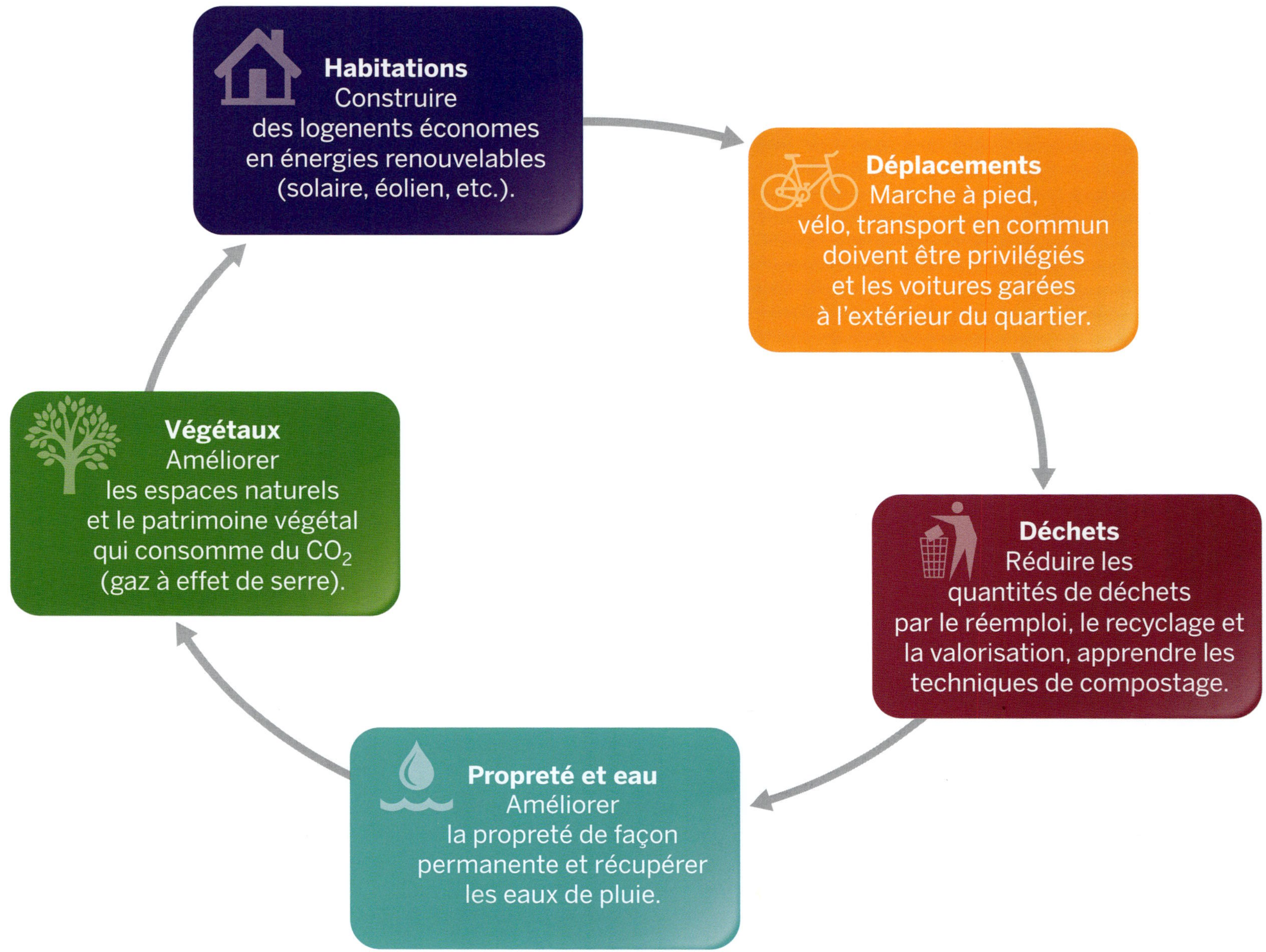

Les 5 critères d'un écoquartier.

ÉVALUATIONS

Évaluer la géographie en CM

L'ÉVALUATION EN GÉOGRAPHIE AU CYCLE 3

En géographie, il est possible de travailler puis d'évaluer de nombreuses compétences du socle, et pas uniquement celles du domaine 5. Les séances proposées dans l'ouvrage offrent la possibilité d'une **évaluation formative**, **en continu**, pour quelques items que l'enseignant choisit en fonction de sa progression ou du niveau de sa classe. L'**évaluation sommative**, en fin de sous-thème, permet de valider l'acquisition d'une ou plusieurs compétences ; par exemple : nommer et localiser les grands repères géographiques et extraire des informations pertinentes pour répondre à une question. Si le niveau de maitrise de ces deux compétences semble fragile, elles seront retravaillées lors d'une autre séance.

Cependant, il n'est pas nécessaire d'évaluer tout, tout le temps et pour tous les élèves en même temps. Il vaut mieux tendre vers un niveau de maitrise satisfaisant des compétences sur l'ensemble du cycle.

En effet, si les programmes indiquent clairement les compétences attendues, ils précisent aussi que « tout au long du cycle 3, les élèves acquièrent des compétences et des connaissances qu'ils pourront mobiliser dans la suite de leur scolarité et de leur vie personnelle[1] ».

Ainsi, il n'est pas attendu en CM1 ou CM2 l'acquisition totale des compétences de fin de cycle. La notion d'objectif d'apprentissage « dépassé » telle qu'elle apparait dans le livret scolaire unique (LSU) est relative à ce qui est travaillé en classe au cours d'une séance et non à ce qui est attendu en fin de cycle. On évaluera donc ce que les élèves travaillent et apprennent lors d'une séance (l'enseignant n'évalue pas la réalisation d'une carte de géographie si la séance n'a porté que sur des études de textes et de tableau).

1. *Bulletin officiel spécial*, n° 11, 26/11/2015, p. 170.

Quand et pourquoi évalue-t-on ?

L'objectif premier de l'évaluation consiste à **améliorer les apprentissages**.

Lorsqu'elle est menée **au fil des séances**, sur des objets travaillés en classe, l'évaluation est formative et permet de suivre les progrès de l'élève. Elle fournit alors des informations qui permettent de réguler, voire d'adapter l'enseignement.

Lorsqu'elle est menée **en fin de sous-thème**, l'évaluation est sommative et permet de certifier, pour chaque élève, le degré de maitrise des apprentissages visés. Par exemple, la compétence « Se repérer dans l'espace » est évaluée en mesurant six objectifs différents qui participent à sa construction. Un élève aura validé cette compétence s'il sait nommer et localiser les grands repères géographiques, un lieu dans un espace géographique, s'il sait caractériser des espaces, mais aussi les situer les uns par rapport aux autres. Pour cela, il aura mémorisé les repères géographiques liés au programme et saura appréhender la notion d'échelle géographique. Cette compétence ne peut donc être acquise au cours d'une seule séance, elle se construit tout au long du cycle en mobilisant les différentes compétences et connaissances travaillées en classe.

Quelle place pour la géographie au sein du socle commun de connaissances, de compétences et de culture ?

La loi d'orientation et de programme pour l'avenir de l'école du 23 avril 2005 institue pour la première fois en France une approche par compétences des acquis des élèves. Cette loi est à mettre en parallèle des différents textes qui régissent le cadre européen en matière d'éducation. Un ensemble d'avis et de recommandations sont en effet fixés en la matière depuis le conseil européen de Lisbonne (23 et 24 mars 2000), qui a conclu sur la nécessaire adoption d'un cadre commun de tous les États membres de l'Union européenne en matière d'éducation et de formation tout au long de la vie.

Les 8 compétences clés formulées dès 2001 et fixées par le Parlement européen et le Conseil de l'UE en 2006 (2006/962/CE)	Les 7 compétences du socle commun de connaissances et de compétences (20 juillet 2006)[a]	Les 5 domaines du socle commun de connaissances, de compétences et de culture (2 avril 2015)[b]
1. Communication dans la langue maternelle	1. La maitrise de la langue française	Domaine 1 : les langages pour penser et communiquer
2. Communication en langues étrangères	2. La pratique d'une langue vivante étrangère	
3. Compétence mathématique et compétences de base en sciences et technologies	3. Les principaux éléments de mathématiques et de culture scientifique et technologique	Domaine 2 : les méthodes et outils pour apprendre
4. Compétence numérique	4. La maitrise des techniques usuelles de l'information et de la communication	Domaine 3 : la formation de la personne et du citoyen
5. Apprendre à apprendre	5. La culture humaniste	Domaine 4 : les systèmes naturels et les systèmes techniques
6. Compétences sociales et civiques	6. Les compétences sociales et civiques	Domaine 5 : les représentations du monde et de l'activité humaine
7. Esprit d'initiative et d'entreprise	7. L'autonomie et l'initiative	
8. Sensibilité et expression culturelles		

a. *BO*, n° 29, 20 juillet 2006 (http://www.education.gouv.fr/bo/2006/29/MENE0601554D.htm).
b. *BO*, n° 17, 23 avril 2015 (http://www.education.gouv.fr/pid25535/bulletin_officiel.html?cid_bo=87834).

Si l'on suit la métaphore géographique de Michel Lussault, le socle établi pour l'ensemble de la scolarité obligatoire, de 6 à 16 ans, est comme « une sorte de grande carte routière extrêmement précise à partir de laquelle nous pouvons donner du sens au parcours que nos élèves empruntent. Nous connaissons la destination, nous savons d'où nous partons, nous savons qu'il y a plusieurs chemins mais nous savons que nous devons tous arriver au même endroit. » Ainsi, la géographie permet de travailler de manière privilégiée les domaines 1, 2 et 5, soit respectivement : les langages pour penser et communiquer ; les méthodes et outils pour apprendre ; les représentations du monde et de l'activité humaine.

De 2006 à 2015 : quelles évolutions pour la géographie dans le nouveau socle ?

Dans le socle de 2006, les élèves devaient « avoir des repères géographiques » et savoir « situer la France et l'Europe dans le monde d'aujourd'hui ». En 2015, ils doivent « développer une conscience de l'espace géographique ». L'élève y est pensé comme un véritable acteur spatial, un sujet capable de développer une conscience de nature géographique. Le projet est ambitieux puisqu'il s'agit de développer une manière d'être au monde reliant nos actions individuelles et les organisations spatiales qui structurent notre monde. C'est le sens du fil conducteur du programme de géographie : la notion « Habiter ». Dans le socle, pour la géographie, les notions de territoires et les questions d'identité s'effacent au profit de la compréhension de l'espace géographique et de l'éveil à une conscience géographique des élèves.

Comment la géographie permet-elle d'évaluer les compétences du socle ?

La géographie permet d'évaluer des compétences transversales des domaines 1 et 2 du socle commun de connaissances, de compétences et de culture.

Prenons pour exemple la première composante du domaine 1 du socle commun qui s'intitule « Comprendre, s'exprimer en utilisant la langue française à l'oral et à l'écrit ». En géographie, l'enseignant peut évaluer cette compétence au travers de différentes activités, telles que le travail de groupe, l'exposé, le débat, la présentation orale... Il évalue alors la capacité de l'élève à restituer une leçon apprise, à utiliser des affichages dans la classe, à prendre la parole face à un groupe et exprimer son opinion, à réutiliser du vocabulaire géographique.

De même, certaines activités, comme celle de l'étape 2 de la séance 16 (« D'où vient l'électricité ? ») permet de travailler les compétences du domaine 2, « les méthodes et les outils pour apprendre » : planifier les étapes et les tâches pour la réalisation d'une production.

Ce type d'évaluation ne peut être sommative ; elle est formative et peut intervenir au cours de chaque séance par une observation attentive des élèves.

Les documents d'accompagnement pour l'évaluation du socle commun de connaissances, de compétences et de culture de novembre 2016 montrent bien que cette évaluation des compétences est pluridisciplinaire et qu'elle doit placer l'élève « en situation d'établir des relations entre des objets divers, qu'ils relèvent d'une même discipline ou de disciplines différentes[1] ».

Qu'est-ce qu'une compétence ?

Une compétence est un objet complexe. En 2000, Philippe Perrenoud la définissait ainsi : « une compétence est la faculté de mobiliser un ensemble de ressources cognitives (savoirs, capacités, informations, etc.) pour faire face avec pertinence et efficacité à une famille de situations[2] ». L'auteur clarifie même la définition grâce à un exemple de nature géographique : « savoir s'orienter sur son chemin dans une ville inconnue ; cette compétence mobilise la capacité de lire un plan, de repérer où l'on est, de demander des informations ou des conseils, mais aussi divers savoirs : notion d'échelle, éléments de topographie, connaissance d'un certain nombre de points de repère géographiques ».

Pour J. Tardif, une compétence est « un savoir agir complexe, prenant appui sur la mobilisation et la combinaison efficaces de ressources internes et externes à l'intérieur d'une famille de situations[3] ».

Avoir une compétence, c'est savoir exécuter comme savoir faire une addition, savoir accorder un verbe et son sujet, savoir placer les villes sur une carte, mais c'est aussi être capable d'affronter une situation nouvelle et complexe en mobilisant plusieurs savoir-faire, comme réaliser le schéma de la vie d'une canette de boisson à l'issue d'une séquence sur le tri et le recyclage.

Dans le socle commun de 2015, pour chaque domaine, après une introduction, sont précisés les « **objectifs de connaissances et de compétences pour la maitrise du socle commun** ». Dans un dernier paragraphe enfin, le texte précise à quelles fins l'élève doit mobiliser ses connaissances.

Quel est le rôle de la mémoire dans l'évaluation ?

La question de la « mémoire » est souvent un enjeu dans les évaluations ; en géographie, il est attendu des élèves qu'ils aient mémorisé des définitions, des connaissances, des localisations, des repères, des méthodes.

Aujourd'hui, l'apport des sciences cognitives sur la manière dont le cerveau apprend et mémorise est important et nous invite à reconsidérer nos méthodes d'évaluation. En effet, les repères doivent suivre un long, patient et lent cheminement pour s'imprégner dans notre mémoire à long terme et se fixer de manière définitive dans notre cerveau. Toute nouvelle information perçue par le cerveau pour la première fois crée une trace. Celle-ci pourrait correspondre aux empreintes que nos chaussures laisseraient dans la terre sur un chemin non emprunté. Si nous marchons tous les jours sur ce chemin, ces traces de pas deviennent progressivement une piste, puis un sentier, puis un chemin de plus en plus profond. Pour fixer des repères à long terme, il est donc nécessaire de les étudier sur des temps courts, rapprochés et de manière très récurrente.

Ainsi, une évaluation de fin de sous-thème, dite sommative, a du sens si elle est le produit d'une démarche d'imprégnation lente et répétée. Il est donc aussi intéressant d'évaluer les élèves, en continu, tout au long des séances.

1. Voir les documents d'accompagnement pour l'évaluation des acquis du socle commun de connaissances, de compétences et de culture de novembre 2016 : https ://cache.media.eduscol.education.fr/file/College_2016/74/4/RAE_Evaluation_socle_cycle_3_643744.pdf
2. Perrenoud P., « A arte de construir competencias », *Nova Escola*, 2000, p. 19-31 (http://www.unige.ch/fapse/SSE/teachers/perrenoud/php_main/php_2000/2000_30.html).
3. Tardif J., *L'Évaluation des compétences*, Chenelière Education, 2006, p. 22.

➲ Comment fixer durablement une information dans notre cerveau ?

• Les informations nouvelles sont inscrites sur un contenu ancien déjà intégré.

• Les pauses (sommeil, activité physique, coloriage...) aident le cerveau à consolider les nouvelles informations. Le coloriage d'une carte est donc une activité importante dans l'apprentissage des repères géographiques.

• Le cerveau pour apprendre doit ré-apprendre de manière régulière et espacée : il vaut mieux lire une information nouvelle deux fois par jour – le matin et en fin de journée – puis une fois par jour pendant 5 jours que cinq fois de suite une fois par semaine.

• La mémorisation active (je pose une question, je cherche la réponse, je vérifie) est plus efficace que la mémorisation passive (lire, relire), qui ne fonctionne qu'à court terme.

• Le cerveau n'est pas un muscle : on ne peut pas l'entrainer au sens propre. En revanche, si les informations nouvelles viennent s'inscrire sur le bon sillon, déjà bien tracé, elles s'installent plus vite et plus durablement.

• Une meilleure connaissance de la manière dont son cerveau fonctionne aide à travailler plus efficacement.

LE PROGRAMME DE GÉOGRAPHIE

Le programme liste une série de compétences travaillées en histoire et en géographie. Sept compétences sont ainsi définies :

Compétence 1 (C1) : Se repérer dans le temps : construire des repères historiques

Compétence 2 (C2) : Se repérer dans l'espace : construire des repères géographiques

Compétence 3 (C3) : Raisonner, justifier une démarche et les choix effectués

Compétence 4 (C4) : S'informer dans un monde numérique

Compétence 5 (C5) : Comprendre un document

Compétence 6 (C6) : Pratiquer différents langages en histoire et en géographie

Compétence 7 (C7) : Coopérer et mutualiser

Seules les deux premières sont réellement spécifiques aux deux disciplines, les suivantes sont communes, et toutes participent à la construction des domaines 1 et 2 du socle (les langages pour penser et communiquer ; les méthodes et outils pour apprendre). Les compétences 1, 2 et 6 participent aussi à la construction du domaine 5 (les représentations du monde et de l'activité humaine).

Chaque compétence est ensuite déclinée en objectifs à mettre en œuvre lors des séances de classe. Autrement dit, dans une fiche de préparation pour une séance, il est impossible de fixer comme objectif « se repérer dans l'espace », bien trop vaste et inatteignable de manière efficace en 45 minutes. En revanche, on peut viser l'objectif « nommer et localiser un lieu dans un espace géographique » et même l'adapter à la séance : « nommer et localiser Marseille en France ».

L'ensemble de ces items est indiqué dans le tableau ci-dessous. La première compétence étant propre à l'histoire, elle n'est pas développée ici ; la numérotation des compétences commence donc à partir de la deuxième, propre à la géographie (C2).

COMPÉTENCE	ITEMS ÉVALUABLES
C2 **Se repérer dans l'espace : construire des repères géographiques**	C2-1. Nommer et localiser les grands repères géographiques. C2-2. Nommer et localiser un lieu dans un espace géographique. C2-3. Nommer, localiser et caractériser des espaces. C2-4. Situer des lieux et des espaces les uns par rapport aux autres. C2-5. Appréhender la notion d'échelle géographique. C2-6. Mémoriser les repères géographiques liés au programme et savoir les mobiliser dans différents contextes.
C3 **Raisonner ; justifier une démarche et les choix effectués**	C3-1. Formuler des hypothèses. C3-2. Vérifier. C3-3. Justifier.
C4 **S'informer dans le monde du numérique**	C4-1. Connaitre différents systèmes d'information, les utiliser. C4-2. Trouver, sélectionner et exploiter des informations dans une ressource numérique. C4-3. Identifier la ressource numérique utilisée.

COMPÉTENCE	ITEMS ÉVALUABLES
C5 **Comprendre un document**	C5-1. Comprendre le sens général d'un document. C5-2. Identifier le document et savoir pourquoi il doit être identifié. C5-3. Extraire des informations pertinentes pour répondre à une question. C5-4. Savoir que le document exprime un point de vue, identifier et questionner le sens implicite d'un document.
C6 **Pratiquer différents langages en histoire et en géographie**	C6-1. Écrire pour structurer sa pensée et son savoir, pour argumenter et écrire pour communiquer et échanger. C6-2. Reconnaitre un récit historique. C6-3. S'exprimer à l'oral pour penser, communiquer et échanger. C6-4. S'approprier et utiliser un lexique historique et géographique approprié. C6-5. Réaliser ou compléter des productions graphiques. C6-6. Utiliser des cartes analogiques et numériques à différentes échelles, des photographies de paysages ou de lieux.
C7 **Coopérer et mutualiser**	C7-1. Organiser son travail dans le cadre d'un groupe pour élaborer une tâche commune et/ou une production collective et mettre à la disposition des autres ses compétences et ses connaissances. C7-2. Travailler en commun pour faciliter les apprentissages individuels. C7-3. Apprendre à utiliser les outils numériques qui peuvent conduire à des réalisations collectives.

En histoire-géographie, les sept grandes compétences sont initiées au cycle 3 et approfondies en cycle 4. Elles doivent théoriquement être acquises de manière complète à la fin du cycle 4, soit à la fin de la scolarité obligatoire. Les élèves ont six ans pour les construire et progresser peu à peu dans chacun des domaines. Aussi, il est important de travailler l'ensemble des compétences sur chaque année du cycle en variant les modalités d'apprentissage et les démarches.

ÉVALUER LES SÉANCES PROPOSÉES DANS NOS OUVRAGES

Dans nos ouvrages, nous proposons deux modalités d'évaluation qui permettent d'évaluer les capacités propres à chaque compétence sur le long cours, mais aussi de s'assurer de leur acquisition par les élèves tant au niveau des savoirs que des méthodes. Ainsi, **l'évaluation d'un thème se fait en deux temps** :

– Tout d'abord, **lors des séances**, l'enseignant évalue la réalisation des activités, par exemple au moyen d'une grille de pointage rapide pour un élève ou un groupe d'élèves. Ainsi, pour chaque séance, nous avons construit quelques pistes pour **évaluer les élèves en continu** et prendre en compte des objectifs qui s'évaluent mal ou moins bien lors d'une évaluation écrite de fin de thème. Par exemple, pendant les activités des séances 6 à 9, l'enseignant peut apprécier la participation effective de chaque élève au travail du groupe et ainsi évaluer les compétences C7-1 et 2 (voir p. 251-252). Différentes grilles sont proposées pour l'évaluation continue en fonction de l'activité, mais aussi des besoins de l'enseignant. Ces grilles sont à utiliser tout au long de l'année, et dans différentes disciplines, pour apprécier la progression de l'élève.

– Puis les élèves sont évalués individuellement, dans un temps limité, par le biais d'**une évaluation écrite de fin de sous-thème** (évaluation sommative). Celle-ci reprend les principales compétences et capacités mises en œuvre pendant deux ou trois séances. Ainsi, l'évaluation des séances 1 et 2 de la *Géographie CM1* reprend une activité déjà réalisée en classe et permet de vérifier l'acquisition des compétences, notamment l'identification des principales caractéristiques d'un espace géographique familier.

Le tableau suivant est un outil pour faire le point sur une compétence à un instant « T » de sa progression. Pour une séance, l'enseignant choisit une compétence à évaluer, par exemple « comprendre un document », et complète le tableau lors de son observation.

Ce tableau, à condition d'être légèrement modifié, permet aussi à l'élève de s'auto-évaluer. Il peut ainsi comprendre ce qu'il a réussi et ce qui n'a pas bien fonctionné ; par exemple : j'ai repéré la nature du document mais je n'ai pas répondu à toutes les questions.

Exemple pour la séance 17 de la *Géographie CM1* : « Comment produire de l'électricité avec le vent ? »

Étape 3 : Débattre sur les éoliennes/étude de 3 articles de presse pour alimenter le débat.

Tableau de l'enseignant

C5 : comprendre un document	☹	😐	😐	🙂
L'élève a compris le sens général du document	– –	–	+	++
L'élève a identifié le doc et sait pourquoi il doit être identifié	Textes	Textes tirés d'un journal	Articles de presse	Articles de presse de différents médias (presse écrite, périodique, radio)
L'élève a extrait des informations pertinentes pour répondre aux questions	N'a pas répondu aux questions	1 ou 2 réponses	Toutes les réponses	Toutes les réponses sont complètes et détaillées
L'élève sait que le document exprime un point de vue et a compris le sens implicite du document	L'élève n'a pas compris	L'élève a compris qu'il y a différents points de vue	L'élève a repéré les notions d'avantages et d'inconvénients	L'élève est capable de reformuler les différents points de vue

Tableau pour l'élève

Comprendre un document	☹	😐	😐	🙂
Je pense avoir compris le document	– –	–	+	++
J'ai repéré la nature du document	Textes	Textes tirés d'un journal	Articles de presse	Articles de presse de différents médias (presse écrite, périodique, radio)
J'ai extrait les bonnes informations pour répondre aux questions	Pas de réponse	1 ou 2 réponses	Toutes les réponses	Toutes les réponses sont complètes et détaillées
J'ai compris le point de vue du document, même ce qui n'est pas écrit	Je n'ai pas bien compris	J'ai compris qu'il y a différents points de vue	J'ai repéré les notions d'avantages et d'inconvénients	Je suis capable de reformuler les différents points de vue

ÉVALUER LE THÈME 1

Découvrir le lieu où j'habite

L'ÉVALUATION CONTINUE AU FIL DES SÉANCES

L'évaluation en continu au cours des séances permet principalement d'évaluer la compétence C3 : « raisonner ; justifier une démarche et les choix effectués ». Les séances font une grande place au travail collectif, qui permet à l'enseignant d'évaluer les capacités des élèves à s'exprimer à l'oral pour penser, communiquer et échanger. Comme indiqué dans les programmes, l'oral conditionne l'ensemble des apprentissages et doit faire l'objet d'une attention constante et d'un travail spécifique. La participation à un travail de groupe est l'occasion d'évaluer en continu cet oral[1].

Cette évaluation en continu permet aussi d'évaluer la compétence C5 : « comprendre un document ». D'après le document d'accompagnement pour l'évaluation des acquis du socle commun de connaissances, de compétences et de culture[2], on attend de l'élève qu'il soit capable de présenter de façon ordonnée des informations et des explications, d'exprimer un point de vue personnel en le justifiant.

L'enseignant évalue alors ses élèves en les observant au cours des différentes activités (évaluation de leur participation aux travaux de groupe, leur implication, leur capacité à défendre un point de vue). Pour ce faire, il peut compléter une grille d'analyse en circulant entre les différents groupes sans la contrainte d'organiser un temps spécifique consacré à cette évaluation.

SÉANCES 1A, B – J'HABITE DANS UN ESPACE URBAIN / À LA CAMPAGNE

SÉANCES 2A, B, C – J'HABITE À LA MONTAGNE / LE LONG D'UN LITTORAL / EN OUTRE-MER

Au cours de ces séances, l'élève est amené à consulter, étudier, analyser des photos illustrant son univers proche. À partir de ces documents, il doit se forger une opinion et la justifier en groupe devant ses pairs.

Lors de l'étude des photos, l'élève doit retirer les informations géographiques indispensables à la construction des compétences attendues. Cela peut poser problème à certains élèves, les séances portant essentiellement sur leur univers proche qu'ils pensent connaitre parfaitement, mais qu'ils doivent désormais étudier avec un autre regard : celui du géographe. Ainsi, l'évaluation des productions orales des élèves amène l'enseignant à différencier ceux qui sont capables d'analyser les photos de ceux qui ne peuvent « s'empêcher » de rester proches de leur quotidien.

Le tableau suivant peut être utilisé pour évaluer le travail de chaque élève. Il sera à compléter au fur et à mesure des séances tout au long de l'année en géographie.

Prénom de l'élève :	Non atteint	Partiellement atteint	Atteint	Dépassé
L'élève décrit précisément les photos.				
L'élève est capable de prélever les informations essentielles dans un document.				

1. Pour aller plus loin, nous invitons les enseignants à consulter les pages du site Eduscol consacrées à l'évaluation de l'oral : http://eduscol.education.fr/cid102736/francais-cycle-3-evaluation-de-l-oral.html
2 http://cache.media.eduscol.education.fr/file/College_2016/74/4/RAE_Evaluation_socle_cycle_3_643744.pdf

L'élève a complété la première colonne de la grille d'observation avec un vocabulaire pertinent.				
L'élève peut tirer une première conclusion cohérente de ses observations.				
L'élève est capable de remettre en question son point de vue.				
L'élève est capable de réaliser un croquis en repérant les éléments importants du paysage.				

SÉANCE 3 – OÙ SE SITUE MON LIEU DE VIE DANS MA RÉGION ?

SÉANCE 4 – OÙ SE SITUE MON LIEU DE VIE À L'ÉCHELLE DE LA FRANCE ? ET DE L'EUROPE ?

SÉANCE 5 – OÙ SE SITUE MON LIEU DE VIE DANS LE MONDE ?

Au cours de ces trois séances, les élèves travaillent essentiellement en collectif. L'enseignant pourra alors évaluer leur capacité à s'organiser, à s'écouter et à défendre leur point de vue. Chaque élève apportant ses compétences, il faut que le groupe classe arrive à réaliser les activités demandées, ensemble.

L'enseignant pourra aussi observer la capacité de chacun à analyser un document géographique tel que le planisphère ou la carte. Il pourra vérifier si chaque élève peut prendre en compte les informations données collectivement et les réinvestir dans son travail individuel. De même, il pourra évaluer la participation de chaque élève à l'élaboration de la synthèse.

Ainsi, les différentes étapes de ce sous-thème permettent à l'enseignant d'observer les élèves et d'évaluer leur capacité à coopérer, à échanger à l'oral, à mutualiser leurs réponses et à produire ensemble un document de synthèse commun. Il évalue alors les compétences C2, C3, C6, C7-1 et C7-2.

Il sera alors possible de compléter le tableau d'évaluation suivant.

Prénom de l'élève :	Non atteint	Partiellement atteint	Atteint	Dépassé
L'élève décrit précisément les cartes.				
L'élève sait utiliser et expliquer les cartes.				
L'élève est capable de présenter de façon ordonnée des explications.				
L'élève peut tirer une première conclusion cohérente de ses observations.				
L'élève est capable de prendre en compte la parole d'autrui.				
L'élève a produit un récit pour décrire et expliquer un document géographique.				
Le lexique appris est réinvesti dans le récit produit.				

Les séances 1 et 2 du thème 1 ont pour particularité d'être centrées sur le lieu de vie de l'élève, c'est pourquoi il est difficile d'en proposer une **évaluation sommative** exhaustive. L'enseignant aura donc le choix de proposer les évaluations de l'ouvrage ou de les prendre comme modèle et de les illustrer avec ses propres documents pour être au plus près de la réalité du vécu de l'élève.

En toute logique, on ne proposera pas de corrigé pour ces fiches évaluation, les réponses attendues étant spécifiques à chaque région où se situe l'école. On pourra cependant se reporter au corrigé des différentes grilles d'observation et aux cartes proposées dans l'ouvrage et le CD.

[FICHE ÉVALUATION]

Identifier les caractéristiques de mon lieu de vie

Prénom, Nom : .... Date : ....

Compétences évaluées :
Je sais reconnaitre un espace géographique (C2-3).
Je sais identifier les principales caractéristiques d'un espace géographique familier (C2-3 ; C5-1).
Je sais extraire des informations d'un document (C5-3).

1 Parmi les photos ci-dessous, entoure celle qui ressemble le plus à ton lieu de vie.

Toulouse.

Saint-Jean-Pied-de-Port.

Village de Sierentz.

Nice.

Saint-Pierre sur l'ile de la Réunion.

Saint-Denis.

2 Observe bien la photo que tu as choisie, puis complète ce tableau.

Photo n°	
Le relief	....
Les cours d'eau	....
La végétation	....
Le bâti	....
Les voies de circulation	....
Les activités	....

Prénom, Nom : .... Date : ....

Compétences évaluées :
Je connais les grands repères géographiques (C2-1).
Je sais utiliser une carte pour nommer et localiser les grands repères géographiques (C2-1 ; C2-2).

❶ Sur cette carte de France, repasse en rouge les limites de ta région et en bleu les cours d'eau qui la traversent.
Puis indique par un point noir l'emplacement approximatif de ton école.
Enfin, légende la carte en plaçant correctement les mots suivants :

Alpes – Pyrénées – Massif central – Seine – Rhône

2 Sur cette carte du relief en Europe, repasse en rouge les frontières de la France. Puis, légende la carte en plaçant au bon endroit les mots suivants :

France – mer du Nord – océan Atlantique – mer Méditerranée – Alpes

3 Sur ce planisphère, entoure :
– en rouge, la France métropolitaine ;
– en vert, la Martinique et la Guadeloupe situées à 60 degrés Ouest et 15 degrés Nord ;
– en bleu, l'ile de la Réunion située à 55 degrés Est et 21 degrés Sud.

ÉVALUER LE THÈME 2

Se loger, travailler, se cultiver, avoir des loisirs en France

L'ÉVALUATION CONTINUE AU FIL DES SÉANCES

Grâce à l'évaluation continue des séances du premier thème, l'enseignant a évalué chaque élève individuellement, dans le contexte d'un travail collectif. Lors des séances du thème 2, il peut évaluer les élèves au cours de travaux de groupe et individuels.

L'évaluation dite « formative » ou « continue » permet de prendre en compte des items plus délicats à évaluer de manière individuelle qu'en évaluation sommative de fin de sous-thème. Ainsi, les compétences à travailler peuvent être évaluées de manière plus juste grâce aux propositions ci-dessous.

Ces évaluations sont simples à mettre en œuvre lors des séances de classe (des cases à cocher, des tableaux simples à compléter…) car il n'est pas évident de gérer le groupe classe, de vérifier la compréhension des élèves et en même temps d'évaluer.

SÉANCE 6 – OÙ SE SITUENT LES PRINCIPALES VILLES DE FRANCE ?

SÉANCE 7 – OÙ SE LOGE-T-ON EN VILLE ?

SÉANCE 8 – OÙ TRAVAILLE-T-ON EN VILLE ?

SÉANCE 9 – QUELS LOISIRS EN VILLE ?

Durant ces séances, après un premier temps en collectif, les élèves travaillent en binômes ou en petits groupes. Ils sont confrontés à des documents de nature différente : photographies, plans, croquis, textes. Ainsi, les différentes étapes permettent à l'enseignant d'observer les élèves et d'évaluer leur capacité à comprendre chaque document, à coopérer, à échanger à l'oral, à mutualiser leurs réponses et à produire ensemble un schéma de synthèse ; il évalue alors les compétences C5, C3, C6, C7-1 et C7-2.

Ainsi, en passant auprès de chaque groupe et en observant les échanges, il est possible d'établir la grille d'observation suivante pour chacun des élèves.

	Participe aux échanges	Observe les documents et lit les questions	Participe à la rédaction des schémas
Groupe 1			
Prénom 1			
Prénom 2			
Prénom 3			
Groupe 2			
…			

Pour ces trois séances, lors de l'étude des photos, l'élève doit retirer les informations géographiques indispensables à la construction des compétences attendues. Il identifie les éléments qui renseignent sur le logement, le travail et les loisirs en ville.

Le tableau suivant peut être utilisé pour évaluer le travail de chaque élève.

Prénom de l'élève	Non atteint	Partiellement atteint	Atteint	Dépassé
L'élève décrit précisément les photos.				
L'élève est capable de prélever les informations essentielles dans un document.				
L'élève est capable de situer des photos sur un plan.				
L'élève est capable d'élaborer un croquis légendé.				

SÉANCE 10 – OÙ SE SITUENT LES PRINCIPALES ZONES TOURISTIQUES EN FRANCE ?

SÉANCE 11 – OÙ SE LOGE-T-ON EN VACANCES ?

SÉANCE 12 – QUELS LOISIRS POUR MES VACANCES ?

SÉANCE 13 – QUI TRAVAILLE POUR MES VACANCES ?

Au cours de la séance 10, l'élève est amené à analyser une carte pour en retirer les informations essentielles. Cette étude lui permet ensuite de réinvestir ses acquis dans l'élaboration d'une nouvelle carte. L'enseignant peut alors évaluer la compétence C5 : comprendre un document, en utilisant le tableau suivant :

	Maitrise insuffisante	Maitrise fragile	Maitrise satisfaisante	Maitrise très satisfaisante
COMPRENDRE UN DOCUMENT	L'élève a identifié le document, il sait que c'est une carte.	L'élève sait de quoi parle le document : il a repéré le titre et la ou les légendes.	L'élève a repéré et extrait les bonnes informations pour répondre aux questions.	L'élève a interprété les informations et les a reformulées. Il a su compléter la nouvelle carte.

Les séances 11 et 12 sont conçues sur un principe pédagogique identique : en petits groupes, les élèves étudient des photographies et des textes afin de compléter un tableau de synthèse. Les différentes étapes permettent à l'enseignant d'observer les élèves qui doivent travailler en autonomie au sein de chaque groupe, d'évaluer leur capacité à coopérer, à mutualiser leurs réponses et à travailler ensemble. Il peut alors évaluer les compétences C7.

En passant auprès de chaque groupe, en écoutant et en observant les échanges, il est possible de compléter la grille d'observation, utilisée lors des séances 6 à 9, pour chaque élève, avec les critères : participe aux échanges / observe les documents / participe à la rédaction.

L'enseignant pourra aussi, s'il le souhaite, utiliser un tableau semblable à celui conçu lors de l'étude du thème 1. Ainsi cette évaluation en continu prend tout son sens car elle permet de suivre les progrès des élèves au cours de l'année scolaire.

Prénom de l'élève	Non atteint	Partiellement atteint	Atteint	Dépassé
L'élève décrit précisément les cartes.				
L'élève sait utiliser et expliquer les cartes.				
L'élève sait utiliser et expliquer les textes lus.				
L'élève est capable de lire un graphique.				
L'élève est capable de présenter de façon ordonnée des explications.				
L'élève peut tirer une première conclusion cohérente de ses observations.				
L'élève est capable de compléter le tableau proposé.				
L'élève est capable de prendre en compte la parole d'autrui.				

Au cours de la séance 13, l'élève est amené à consulter, étudier, analyser des documents qui doivent lui permettre de se forger une opinion et la défendre devant ses pairs. L'enseignant peut alors évaluer la capacité de l'élève à argumenter à l'oral de façon claire et organisée (compétences C3 et C5). Pour ce faire, il lui est possible de reprendre le tableau élaboré lors de la séance 10 afin de mesurer les progrès des élèves.

Ces évaluations « continues » sont à compléter par des **évaluations de fin de sous-thème** (évaluations sommatives). L'une ne se substitue pas à l'autre, même s'il est évidemment possible de n'évaluer une séance qu'en continu ou qu'à la fin.

Prénom, Nom : .... Date : ....

❶ Indique trois critères expliquant la localisation des grandes villes françaises.

....

....

....

❷ Cite la définition d'une métropole.

....

....

....

❸ a) Relie chaque photo à sa légende.

• • •

• des pavillons

• des immeubles collectifs récents

• des immeubles anciens

b) Place, dans les cercles de ce croquis de la ville, le numéro correspondant à l'emplacement de chaque type de logement.

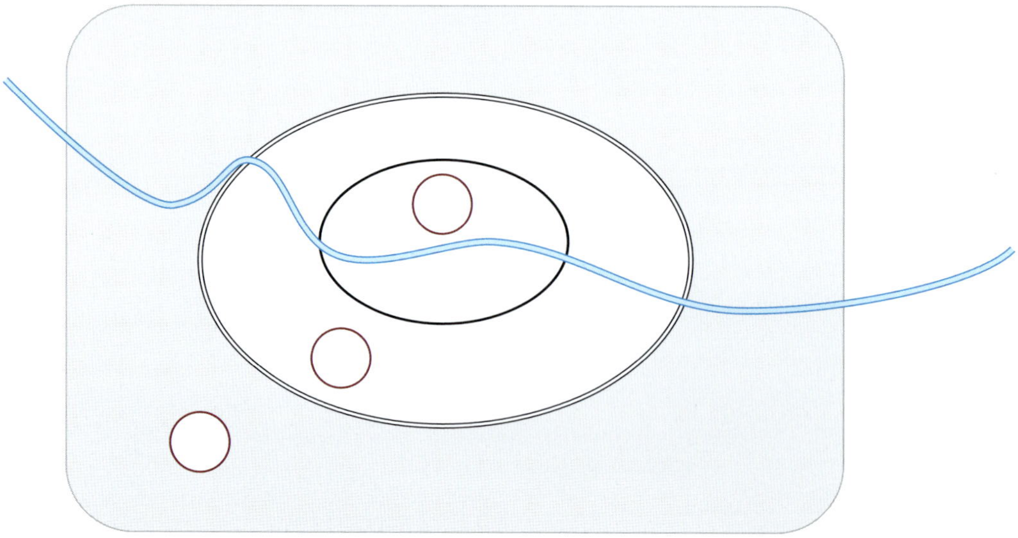

❹ Écris, dans les cercles de ce croquis de la ville, le numéro correspondant à l'emplacement de chaque type d'activité.

1. épicerie
2. immeuble de bureau
3. zone commerciale
4. musée
5. piscine
6. complexe sportif
7. zone industrielle
8. théâtre

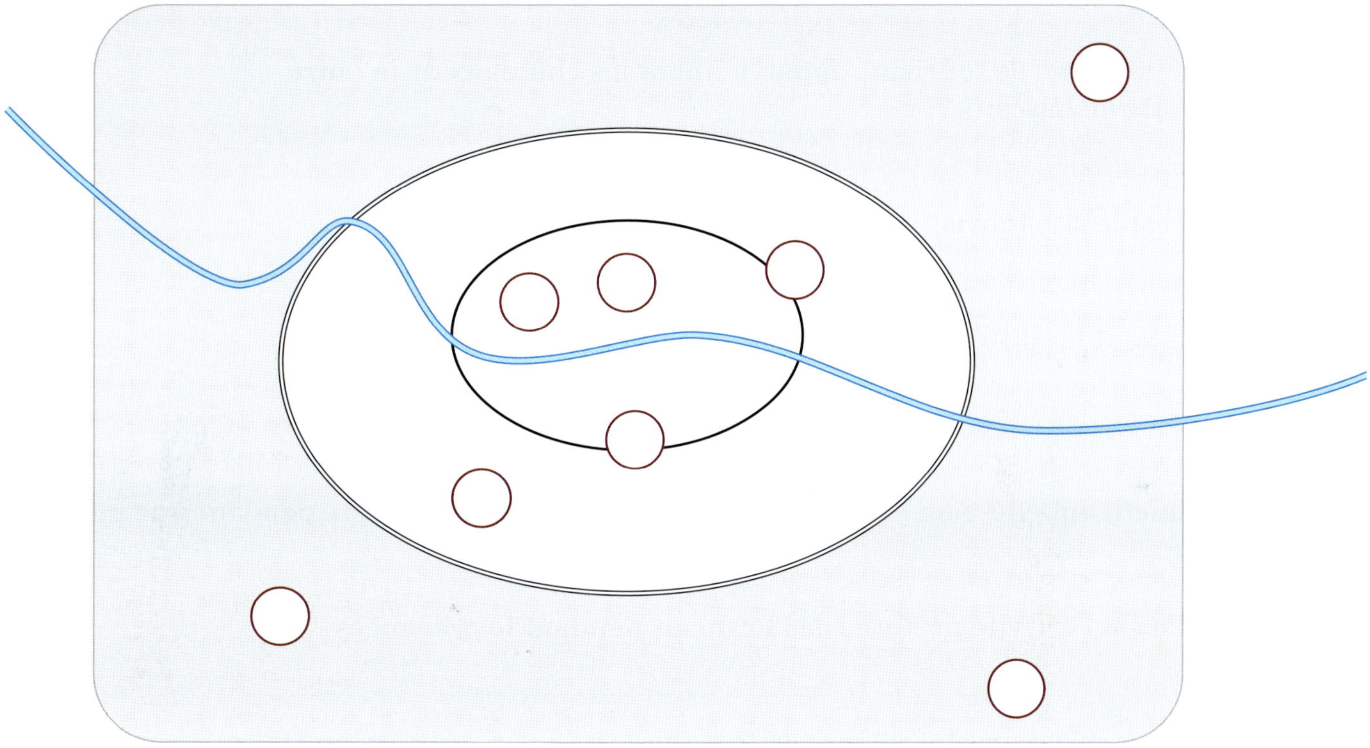

❺ Rédige un court texte pour expliquer ton choix.

....
....
....
....
....
....
....

Prénom, Nom : .... Date : ....

❶ Réponds aux questions suivantes.

a) Cite différentes formes de tourisme.

....

....

b) À quelle forme de tourisme appartiennent les châteaux de la Loire et la grotte de Lascaux ?

....

c) Quel est le site touristique le plus visité en France ?

....

d) Quels sont les différents types d'hébergement de vacances ?

....

....

e) Comment appelle-t-on l'unité de mesure de séjour d'un touriste pendant une nuit ?

....

f) Quelle est l'activité préférée des Français pendant les vacances ?

....

g) Qu'est-ce qu'un emploi saisonnier ?

....

....

h) Cite trois emplois saisonniers.

....

❷ Lis attentivement le dialogue entre Manon, Charlotte et Aminata. Puis indique pour chacune d'elles le lieu où elles pourront passer les meilleures vacances possibles parmi ces destinations :

Val de Loire – Aquitaine – Rhône-Alpes.

Manon, Charlotte et Aminata discutent dans la cour de récréation de leurs futures vacances.

Manon : « Moi, ce que j'aime, ce sont les baignades, les promenades et surtout le char à voile. » → ....

Charlotte : « Moi, ce que j'aime, ce sont les balades à vélo, le canoë et la visite des châteaux. » → ....

Aminata : « Moi, ce que j'aime, ce sont les randonnées, le VTT et les balades à dos d'âne sur les sentiers. » → ....

ÉVALUER LE THÈME 3

Consommer en France

L'ÉVALUATION CONTINUE AU FIL DES SÉANCES

L'évaluation « formative » ou « continue » pour les séances du troisième thème permet à l'enseignant d'évaluer de manière plus individuelle, avant l'évaluation dite « sommative » de fin de sous-thème. S'il se rend compte que le niveau de maitrise est encore fragile, voire insuffisant, il pourra proposer à certains élèves une remédiation. Par exemple, pour la compétence « Comprendre un document », il peut proposer une aide, de type fiche méthode, pour rappeler à l'élève qu'il faut commencer par identifier le document, qu'il faut se servir du titre et de la légende, qu'il faut bien lire les questions pour repérer les bonnes informations et enfin qu'il doit utiliser ses propres mots (reformuler) pour répondre et montrer ainsi qu'il a compris le document.

Le tableau ci-dessous permet une évaluation à un instant « T » quand une activité mêle plusieurs compétences. Il peut être renseigné par l'enseignant ou par l'élève au titre d'une auto-évaluation. L'enseignant choisit alors les items qu'il veut évaluer lors de l'activité.

Prénom de l'élève	Maitrise insuffisante	Maitrise fragile	Maitrise satisfaisante	Maitrise très satisfaisante
L'élève s'est impliqué dans son travail	L'élève fait ce qui est demandé.	L'élève évalue en comparant son travail aux critères de réussite.	L'élève demande de l'aide pour corriger ses erreurs.	L'élève est perfectionniste et cherche à améliorer ou propose plusieurs solutions.
L'élève a proposé des idées				
L'élève a produit un récit structuré				
L'élève a participé, donné et justifié ses réponses				

SÉANCE 14 – COMMENT SATISFAIRE LES BESOINS EN EAU ?
SÉANCE 15 – D'OÙ VIENT L'ESSENCE QU'ON MET DANS LA VOITURE ?
SÉANCE 16 – D'OÙ VIENT L'ÉLECTRICITÉ ?
SÉANCE 17 – COMMENT PRODUIRE DE L'ÉLECTRICITÉ AVEC LE VENT ?

Pour ce sous-thème « Satisfaire les besoins en eau, en énergie », les élèves sont confrontés à des documents de nature différente (images, croquis, cartes, graphiques). Il est alors intéressant d'évaluer la compétence C5 : comprendre un document. L'objectif est de familiariser l'élève avec une certaine « pratique du document » : il s'agit de s'entrainer afin d'acquérir une méthode pour comprendre et analyser par la suite n'importe quel document.

Dans un premier temps, l'élève sait qu'il doit identifier le document (repérer sa nature), puis il apprend à repérer ce qui entoure le document (son titre, sa légende, sa source, sa date, les notes éventuelles...), c'est-à-dire tout ce qui le renseigne sur le sujet traité.

Dans un second temps, il doit extraire les informations qui lui permettent de répondre aux questions de l'enseignant, donc bien lire la question ainsi que le texte ou bien observer l'image. Enfin, l'élève s'approprie les informations pour les reformuler (sans recopier le document quand il s'agit d'un texte).

Éléments signifiants et niveaux de maitrise de la compétence C5

Prénom de l'élève	Maitrise insuffisante	Maitrise fragile	Maitrise satisfaisante	Maitrise très satisfaisante
COMPRENDRE UN DOCUMENT	L'élève a identifié le document, il sait ce que c'est (carte, texte, photographie, plan...).	L'élève sait de quoi parle le document : il a repéré le titre et la ou les légendes.	L'élève a repéré et extrait les bonnes informations pour répondre aux questions.	L'élève a interprété les informations et les a reformulées.

SÉANCE 18 – D'OÙ VIENT LA VIANDE QUE JE MANGE ?

SÉANCE 19 – D'OÙ VIENNENT LES FRUITS EXOTIQUES QUE JE MANGE ?

SÉANCE 20 – OÙ MES PARENTS FONT-ILS LEURS COURSES ?

Pour ce sous-thème « Satisfaire les besoins alimentaires », les élèves étudient des documents de nature diverse (texte, graphique, carte et plan), comme lors des séances 14 à 17. Le tableau précédent peut donc être repris afin d'évaluer la progression de l'élève sur cette compétence.

Par ailleurs, au cours de ces séances 18 à 20, l'étude de documents amène à répondre à un questionnaire. Alors, la compétence C6 : pratiquer différents langages en histoire et en géographie, peut aussi être évaluée ; il s'agit plus précisément de la compétence C6-17 : écrire pour structurer sa pensée et son savoir, pour argumenter et écrire pour communiquer et échanger.

L'enseignant évalue les productions écrites et, après correction, indique à l'élève ce qu'il a réussi, ce qui ne va pas ou encore ce qui est incomplet. L'élève pourra alors identifier ses points forts et ses points faibles avant l'évaluation sommative. Ces productions écrites peuvent également faire l'objet d'une auto-évaluation, ou du moins d'une relecture attentive de l'élève, selon des critères relativement simples. Ces critères lui seront donnés sur une fiche de relecture ; par exemple : phrases bien construites avec une majuscule et un point, un sujet, un verbe, un complément / phrase qui a du sens / phrase bien orthographiée / phrase bien écrite au sens de la graphie...

Cette évaluation en continu est transversale, elle concerne les domaines 1 et 5 du socle commun de compétences.

Éléments signifiants et niveaux de maitrise d'une partie de la compétence C6

Prénom de l'élève	Maitrise insuffisante	Maitrise fragile	Maitrise satisfaisante	Maitrise très satisfaisante
PRATIQUER DIFFÉRENTS LANGAGES	L'élève n'a pas fait de phrases.	Les phrases réponses sont mal construites et pas toujours compréhensibles.	La production est complète. Les phrases sont claires et plutôt bien orthographiées.	La production est complète. L'élève a utilisé un lexique géographique approprié.

L'enseignant, en fonction de sa classe et du temps dont il dispose, peut varier les types d'évaluation. Ces évaluations « continues » peuvent être complétées (ou non) par les **évaluations sommatives suivantes** à chaque fin de sous-thème. Pour éviter une évaluation trop longue, on peut évaluer le premier sous-thème « Satisfaire les besoins en eau, en énergie », en deux temps : d'abord les séances 14 et 15 (exercices 1 à 4), puis les séances 16 et 17 (exercices 5 à 8).

Prénom, Nom : .... Date : ....

1 Lis attentivement chaque affirmation et indique si elle est vraie ou fausse en mettant une croix dans la bonne colonne.

	VRAI	FAUX
En France, nous utilisons environ 50 litres d'eau par jour, par personne.		
L'eau des nuages vient des océans qui s'évaporent.		
Pour être consommée, l'eau que l'on prélève dans la nature n'a pas besoin d'être traitée.		
Une eau potable est une eau que l'on peut boire sans risque.		
Il existe 2 cycles de l'eau : le cycle naturel et le cycle domestique.		

2 Tous les jours quelques gestes simples nous permettent de préserver l'eau, de ne pas la gaspiller. Quels sont ces gestes ?

....

....

....

3 Ces documents montrent les étapes que suit le pétrole de sa production jusqu'à la pompe à essence. Numérote-les dans l'ordre.

4 D'où vient l'essence que l'on met dans la voiture ?
Pour répondre à cette question, rédige un petit texte en utilisant les mots ou expressions suivants :

bateau (tanker) – raffinerie – station-service – longues distances – essence – pétrole

Tu peux t'aider de l'exercice 3.

....

....

....

....

....

5 Réponds aux questions suivantes en faisant des phrases.

a) Pourquoi nos besoins en électricité ne sont-ils pas toujours les mêmes ? Donne un exemple.

....

....

....

....

b) Comment appelle-t-on les usines qui produisent de l'électricité ?

....

c) Comment l'électricité est-elle transportée jusqu'à notre maison ?

....

6 Place ces sources d'énergie dans le tableau, selon qu'elles sont fossiles ou renouvelables :

eau – pétrole – charbon – vent – déchets ménagers – uranium – soleil – gaz

ÉNERGIES FOSSILES	ÉNERGIES RENOUVELABLES

7 Comment s'appelle l'énergie produite avec la force du vent ?

....

8 Tu es chargé d'installer des éoliennes pour alimenter en électricité un nouveau parc d'attractions près de chez toi. Tu dois présenter ton projet en complétant la carte mentale ci-dessous.

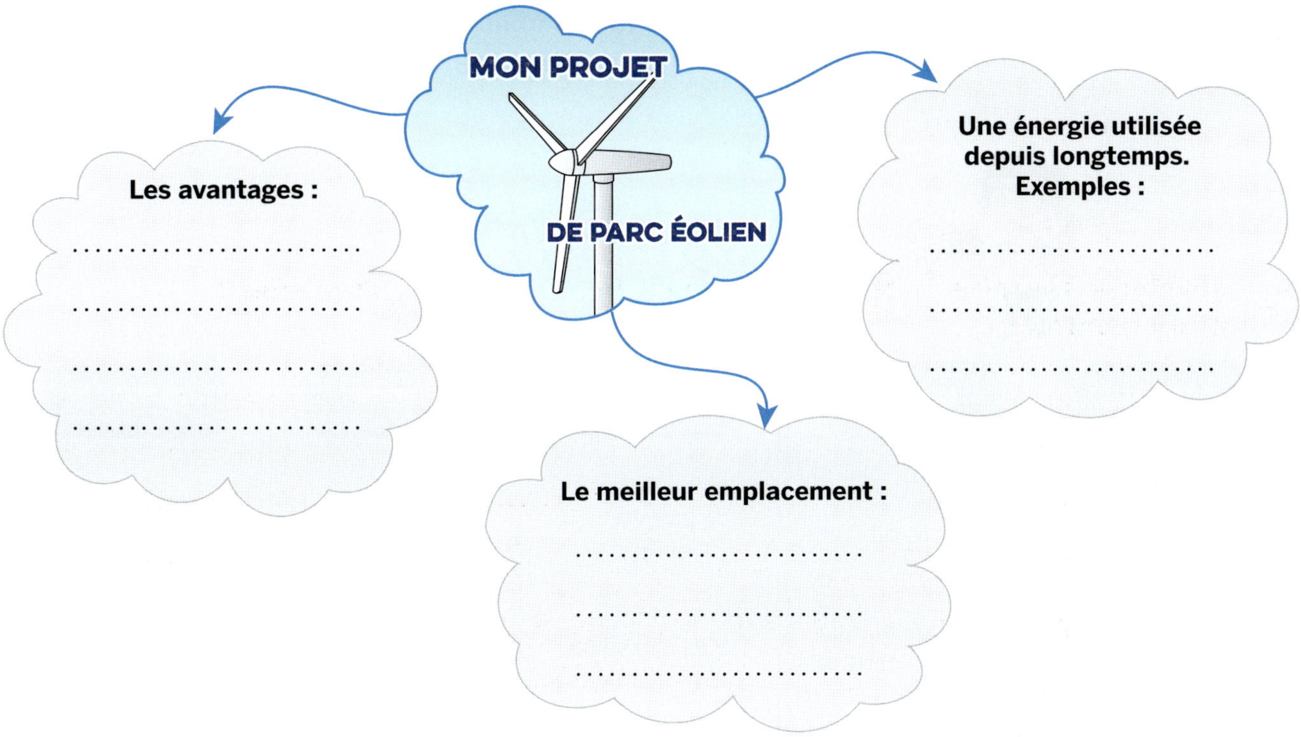

Prénom, Nom : .... Date : ....

❶ Lis attentivement le texte et le menu ci-dessous. Puis réponds aux questions.

De nombreux sites Internet proposent des « fabriques à menus » : ce sont des logiciels qui composent des menus types et équilibrés pour une semaine.

Ce soir, Simon et sa famille découvrent les propositions d'un site pour les diners de la semaine à venir. Alors que nous sommes au mois de décembre, certaines propositions ne semblent pas convenir à Simon...

LES DINERS DE LA SEMAINE DU 11/12

LUNDI	MARDI	MERCREDI	JEUDI	VENDREDI
Salade de maïs et de tomates	Soupe aux légumes d'hiver	Salade de cœur de palmier et surimi	Soupe au potiron	Carottes râpées aux raisins secs
Paëlla surgelée	Jambon blanc, écrasé de carottes et pommes de terre	Pâtes à la sauce pesto et salade	Cabillaud, épinards et riz	Escalopes de dinde, petits pois et carottes
Fromage Bananes	Fromage blanc sucré	Fraises	Glaces	Petit-suisse Pommes

a) Simon souhaiterait vérifier l'origine de la dinde. Selon toi, quels sont les trois types d'élevage possibles ? Quel est le meilleur ?

....

....

....

b) Simon refuse de manger des fraises au mois de décembre. Pourquoi ?

....

....

c) En revanche, Simon est satisfait des soupes du mardi et du jeudi. Pourquoi ?

....

....

d) Selon toi, d'où viennent les bananes ? Pourquoi ?

....

....

❷ Pour manger mieux, Simon propose à ses parents de les accompagner pour faire les courses. Écris une légende qui indique les différents lieux où ils peuvent faire leurs achats.

....

....

....

....

❸ Lis attentivement le texte ci-dessous, puis surligne 3 bonnes raisons d'aller cueillir ses fruits et légumes à la ferme.

Venez cueillir vos fruits et légumes à la ferme !

De plus en plus de fermes proposent aux particuliers de venir récolter leurs fruits et légumes directement sur place. C'est l'occasion d'organiser une sortie éducative au grand air avec vos enfants, de consommer des produits de saison et de soutenir les producteurs locaux. Les fermes proposant cette pratique étant bien souvent engagées dans une agriculture biologique ou raisonnée, vous avez la garantie de consommer des produits sains, cultivés dans un certain respect de la nature. C'est un mode de consommation économique, écologique et solidaire.

Installer le CD-Rom

Sur PC : Insérer le disque dans votre lecteur : l'installation se lance automatiquement. Si ce n'est pas le cas, aller dans le « Poste de travail » (menu « Démarrer »), cliquer sur le fichier « Géographie_CM1_PC.exe » et suivre les étapes d'installation jusqu'à la fin. Une icone s'affiche alors sur le « Bureau » : double-cliquer dessus pour lancer le CD.
Sur Mac : Insérer le disque dans votre lecteur et double-cliquer sur l'icone pour l'ouvrir. Double-cliquer sur « Géographie_CM1_MAC.dmg » puis glisser l'application dans le dossier « Applications ». Aller dans le dossier « Applications » et double-cliquer sur Géographie_CM1_Retz.
L'insertion du CD n'est plus nécessaire une fois l'application installée sur l'ordinateur (PC et Mac).
Sous Linux : Insérer le disque dans votre lecteur et double cliquer sur l'icone pour l'ouvrir. Double cliquer sur « Géographie_CM1_linux64.tar.gz » puis décompresser le dossier. Double cliquer sur l'application pour l'ouvrir.
L'insertion du CD n'est plus nécessaire une fois l'application installée sur l'ordinateur.

- Cliquer sur le logo pour accéder au site des éditions Retz
- Cliquer sur le thème souhaité, sur la recherche par type de documents ou sur les évaluations pour accéder aux ressources

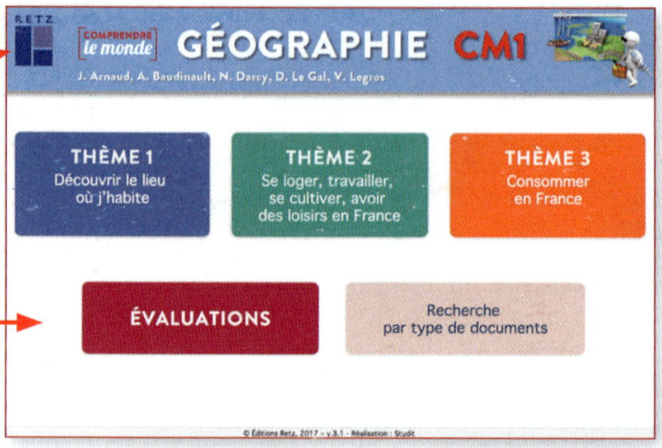

- Cliquer sur le bandeau supérieur pour retourner à l'écran d'accueil
- Le nom du thème sélectionné s'affiche en couleur
- Cliquer sur ces boutons pour accéder directement aux autres thèmes, aux évaluations ou à la recherche par type de documents, sans repasser par l'écran d'accueil
- L'ensemble des ressources associées au thème s'affiche dans la partie droite de l'écran

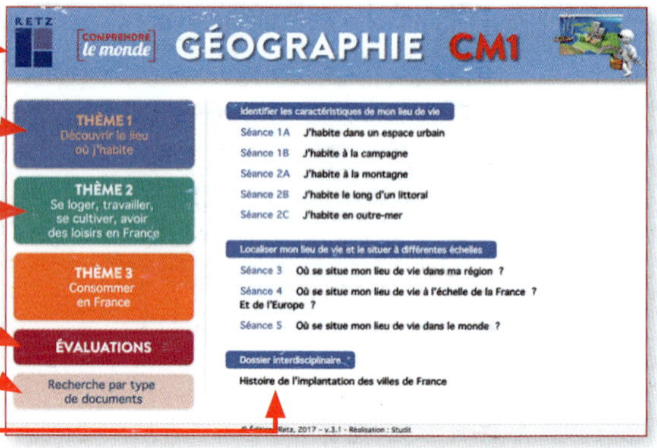

Configurations requises :
PC : Windows, 7, 8, 10 **Mac :** IOS 10.5, 10.6, 10.7, 10.8, 10.9, 10.10, 10.11, 10.12, 10.13 **Linux :** Ubuntu 16.04
Acrobat Reader
Flash Player 11
Internet Explorer 8 ou versions ultérieures, Firefox version 3.4 ou versions ultérieures, Chrome, Safari, Opera toutes versions.

Dans la même collection